大学生心理健康与心理咨询经典案例

（第二版）

主　编　陈文军　王筱鹏　韩晓飞
　　　　李宏伟
副主编　王　佳　李河沙　魏　佳
　　　　李嘉乐　赵婷雨

西安电子科技大学出版社

内 容 简 介

　　大学生从入学到走向社会，不可避免地会面临很多的心理困惑和人生抉择，也容易出现不同程度的心理问题，且持续时间较长。本书根据大学生的心理特点以及作者近年来在心理健康教育与心理咨询方面的经验和研究，针对大学生入校后遇到的心理困惑和烦恼，选用几十个经典心理咨询案例，循序渐进、有的放矢地引领大学生走进心理学，了解心理现象和心理规律，认识心理健康和心理咨询的重要性，以期为大学生指引一条正确、健康、积极向上的生活道路。

　　本书既可作为心理学专业学习的参考书，也可作为相关专业的选修课教材，还可供心理学爱好者阅读参考。

图书在版编目(CIP)数据

大学生心理健康与心理咨询经典案例/陈文军等主编. --2 版. --西安：西安电子科技大学出版社，2023.9

ISBN 978 - 7 - 5606 - 7017 - 1

Ⅰ.①大…　Ⅱ.①陈…　Ⅲ.①大学生—心理健康—健康教育　Ⅳ.①G444

中国国家版本馆 CIP 数据核字(2023)第 155552 号

策　　划　刘统军
责任编辑　黄薇谚　孟秋黎
出版发行　西安电子科技大学出版社（西安市太白南路 2 号）
电　　话　(029)88202421　88201467　邮　编　710071
网　　址　www.xduph.com　　　　　　电子邮箱　xdupfxb001@163.com
经　　销　新华书店
印刷单位　陕西天意印务有限责任公司
版　　次　2023 年 9 月第 1 版　2023 年 9 月第 1 次印刷
开　　本　787 毫米×1092 毫米　1/16　印张 14
字　　数　329 千字
印　　数　1～3000 册
定　　价　39.00 元

ISBN 978 - 7 - 5606 -7017-1/G

XDUP　7319002-1

＊＊＊ 如有印装问题可调换 ＊＊＊

送你一个握手

——写给所有大学生

你来
携一颗热烈的赤子之心
揣一怀父母的殷殷希望
捧一串青春的多彩梦幻

我
以师者的身份
想要给你知识的翅翼
给你心灵的慰安和力量

我
以长者的资格
想要给你过来人的训诫
给你当头棒喝的醒心剂

跨越你我之间
二三十个岁长的年轮
我想给你

以萤光之火
燃你烈焰冲天
以星星之亮
明你朗朗晴空

更想
以朋友的名义
送你一个握手

前　言

自 2019 年出版后，本书作为大学生心理健康教育读本与教材，被山西金融职业学院、山西省电力专科学校等高职院校选用，并获得较好的反响与评价。

本书的特色与优势集中体现在以下几点：① 理论知识丰富全面；② 案例完整翔实；③ 内容紧凑统一；④ 书中内容与大学生生活息息相关；⑤ 有助于大学生打开心窗，收获快乐；⑥ 有助于大学生调控情感，收获幸福；⑦ 有助于大学生增强意志，获得成功；⑧ 有助于大学生提高自尊，完善人格；⑨ 有助于提升大学生的心理素养。

编写本书的主旨是：宣传普及心理保健知识，帮助大学生认识心理健康对成长成才的重要意义；引导大学生树立心理保健意识，认识心理活动的规律与自身个性特点，掌握心理健康知识和心理调适方法，学会化解心理困扰；指导大学生处理在环境适应、学习成才、人际交往、恋爱情感、求职择业、人格发展、情绪调节和挫折应对等方面的困惑，尽早化解心理问题，预防心理疾病和危机事件发生，促进其健康成长；指导大学生树立自我意识，学会正确认识自己、评价自己、悦纳自我；增强大学生社会生活的适应能力、压力管理能力、学习发展能力、解决问题能力、人际交往能力、自我管理能力等，帮助其科学规划自己的未来和人生；培养大学生乐观向上、积极进取的人生态度以及创造性的思维，锤炼其坚强意志，优化其心理品质，健全其人格，开发其心理潜能，促进其全面成才。

近年来，笔者在心理门诊、学校心理咨询中心以及教育部华中师范大学心理援助热线等多个公益平台，接待了很多需要心理疏导的大学生，积累了丰富的经验，本着"启迪灵魂，助人自助"的工作原则，本书在认真吸取读者意见的基础上进行重新修订。参与本次修订的主编为山西省人民医院神经内科陈文军、山西金融职业学院王筱鹏、太原市城市职业技术学院韩晓飞、山西省电力职业技术学院李宏伟，副主编为山西金融职业学院王佳、李河沙、魏佳、李嘉乐与赵婷雨。

在第二版出版之际，谨向一直关心支持大学生心理健康与心理咨询工作的领导、同事、亲人、朋友以及使用本书并提出宝贵意见和建议的师生们表达崇高的敬意和诚挚的感谢。

编　者
2023 年 7 月

第一版前言

为进一步加强和改进高等学校德育工作，全面推进素质教育，提升高等学校人才培养质量，实现大学生更高水平的就业，我们以教育部下发的《关于加强普通高等学校大学生心理健康教育工作的意见》《普通高等学校大学生心理健康教育工作实施纲要》《关于进一步加强和改进大学生心理健康教育的意见》等文件精神作为指导思想，编写了本书。

本书紧随时代潮流，以大学生心理健康与心理咨询案例为基点，将心理咨询师帮助大学生走出各种心理困惑的建议和指导呈现纸上，并加以适当的心理学释义和链接。本书包含的案例全部来自身边高校大学生的真实生活经历，但是在每个案例中，为了保护学生隐私，作者特意修改了一些个人的突出特征，有时也会把两个或两个以上学生身上发生的事件融合为一个事例，以求更加清晰、有效地展示一个话题。

本书分为上、下两篇。上篇包含 32 篇心理咨询案例。对于每篇案例，心理咨询师都以情景再现的方式记录自己协助求助者解决心理问题的全过程，并在文章后面给出相关心理学知识链接。下篇包含 36 篇心理札记，每篇札记后附一首结合主题的励志小诗，其后更有广大网友对案例的体会、见解和评语，使读者对心理学的概念以及克服心理困惑的方法有更加深刻的认识。从一篇篇咨询案例和心理札记中，读者可以学习和了解心理咨询师协助求助者解决心理问题的技术和方法。比如，心理咨询师运用自我暴露的咨询技术与求助者分享个人成长经历，以身边大学生心理档案为引子引导大学生积极思考，最终使求助者的心理和行为在咨询后发生了根本性的变化。一篇篇案例生动形象，鲜活接地气，读者不仅可以清晰地获取心理健康与心理咨询等心理学知识，也能体会心理咨询这门科学技术的应用和妙处。

本书宗旨是唤醒大学生爱的意识，帮助大学生了解自身的心理特点，树立心理健康意识，掌握一些心理调适的基本方法，预防和缓解心理问题，提升心理素质，优化心理品质，提升职业心理基本素养，最终学会更好地生活和学习，人人成才，人尽其才。

本书由山西电力职业技术学院李宏伟和山西金融职业学院王筱鹏主编。在出版之际，谨向一直关心和支持大学生心理健康与心理咨询工作的领导、同事、亲人、朋友以及使用本书并提出宝贵意见和建议的师生们表达崇高的敬意和诚挚的感谢。

编　者

2018 年 11 月

目　录

1. 初恋，难懂你心

友谊和爱情是人类生活中永恒的主题。对家人、朋友的深深思念，对大学生活的憧憬，使刚刚走出家乡，走进大学校园的大学生们迫切地渴望友情的温暖、爱情的滋润。但因年轻懵懂缺乏经验，或自作多情浮想联翩，许多同学品尝到落花有意、流水无情的失落或懊悔。

——题记

案例分享

东是第一个走进我心理咨询室的男孩子。

他身材颀长，面庞英俊，只是神情中有一丝焦躁和抑郁。

他说，他也不明白心理咨询能不能帮助他。来之前，他犹豫了很长时间，直到在校园网上读到了我写的那篇《一名心理咨询师的心路历程》，他才决定来见我。

他说："老师，你文章中写到的某段经历和我的有些相似。"

听了东的话，我自然而然对他多了一分亲切。我们都曾年轻过，年轻的时候容易犯傻犯错，年轻的时候不知该如何面对失败，这时候非常需要身边有人指点、有人安慰。

我希望东能够在我的帮助和引导下穿越迷雾，重塑美好的人生。

"老师，你真的也想过放弃自己吗？"东用诚恳和渴望的眼神看着我，他指的是文章中我高考落榜后失落、不知所措，甚至无所事事想放弃生命的一段心路历程。

"曾经是这么想过。可是你看，老师现在不是还好好地活着？"我笑了，并且挺了挺胸，把头抬得更高一些。

"我也这样想过。以前，我有一个知心朋友，她考上了北京的一所大学。在我落榜的那些日子，她一直陪着我，给我鼓舞和支持。在她的帮助下，我终于战胜了自我的困顿和外界的压力。我很庆幸能够拥有这样一份纯洁真挚的友情，有她这样一个可信赖的朋友；我也很感动，是她给我真挚的关怀、真诚的关心和温暖。她还鼓励我，好男儿志在四方。最近，很长时间收不到她的来信，QQ 上也不见她的影子。我感觉她在故意疏远我，我多想和她说说话，但是她不给我机会了。所以，我感到深入骨髓的痛苦和无奈。"

我朝他跟前挪了挪椅子(我是在拉近我们彼此的社交距离)："噢，被朋友疏远的感觉确实难受。你有没有试着向她谈过你的这些感受？"

他说："没有！"

男生女生之间互生好感，容易被自己或他人误认为是谈恋爱。在青春期的异性交往过程中，如果双方之间缺乏信任与理解、沟通与交流，那么纯洁的友谊可能就会被误会，一株友情的幼苗可能就会被扼杀。想到此，我问："为什么你没有告诉她呢？"

"我觉得她应该懂，我觉得没必要告诉她。她上了北京的大学，我却上了一所本省的高职学校。她总是说北京如何好，周围的同学如何优秀。我感觉我们已经不是站在同一个舞台上的人了。"

"那么说，是你有意疏远她了？"我紧追他的话题。

"起初可能是。可现在是她真的不理我了。我认为我们之间的爱情不存在了，友谊似乎也没了。"

从东的讲述可以看出，东现在迷惑的是他们之间的关系到底是爱情还是友情的人际交往问题，这是很多青年人感到困惑却又很关注的话题。

怎样区别男女之间的关系是友情，还是爱情呢？友谊是在学习或工作中互相帮助而产生的，最突出的表现是遇到困难时，想寻求对方的帮助。而且，友谊往往不是针对一个人的，男女之间的正常友谊应该在同学之间交叉产生。如果只有一个男生和一个女生经常接近并且依恋，那就不是友谊，而是爱情了。东只想和她一个人说话，让她对他一个人好，这无疑说明东非常依恋她。一旦她不再理睬他，他就会感到焦虑和不安。

于是，我直截了当地问："你是不是很烦恼？"

东不好意思地笑了一下，低下头，用手挠着自己的后脑勺说："是呀，一方面我很自卑，觉得配不上她；另一方面我又很自傲，觉得自己只要努力就一定有出人头地的一天。可现在，我心里只想着她不理睬我这件事，好烦恼！"

我说："这很正常，因为你还没有从失意中摆脱出来，所以你的情绪消极，心境低迷。"东摇了摇椅子，不安地问："可能是这样吧，那么我该怎么办呢？"被动依恋他人的人总是充满了"我该怎么办"的疑问。

我反问他："那你觉得怎么办才好呢？"

东看着我，像是在思索又像是在向我寻找答案。我坚持不说话，静静地等着他的回答。大概过了一分钟，东开口了："我想把我们的关系变成普通朋友的关系吧，因为现在的情况已经变这样了。"

"普通朋友的关系是怎样的关系呢？"我采用质问的技术紧追不放，让他的思维一直跟着我走下去。

"应该是淡淡地来、淡淡地走，偶尔想起来打个电话，甚至很长时间不联系，但在你有困难时他会积极地、无私地向你伸出援助之手。"

随着我们谈话的深入，我认为对东的咨询重点应该放在帮助他改变不良的认知上，而改变他的不良认知就必须启发他思索友谊和爱情到底是什么，以及大学生该不该谈恋爱的问题。

东在我的启发下继续谈论他们之间发生的一些小事。后来他说："实际上，我很感谢她。一直以来，我很担心我对她的疏远会让她不愉快。后来，她真的不理我了，我的内疚反而变得多了一些。毕竟，她曾给予过我许多帮助。"

"噢，是这样。那你觉得当初你们之间到底是什么关系？"我继续追问。

"应该是友谊的成分多一些吧，因为我们曾经只是彼此有好感而已，恐怕我们都不清楚爱情究竟是怎么回事。只因为她曾经在我最困难的时候热心地帮助过我而已。"

可喜的是，东经过这次咨询不但明白了什么是心理咨询、谈心和聊天的不同，更懂得了男女同学之间的情感需要慎重对待、理智处理。大学生在情感大门前徘徊时，需要反思自己的情感，在反思中学会选择，学会承担责任；在选择中把握青春，在承担责任中长大成人。

是的，心理咨询有安慰的作用，但它并不是简单的劝说。心理咨询让人从失败中寻找原因，从挫折中反省、总结经验教训，增强生活智慧，激发独立决策能力，使求助者可以更好地处理以后生活中可能遇到的各种困难。从这层意义上来说，心理咨询就是心理咨询师协助求助者更好地认识自我、激励自我、实现自我的一个过程。

思政课堂

伴随着经济的发展和社会的进步，人们逐渐意识到心理因素对人的日常言行具有重要影响。大学教育不仅要传授科学文化知识，还要培育心智健康的全面人才。

有人认为心理咨询就是对学生进行心理教育，它和大学生思想政治教育没有关系。其实不然，因为心理疏导是根据马克思主义原理中的辩证唯物主义原则进行的一种较为系统的心理疏通和引导的方法，因此心理疏导功能并不是单纯的心理教育，它还有其他的功能。对于心理疏导功能在大学生思想政治教育中的运用，我们应该采取积极乐观的态度，从专业知识的角度解读，使其更好地在思想政治教育中发挥最大优势。

据调查研究显示，心理疏导对于大学生思想政治教育具有实质作用。心理疏导与思想政治教育具有内在的一致性和相互结合的必然性。因此，要把心理健康教育工作与思想政治教育工作有机地结合，将它们应用到高校思想政治教育中来。

相关知识链接

一、心理咨询

咨询(counselling)，在古汉语中，"咨"是商量的意思，"询"是询问，合起来就是与人协商、征求意见。英语的counselling含有协商、商讨、会谈、征求意见、寻求帮助、顾问、参谋、劝告、辅导等含义。心理咨询(psychological counselling)一词，既表示一门学科，即咨询心理学，也可以表示一种心理技术工作，即心理咨询服务。心理咨询是一门使人愉快成长的科学，这里的成长是心理学意义上的人格成长，含有心理成熟、增强自主性和自我完善的意思。

作为一种技术与服务，心理咨询是心理咨询师协助求助者解决各类心理问题的过程，也是指咨询人员运用心理学的理论和方法，通过言语、文字或其他信息传递方式，在心理方面给咨询对象以帮助、启发、疏导和教育的过程。简单来说，心理咨询是运用心理学的方法，对心理适应方面出现问题并企求解决问题的求助者提供心理援助的过程。需要解决问题并前来寻求帮助者称为来访者、咨客或求助者，提供帮助的咨询专家称为咨询者或咨询师。来访者就自身存在的心理不适或心理障碍，通过语言文字等交流媒介，向咨询者进行述说、询问与商讨，在其支持和帮助下，通过共同的讨论找出引起心理问题的原因，分析问题的症结，进而寻求摆脱困境、解决问题的条件和对策，以便恢复心理平衡，提高对环境的适应能力，增进身心健康。

二、心理咨询与心理治疗的关系

对心理咨询的解释可以分为广义和狭义。广义的心理咨询包括心理咨询和心理治疗，有时心理检查、心理测验也被列为心理咨询的范围。狭义的心理咨询不包括心理治疗和心理检查、心理测验，只局限于咨访，即咨询者通过面谈、书信、网络和电话等手段向来访者提供心理救助和咨询帮助。关于心理咨询与心理治疗的关系，陈仲庚认为两者没有本质的区别，无论在关系的性质上，在改变和学习过程上，还是在指导的理论上都是相似的。如果有区别的话，也是人为的、非本质的。

心理咨询与心理治疗有以下不同点：

第一，工作的任务不同。心理咨询的任务主要在于促进成长，强调发展模式，旨在帮助来访者发挥最大的潜能，为正常发展消除障碍，重点在于预防。而心理治疗的任务主要在于弥补病人过去已经形成的损害，解决和改变发展结构障碍。

第二，对象和情景不同。心理咨询遵循教育的模式，来访者多为正常对象，主要涉及日常生活问题，一般在学校、单位、心理咨询机构等情景中开展工作。心理治疗的对象是心理异常的病人，是在临床和医疗情景中开展工作。

第三，工作的方式不同。心理咨询应用更多的方式介入来访者的生活环境之中，如参与他的直接环境，与来访者的家庭、亲友取得联系，会应用更多的是日常生活设施(如电话咨询等)，设计和组织学习班和各种团体活动。而心理治疗则更多采用成对会谈的方式。

第四，解决问题的性质和内容不同。心理咨询具有现实指向的性质，涉及的是意识问题，如有关职业选择、培养教育、生活和工作指导、学习辅导等，因此多采用认知和伦理的途径。心理治疗涉及内在的人格问题，更多的是与无意识打交道。

三、心理咨询的对象

心理咨询最一般、最主要的对象是健康人群或存在心理问题的人群，它有别于极健康人群，也与心理治疗的主要对象不同。健康人群会面对许多婚姻、家庭、择业、求学、社会适应等问题，他们期待做出理想的选择，顺利地度过人生的各个阶段，追求自身能力的最大限度发挥和寻求生活的良好质量。

心理咨询的主要对象可分为三大类：

(1) 精神正常，但遇到了与心理有关的现实问题并请求帮助的人群；

(2) 精神正常，但心理健康出现问题并请求帮助的人群；

(3) 特殊对象，即临床治愈的精神疾病患者。

心理咨询最一般、最主要的对象是健康人群，或者是存在心理问题的亚健康人群，而不是人们常误会的"病态人群"。"病态人群"(如躁狂症、精神分裂症等患者)是精神科医生的工作对象。

四、大学校园的咨询对象

任何一位学生都可以在心理咨询中获益。心理健康的学生可以寻求发展性的心理咨询，在心理咨询师的帮助下，更好地了解自己，更好地发挥自己的潜力，使自己的心灵更好地成长。心理咨询师可以从心理学的角度提供中肯的发展咨询，给出相应的帮助。

在人际关系和环境适应中遇到问题的学生、情绪处于不良状态中的学生、不能应对学习生活压力的学生、因遇到挫折而心理上受到影响的学生，都可以借助心理咨询得到帮助，使自己的情绪得到调节，并学会更好的人际交往方法。

感觉自己可能有心理障碍的学生应该寻求心理咨询。例如，有一些难以克服的怪癖，害怕一些很平常的事情，过分害怕与人交往，性观念和行为上的异常等，出现此类问题的学生都应该寻求心理咨询。

一般来说，大学校园的咨询对象通常具备以下几方面条件：

(1) 具有一定的智力基础。智力是一种综合能力，是人类对客观事物认识能力的总和。求助者的智力一般需要在正常范围，因为需要他们能够叙述自己的问题以及其他相关情况，不仅要能理解咨询师的意思，还要有一定的领悟能力等。

(2) 内容合适。并非所有与心理有关的问题都可以通过心理咨询获得比较满意的解决方法。大学生心理咨询的内容是同学们在大学学习生活中出现的各种心理困惑或者心理疾患，以及个人成长过程中涉及的各种问题，包括人格、个性的培养，职业的选择，专业兴趣的培养，人际交往能力的培养，抗挫折能力的培养，学习生活的适应，宿舍关系的调和等。大学生心理咨询能帮助同学们解决心理上的痛苦，例如恋爱失败的痛苦、学习困难的痛苦、生活压力的痛苦、学业不良的痛苦、人际交往失败的痛苦等。大学生心理咨询还能帮助同学们解决出现的各种恐惧症、焦虑症、抑郁症等。

(3) 人格基本健全。求助者应无严重的人格障碍，因为人格障碍不仅阻碍咨询关系的建立，也会影响咨询的进行。人格的回归问题旷日持久，需要深入的心理治疗才可能奏效。

(4) 动机合理。合理动机是指与我们的社会利益相一致的、有利于个体健康发展的动机，它包括高尚的、正确的和在一定时期里有较多积极因素的动机。有无咨询的动机将直接影响咨询的效果。那些缺乏求助动机的求助者，一般不适宜作心理咨询，因为他们没有改变自己状态的动机，也就很难取得咨询效果。

(5) 有一定交流能力。所谓交流，即将自己的想法、意见传达给别人，并让别人充分理解自己的想法与意见。那些能够清楚表达自己的问题、能顺利体会咨询师的话并随之采取行动的学生，才适合作心理咨询。

(6) 对咨询有一定信任度。那些相信咨询能解决或缓解心理问题的求助者，相信咨询有效、咨询师优秀、咨询理论与方法实用和先进的求助者更可能取得良好的咨询效果。反之，咨询效果则会较差。

五、心理咨询的任务

心理咨询能够使人将不愉快的经历化作自我成长的契机，能够为人们提供全新的人生经验和体验。对那些心理适应属于正常范围的人来说，咨询所提供的全新环境可以帮助他们认识自己与社会，处理各种关系，以便更好地发挥他们的内在潜力。而那些由于心理问题而遇到麻烦的人可以在咨询师的帮助下逐渐改变与外界格格不入的思维、情感和反应方式，并学会与外界相适应的方式。从这个意义上来讲，心理咨询的任务有以下几个方面：

(1) 建立新的人际关系。一名真正富有成效的咨询师理应有健全的心理特征，能够全心全意地关心前来咨询的求助者，并且具有丰富的、有关人类行为的知识和一套帮助别人的技巧，这就为咨询师与求助者之间建立一种不同以往的新型人际关系创造了条件。

(2) 认识内部冲突。促使人们进行心理咨询，大部分是由于其自身的人格特点和处事风格而引起了问题。不幸的是，人们通常认为问题产生的原因不在他们自身。为解决这些问题，咨询师应该帮助对方认识到自身内部的种种冲突，咨询师并不能改变他(或她)的老板、母亲、同学或朋友，解决的问题关键在求助者本人身上。

(3) 纠正错误观念。许多求助者头脑里都存在着不同性质的错误观念，正是这些错误观念导致了各种心理问题的产生。求助者通常确信他们十分清楚自己需要什么和在做什么，而实际上并非如此。咨询过程促使一个人不再自我欺骗，通过心理咨询过程，纠正求助者错误的认知观念和提高求助者的认知能力，通过求助者自身认识和观念的改变来协助求助者解决问题。

(4) 深化求助者的自我认识。咨询是这样一种经验，它可以引导人们去发现真实的自我，当人们真正认识到自己时，他们也就认识了自己的需要、价值观、态度、动机、长处和短处。一旦认识了自己，也就可以根据自己的情况来绘制自己的生命蓝图了，这使他们有可能尽快成长并获得最大程度的幸福。然而，自我意识本身并不能使人成长和进步。人们不仅要认识自我，还要根据这个真实的自我同别人交往，与社会互动。

(5) 学会面对现实问题。咨询给人们提供更大的机会。其实很多来访者应对现实问题的一些方法是不恰当的。他们不仅逃避现实以减少自己的焦虑，并总想按照自己的愿望摆布现实，而且还经常设法求得周围人的支持以利用他们来逃避现实。

(6) 增加心理自由度。大多数咨询者至少在一个相当重要的方面缺乏心理自由，咨询为人们提供了给心理更大自由的机会。

(7) 帮助求助者做出新的有效行动。所谓新，是过去未曾尝试过的；所谓有效，指行动给需要带来满足，如友好关系的体验、成就感等。启发、鼓励和支持求助者采取新的有效行动，可以是公开的和直截了当的，包括明确的建议和正确的指导，也可以是含蓄、间接或暗示性的。

六、心理咨询的分类和形式

(1) 按性质分类，心理咨询可以分为发展心理咨询和健康心理咨询。

① 发展心理咨询。在个人成长的各个阶段，都可能产生困惑和障碍。例如，为适应新的生存环境，为选择合适的职业，为个人事业的成功，突破个人弱点等，所要进行的就是发展性心理咨询。

② 健康心理咨询。当一个精神正常的人，因各类刺激引起焦虑、紧张、恐惧、抑郁等情绪问题，或者因各种挫折引起行为问题，即发现自己的心理健康遭到破坏时，进行的心理咨询就是健康心理咨询。

(2) 按规模分类，咨询可以分为个体咨询和团体咨询。

① 个体咨询。个体咨询的形式是咨询师与求助者建立一对一的咨询关系，咨询活动与求助者所处的那个社会、集体及家庭无直接关系。在内容上，个体咨询着重帮助求助者解决个人的心理问题。

② 团体咨询。团体咨询是在团体情境中，向求助者们提供心理帮助和指导，它是通过团体内的人际交互作用，促使个体在交往中观察、学习、体验，认识自我、探讨自我、接纳自我，调整和改善与他人的交往，学习新的态度与行为模式，以促进个人的、发展良好的、生活适应的助人过程。

(3) 按时程分类，咨询可以分为短程、中程和长期心理咨询。

① 短程心理咨询。短程心理咨询指的是，在相对短的时间内(1~3周以内)完成咨询；资料收集和分析集中在心理问题的关键点上，就事论事地解决求助者的一般心理问题；追求近期疗效，对中、远期疗效不做严格规定。做好这类咨询，要求咨询师的思维要敏捷、果断，语言要准确、明快，有较长期的临床经验。

② 中程心理咨询。中程心理咨询指在1~3个月内完成咨询；可涉及较严重的心理问题，要求有完整的咨询计划、咨询预后；追求中期以上疗效。

③ 长期心理咨询。在遇到严重心理问题或神经症性的心理问题时，可采用长期心理咨询，一般用时在3个月以上；应使用标准化咨询方法——心理治疗，要求制订详细咨询计划；追求中期以上疗效，并要求配有疗效巩固措施。对资历较浅的心理咨询师，除要求有详细咨询计划外，还要求写出案例分析报告。

(4) 按采用的形式分类，咨询可以分为门诊、电话和互联网心理咨询。

① 门诊心理咨询。门诊心理咨询现在已经不限定在医院门诊进行，也可在专业心理咨询中心进行。门诊心理咨询是面对面进行咨询，这类咨询的特点是能及时对求助者进行各类检查、诊断，及时发现问题，及时做出妥善处理(如转诊、会诊等)。因此，它是心理咨询中最主要且最有效的方法。

② 电话心理咨询。电话心理咨询是利用电话给求助者进行的支持性咨询，早期多用于心理危机干预，以防止心理危机所导致的恶性事件，如自杀、暴力行为等。咨询中心有专用的电话，心理咨询工作人员24小时轮流值班，并设有流动的应急小组。现在的电话咨询，涵盖面很广，是一种较为方便而又迅速的心理咨询方式，但它也存在局限性。

③ 互联网心理咨询。互联网心理咨询是心理咨询师通过互联网来帮助求助者的一种咨询方式。互联网咨询除了可以突破地域限制，还可以通过互联网，凭借行之有效的软件程

序，进行心理问题的评估与测量。此外，互联网心理咨询可以将咨询过程全程记录，便于深入分析求助者的问题以及进行案例讨论。在一个付费咨询体系中，咨询协议的具体化和程序化将使得人们更容易接受。

七、心理咨询的实质

在心理咨询过程中，求助者并不是为学习某种知识和技能，也不是为寻求道德上的教诲，更不是为取得咨询者的安慰与同情；咨询者给予求助者的是一种特殊的帮助，即通过咨询过程中对求助者的尊重、关心、理解和共情，逐步使求助者产生新的体验，形成新的价值观念，以新的思维方式和角度思考问题，以新的方式表达思想感情，从而采取新的行为方式来适应环境，并建立和谐的社会关系。

心理咨询人员帮助求助者自己发现问题，并将所学的方法和经验运用于现实生活中。要通过咨询，提高求助者自知、自控、自我行动的能力，把咨询中获得的知识、方法、经验运用到日常生活中，实现能力和知识的迁移，提高求助者解决问题的能力，使其能举一反三去解决所遇到的各种心理问题和人生课题，逐渐走向成熟。

因此，心理咨询的实质是"助人自助"，助人自助、自我实现是心理咨询的最终目标。

2. 舍友，谁伤害了你

人际关系是我们生活中的重要组成部分，有心理学家甚至认为所有的心理问题实际上都可以说是人际关系方面出现问题导致的。倘若人际关系处理不好，将对我们的工作、生活及心理健康造成不良影响。

——题记

案例分享

玲是跟随我做心理咨询时间最长的一个学生，从大二开始直到大学毕业。在走进咨询室之前，她先后匿名给我发送过三次 E-mail。

第一次，她在信件中写道："老师，我没有勇气去找您。我觉得自己变得和别人越来越不一样。我不会处理身边的小矛盾，不知道怎样变通，总是出现一些小问题。我感觉自己被世界遗弃了一样。"

第二次，她写道："每次都看见你屋子里有人，所以不好意思进去。我发自内心地对待别人，依然没有朋友。我不能向任何人倾诉自己的不满，因为没人喜欢听，他们都认为是我不对。我能和您约个单独见面的时间吗？"

第三次，她又写道："老师，不知您什么时候有时间，如有时间请给我留言，希望这次能和您见上一面。"

我在回复她时总是请她有时间来我的咨询室，但她到了约定时间又以各种理由拒绝我。直到一天中午，她突然给我打电话，说想马上见到我。

从电话中我得知，前天她又听了一遍我给新生的入学教育讲座，思前想后她才拨通了我的电话。

初次见面，玲给我的印象是内向、羞涩、腼腆。她个子不高，皮肤有点黑，眼神中透露着倔犟，又流露着委屈，还有深深的自卑。一进门，她就坐在我对面的沙发上，手里攥着一张纸巾，眼泪早已在她眼眶里打转了。

我急忙起身走到她面前，扶住她的肩膀。她也顺势抓住我的胳膊，并且抽噎着说："老师，我……我快受不了了"

通过交谈，我了解到玲和她们宿舍另外七名女同学现在基本上不交流。用她自己的话讲："不是我不和她们交朋友，而是她们不想和我做朋友。因为自卑，我沉默寡言，所以我不擅长与他人聊天。"

人际关系是我们生活中的一个重要组成部分，甚至有心理学家认为，所有的心理问题实际上都可以说是人际关系方面出现问题导致的。倘若人际关系处理不好，将对我们的工作、生活及心理健康造成不良影响。在大学同一个宿舍住，由于各人的性格、禀赋、经历及生活背景等不同而在思想上产生一定的隔阂，这是正常的，也是可以理解的。倘若与所有的同学都合不来，那就需要反思了。所以，我必须了解清楚玲与其他同学的关系如何，以及这种不良人际关系持续了多长时间。

我先安慰她，让她止住眼泪，并向她说明，与舍友处不来的大学生有很多。因为依据近几年高职院校学生的心理档案可以知道，学生人际交往能力"一般"占总人数的比例为65.1%，而"较强"只占总人数的20.2%。我的做法其实是一种共情，一是拉近我与她之间的距离；二是让她了解这种情况不少，与她相似的人自然也不少。这会使她心里略微舒服一些。

玲慢慢平稳了情绪，"其实，我们刚到一个宿舍时，相处还算好。尤其在军训时，我由于特殊原因不能参加军训，就帮同学们看衣服和打水，他们还选我做了宿舍长。"

"那你们的关系是如何演变到今天这样的局面？"我问。

"我也不知道怎么回事，慢慢地，她们都不理我了。"她一脸委屈和茫然的样子，紧接着又说了一句："我恨死她了！都是她挑的头！"

"谁？你恨谁？"看着她愤愤的表情，我连忙追问缘由。于是，她的话匣子便打开了。雯是玲的老乡，她们起初关系很要好，每天几乎形影不离，无话不谈。玲的母亲送她来学校时告诉宿舍其他同学，玲是个单纯、善良的女孩，在中学当过班干部，人缘很好，但是心脏不太好，不能参加剧烈的体育运动，所以也就不能参加军训了。

玲很讨厌母亲的说辞，因为她觉得母亲并不了解她。因为玲的妈妈是她们中学的领导，所以玲在中学时担任过班里的纪律委员。她在没当纪律委员之前和同学们相处得非常好，学习成绩也还在中上游。而她担任班干部后，因为负责登记违规同学的名字，得罪了不少同学，其中包括她最要好的朋友，因此，她与同学们的关系恶化，这使她难过了很久，学习成绩也一落千丈。

"这些事情你妈妈知道吗？"我不能放过任何可能导致她出现今天这种状况的原因。她摇了摇头，接着往下讲。她很不喜欢自己的家庭，因为她爸爸是工厂的工人，妈妈是学校领导。在家里，基本上一切都是母亲说了算，父亲几乎没有任何发言权，这使得玲看不起爸爸的同时又很可怜爸爸，讨厌妈妈的同时又觉得离不开妈妈。在这种矛盾的心理下，玲渐渐长大。她觉得自己也变得像母亲一样专横跋扈，但她讨厌这样的自己。尤其在家里，她总是欺负妹妹，这使得母亲常常指责她。

上大学之前，母亲告诉她："妈妈再也不能保护你了，你要学会保护自己，要与人为善，和同学好好相处。"她说，她也特别希望和宿舍以及同班同学处好这难得的大学时光，所以她选择了老乡——雯，让她做自己最好的朋友。

雯是家里的独生女，很依赖玲，开始她们相处得很好，但基本上是玲一个人在付出。自从玲告诉雯自己心脏并没有毛病可以参加军训后，雯就渐渐不理她了，并且其他人也慢慢都不理她了。所以她最恨的是雯，因为是雯告诉其他人，说她故意逃避军训。

一切因为她当宿舍长这么个"小官"而改变了。军训期间，同学们很累，而她却很清闲，所以她尽量帮助同学们打扫宿舍卫生。可是，军训过后，同宿舍同学几乎习惯了她每天打水、扫地、拖地，没人帮她做任何事。玲几次强调值日的事情，但同学们认为她拿着鸡毛当令箭，都不怎么配合她。有一次，轮到她们宿舍打扫教室了。下课了，舍友们却都走了，只剩她一个人。玲虽然很生气，但她还是坚持一个人做完了全部的活儿。

就在昨天，她看见她们七个人一起去了小卖部，没有一个人叫她。

"真的是很孤单，是不是？"我能够体会她的痛苦。

她拼命地点头，然后眼泪又哗哗流个不停。"老师，只有我一个人，没有人理我，我好没用！"

针对这种情况，我和她详细分析了几种可能导致这种局面的因素：一是家庭教育的影响；二是她个性的原因；三是同宿舍其他人对她的印象；四是她中学时的经历。于是，我们将第二点和第四点作为主要咨询目标，确立了一周一次的咨询安排。因为被同学疏远后产生的困扰，不是短时间内能够解决的。

心理咨询建立在尊重、平等、理解的基础上，应关注求助者的内心感受，在咨询中将咨询心理学的理论知识、行为科学及丰富的人生阅历、人生哲学有机融合，从而帮助求助者寻找心理症结，缓解心理焦虑，促进人格成长，最终帮助求助者走出困境。

咨询几次后，玲觉得自己的心态改变了不少。首先，她向同学们承认了不参加军训的错误，以及她当宿舍长以来处理问题的一些不妥之处，也明确表示自己可以不当宿舍长，改选其他更优秀、更合适的同学。其次，她还增进了与其他同学和老乡的人际关系，心情变好了很多。

春节回家，玲向母亲讲述了多年的苦闷和压抑。因为过于激动，和母亲发生了争执。她打电话向我求助，让我做她母亲的工作。从那以后，她的母亲为了她早日快乐起来，也与我多次沟通并征询一些教育孩子的方法。

确实，家庭是学生生活的第一环境，父母是孩子的第一任老师。对孩子心理健康产生重要影响的因素就是家庭。父母间的不良关系会对孩子的心理健康产生极大的不良影响。心理学研究表明，许多成年人表现出来的心理问题，大部分能够在其童年生活中找到线索。换句话说，儿童时代受到的不良影响，将成为其成年生活中种种心理问题的隐患。

家庭教育对学生心理健康有着重要影响，因此家庭教育应该引起全社会的重视。

思政课堂

近年，教育部开始全面推进高校课程思政建设。课程思政建设是传统德育的扩展，其内容包括中国梦教育、社会主义核心价值观教育、法治教育、劳动教育、心理健康教育等多个方面。心理健康教育是高校课程思政建设的重要一环。

高校的心理咨询类课程以心理学应用的职业化为导向，是培养心理健康工作者的主要平台。在心理咨询类课程中融入思政内容既能够直接影响大学生的世界观、人生观和价值观，也会潜移默化地影响心理健康教育工作者的工作思路。因此，加强高校心理咨询类课程思政建设具有深远的意义。

心理咨询类课程教学的目的是培养大学生成为具有专业能力的助人者。通过团体辅导、个体咨询演练、朋辈帮扶等课程实践，大学生能够提高心理健康水平，获得更大的成长。

相关知识链接

一、高校心理咨询的内容

心理咨询、心理辅导和心理治疗是在高校心理健康教育中经常会遇到的三个名词，它们有什么区别与联系，如何正确使用这三个概念是教育者比较关注的问题，同时也是专业人员和研究人员关注的话题。心理咨询在前面已经详细论述过了，这里具体谈一谈心理辅导和心理治疗。

1. 心理辅导

辅导(guidance)，在汉语里，"辅"是帮助、佐助、辅助的意思，"导"是指引、带领、传导、引导的意思。英语"guidance"的含义和中文的"辅导"相近，泛指有关专业人员对当事人的协助与服务。

心理辅导(psychological guidance)是学校教育者根据学生心理发展的特征与规律，在一种新型的建设性的人际关系中，运用心理学等专业知识技能，设计与组织各种教育性活动，以帮助学生形成良好的心理素质，充分发挥个人潜能，进一步提高心理健康水平的过程，所以心理辅导大多数情况下就是指心理健康教育。

2. 心理治疗

心理治疗在英语中有时被称为"psychotherapy"(心理治疗)，有时直接被称为"therapy"(治疗)。

心理治疗的含义是指在良好治疗关系的基础上，由经过专业训练的治疗者运用心理学的有关理论和技术，对当事人进行帮助，以消除和缓解当事人较严重的心理问题和障碍，促进其人格向健康协调发展，恢复其心理健康的过程。

3. 心理咨询、心理辅导与心理治疗的区别与联系

对人的心理问题的处理，目前大致有医学模式和教育模式两种，前者重心理的治疗和重建，后者重心理的预防和发展。按使用这两种模式因素的占比，可区分为心理辅导、心理咨询和心理治疗三个层次和类型。三者都认为这是心理有问题者的一个学习过程，即通过学习来改变其不健康的心理和行为，所以三者都强调双方之间的合作和建立一种民主、平等、和谐的关系，但是三者在目的、手段、对象等方面又各有差异。

心理辅导的对象往往是处在转变或转折时期的普通学生，即心理健康状况相对良好的学生。此时心理干预的重点是预防，其根本目标是为防止未来问题的发生提供知识性服务。

　　心理咨询是以遇到心理困惑或有强烈心理冲突与矛盾的正常学生为对象，关注对象的现状。此时心理干预的重点是发展，根本目标是改善学生个体的心理机能，提高心理健康水平。

　　心理治疗是以心理健康水平较低或心理机能失调及心理上有障碍的疾患学生为对象，关注对象的过去。此时心理干预的重点是矫治，根本目标是纠正与治疗学生心理与行为的失常问题，恢复其心理健康。

　　必须说明的是，上述三个概念都是狭义的，而在实际开展学校心理健康教育的活动中，这三个概念的使用不仅有很大程度的交叉和重叠，而且多数时候都是只在广泛意义上使用某个概念。如心理辅导，也可能包括咨询、辅导和治疗在内。同样，使用心理咨询或心理治疗概念往往也包括其他两个概念。之所以只使用其中某一个概念，可能是由于心理健康教育在对象、任务、内容、方法、手段等方面的侧重点不同而已。而现行"心理健康教育"一词实际上也包括了上述三者，因为仅使用三者中某一个概念来涵盖学校的心理健康教育是很不全面的。所以，学校使用心理健康教育这一概念不仅是学术上的慎重选择，更是学校教育现实状况和实际需要的反映。

二、高校心理咨询的步骤和阶段

　　心理咨询是一种过程，它包括一连串有序的步骤和阶段。了解和重视每阶段的任务以及重点、难点和注意事项，有助于高校心理咨询工作的顺利开展和效果提升。

1. 信息收集阶段

　　信息收集阶段的主要任务是广泛深入地收集与求助者及其问题有关的所有资料，并与求助者建立初步的信任关系。主要步骤和要求有以下两点：

　　首先，要建立良好和恰当的关系。咨询人员要给求助学生以良好的第一印象，给他们以职业上的信任感，同时要以热情而自然的态度和亲切温和的言行消除初次见面的陌生感，使求助者的紧张情绪得以放松。

　　其次，通过求助者的自述和询问，了解他们存在的问题和要求。此时要注意了解他们的基本情况、社会文化背景和存在的问题。在这一阶段，咨询人员要注意倾听对方的谈话，不要随意打断，避免过多提问和追问，必要时才加以引导。

2. 分析诊断阶段

　　这一阶段的主要任务是根据收集到的资料和有关信息，对求助者进行分析和诊断，明确求助者问题的类型、性质、程度等，以便确立目标，选择方法，其要求和注意事项有以下几点：

　　首先，要弄清求助者是否适宜作心理咨询。来访者由家人、亲友、单位送来而非本人自愿来的人，没有求助的咨询动机的人，文化水平和智能极低、缺乏领悟能力的人，对心理咨询及从业人员采取不信任态度的人都不适宜在一般情况下进行心理咨询。

　　其次，要对求助者的问题及原因、形式、性质等进行分析诊断。求助者可能有精神病的症状，这属于精神病学范畴，要注意区别。辅导人员要对当事人的问题进行辨认，并对其严重程度予以评估，特别是对问题的原因进行分析，必要时可结合心理测量等手段进行诊断和分析。

　　另外，此阶段还要进行信息反馈。咨询人员要把自己对求助者问题的了解和判断反馈给求助者，以便获得证实和肯定，使求助者考虑是否继续进行咨询。反馈要注意尽可能清晰、简短、具体和通俗易懂。

3. 目标确立阶段

　　目标确立阶段的主要任务是心理咨询师与求助者双方在心理分析和诊断的基础上，共同协商和制定心理咨询的目标。通过咨询目标引导咨询过程，并对咨询过程进展和效果进行监控评估，督促双方积极投入咨询中。确立目标应注意以下几点：

　　首先，目标是具体的，具体的目标应有一些客观标准，例如，目标很清晰且可接近，最重要的是可操作、可测试。

　　其次，目标是现实可行的，要根据求助者的潜力、水平及周围环境来制定。

　　另外，目标是可以通过心理学的手段来实现的，而非依靠生物学的手段干预。目标应限制在心理品质和行为特征的改变上，不应以生活干预作为咨询的基本目标。

　　还有，目标应分轻重缓急，应经常检查和评价。

4. 方案探讨阶段

　　方案探讨阶段的主要任务是根据问题性质及其与环境的联系，求助者自身的条件、资源、能力、经验等，结合既定的咨询目标，设计达到目标的方案。通俗地说，就是双方共同拟订类似日程表一样的方案，明确双方在什么时间、做什么事、怎么去做、做完如何等。此阶段应考虑以下问题：

　　首先，咨询方案应由双方共同协商确定，不能由咨询人员单方面直接拟订，也不能仅依从求助者来拟订。

　　其次，方案的有效性、可行性。应首先设想多种可能的方案，然后对这些方案的优劣进行权衡、评估，最后选择一个合适的、有效的、可行的方案。当然，最后选定的方案还应该是经济、简便的。

5. 行动实施阶段

　　行动实施阶段的主要任务是根据拟订的方案，采取行动，以达到咨询目标。在此阶段，辅导人员应以心理学的方法和技术帮助求助者消除各种心理问题，改变不良心理状态，提高心理健康水平。这一阶段是心理咨询中最关键、最具影响力、最根本的阶段。此阶段应注意以下问题：

　　首先，咨询人员要介入求助者的行动过程中，对其遇到的困难、不明白之处予以及时讨论或指导。

　　其次，保持对行动过程的监控或做必要的调整。

　　另外，随时注意评估进展情况，并创造一种积极的氛围，保持双方良好的关系。

6. 结束阶段

　　结束阶段的主要任务是对咨询情况做一个小结，帮助求助者回顾工作的要点，检查目标的实现情况，指出求助者的进步、成绩和需注意的问题，更需注意传达"你现在表现得越来越好了"等正面信息。此阶段要注意处理好关系结束和跟进巩固等问题。

首先，要处理好关系的问题。成功的咨询关系在结束时会使求助者感到一些不情愿、焦虑，甚至依恋，因为他担心失去一位最知心的朋友，又要独自面对挑战。因此咨询人员应及时说明今后还会有一些跟进辅导(有时称随访)，以便随时提供一些必要的支持。

其次，为学习迁移和自我依赖做准备。针对求助者的情况，咨询师与求助者要讨论求助者在咨询后一段时间如何自我依赖，并学会运用在咨询中学到的知识和技能处理新问题，将所学应用到以后的生活里，从而扩大咨询效果，促进成长发展。

最后，要帮助求助者愉快自然地结束咨询。

三、高校心理咨询的意义

高校是培养高素质人才的基地，而大学生的心理健康状况对大学生学习能力、思想政治素质的提高以及人生价值的实现等有着至关重要的作用。当今大学生正处于急剧变更的时代，他们面临着人际交往的困惑、经济负担的加重、学业的竞争、能力的挑战和就业的压力等全方位的问题。高度重视大学生心理素质教育，根据大学生的心理发展状态有针对性地为广大学生提供经常、及时、有效的心理咨询指导与服务，提高大学生适应社会生活的能力，培养大学生良好的个性心理品质，促进大学生心理素质与思想道德素质、科学文化素质和身体素质的协调发展，已经成为当前高校进行心理健康教育的重要任务。我国目前大学生的入学年龄一般在 18 岁左右，经过 3～5 年的大学学习，毕业时一般在 22 岁左右。这一时期处于青春期的后期与成年初期，属于由不成熟到逐渐成熟并迅速向成人过渡的急剧变化时期，因此，重视大学生心理卫生对大学生的发展有着重要的意义。

1. 全面推进素质教育的需要

高校是培养社会主义事业建设者和接班人的重要阵地，全面推进素质教育是必然的工作目标。心理素质是素质教育的重要组成部分，培养学生良好的心理素质是学校素质教育的重要内容之一。有良好心理素质的人能通过知、情、意等心理活动对社会、环境、自我进行正确的认识、预测、控制、适应和调节，使其在与社会的相互作用中保持平衡，共同发展。良好的人际关系，积极的自我观念，能够正视和接受现实，具有控制、预防和调节情绪的能力在社会中非常重要。加强大学生心理咨询工作对促进大学生德、智、体、美的全面发展具有其他工作不可替代的作用。

2. 加强和改进高校德育工作的需要

大学生心理健康教育是新形势下高校德育工作的重要组成部分，加强和改进高校的德育工作必须重视大学生心理健康教育，对大学生进行及时的心理咨询与辅导。高尚的情操，正确的世界观、人生观和道德观等高层次的精神世界必须以健全的心理过程和人格构建为基础。一个心理变态或心理不正常的人是不可能真正接受人生观和价值观教育的，一个人格扭曲的人也不可能真正保持符合社会规范的行为。因此，高校德育的深入与有效开展必须建立在积极的情感、良好的意志品质、活泼健康的性格等个性心理的基础上。德育工作必须遵循受教对象的心理发育规律和特点，要分清思想问题、道德问题与认知问题、心理问题的区别，有的放矢地做好工作。

3. 促进大学生身体、心理发展的需要

健康包括身体健康和心理健康。关心大学生的成长，就必须兼顾他们身体、心理两方面的健康成长和发育。一方面，大学生的身体和心理二者之间是相互制约、不可分割的。如果人的心理不健康，那么其身体就可能罹患了心理疾病，轻者会情绪低落、无聊寂寞，重者如人格病态、罹患各种精神病。另一方面，心理障碍、心理疾病会影响大学生的机体，并可能对其躯体健康造成危害，甚至会导致罹患各种疾病，如高血压、冠心病、糖尿病、溃疡甚至癌症。大学生处于长知识、长身体的时期，他们的生理和心理正发生着剧烈变化，需要重视大学生的心理卫生与心理健康，及时做好心理咨询服务。

4. 健全大学生人格发展的需要

大学生成长的过程，不仅是增长知识、发展智能、增强身体健康的过程，还是人格形成和发展的过程。大学生人格发展是十分重要的，但是，目前我国应试教育的弊端导致学校、教师和家长，仅重视学生知识的获得和智能的提高，而忽视其优良品质的形成和优良人格的塑造。如果忽视大学生人格素质的提高，他们的正当需求得不到满足，那么他们将会对社会和他人进行反抗。例如，云南大学马家爵杀死四名大学同窗事件、复旦大学生对舍友投毒事件等都是这种情况的极端反映。大学生心理健康的高层次标准的实质是健全人格的标准。讲究心理卫生，重视大学生心理健康，及时做好心理咨询服务是大学生人格健全发展的需要，有助于大学生人格的健康、全面、和谐发展。

5. 完善大学生社会适应能力发展的需要

每一个脱离母体的人都是社会人，都生活在与人类交往的社会环境中。大学生是未来社会的建设者、参与者，他们不仅需要有为社会做贡献的真才实学，还需要有良好的社会适应能力。所以，学校、老师、家长应该关心大学生社会适应能力的培养与提高。在心理咨询、治疗实践中，大学生心理障碍问题的表现是多方面的。例如，因与老师、同学、父母关系紧张，或在交友、恋爱中遇到挫折，以致罹患恐惧症、焦虑症、抑郁症等心理疾病，这些情况均与他们在人际交往中社会适应不良有关。社会交往能力、社会适应能力的指导是心理卫生教育、心理健康与心理咨询教育的重要内容。开展心理卫生、心理健康与心理咨询教育工作，无疑对提高大学生的社会适应能力有重要作用。

总之，加强高校心理咨询工作的建设具有与时俱进的战略意义。大学生心理健康教育不仅是大学生身心健康、人格健康、和谐发展、社会适应能力发展的需要，也是大学生现时学习、工作之必需，更是社会对未来建设者、参与者的素质要求。因此，高校心理咨询工作的开展关系到学生的成长和成才，关系到振奋中华民族精神、提高全民族素质以及建设社会主义精神文明任务的顺利完成。

3. 尿频，不是绝症

无意识是指那些在正常情况下根本不能变为意识的东西，比如内心深处被压抑而无从意识到的欲望、秘密和恐惧等。由于社会标准的不容许，原始冲动和本能以及种种欲望得不到满足而被压抑到意识之中，但它们并没有被消灭，而是在无意识状态下积极地活动。

——题记

案例分享

2016 年 6 月 14 日，文给我发短信："老师，我该怎么办？有一个问题困扰我很长时间了。对任何人我都羞于启齿，但我又特别想得到医治，您能帮帮我吗？"

我立刻给予她回复："如果属于心理问题的范畴，我一定会尽心尽力帮你的！"

第二天早上上课铃响过十分钟后，文悄悄走进我的办公室，并且把门关死，还用手拽了拽以确保不会有人推门进来。

面对她这样的举动，我赶忙起身把她迎到沙发上坐。

文深深吸了口气，接着又叹了口气，说道："老师，我恐怕快要死了！"

"为什么这样说呢？"我感到文的问题比较严重。

"我总是想上厕所。"文憋得脸通红通红的，半天才又开了口。

"你是说你有尿频现象吧？"我帮她把"尿频"这两个字说出来，顺便看了看我对面的闹钟，时间是早上八点十五分。

文使劲点了点头，接着说道："别人一上午都不上厕所，我却每节课后都要上一趟厕所。刚开始来学校时，我还能坚持两节课上一次厕所，可是现在越来越严重，我不能坚持一节课，晚上甚至得起夜五六次。现在，我已经请假一周了，我好害怕。我是不是得了什么绝症？"

"这种症状持续多长时间了？你去医院检查过没有？"尿频可能有多种原因，比如生理原因，如喝水过多、肾脏有病、神经坏损、处于很热的环境中等；还有心理原因，如紧张、恐惧等，尤其是紧张，很多人一紧张就想上厕所。做咨询之前，我必须确定文是生理原因还是心理原因，以及她这个症状持续的时间。

"快一年了，去年高考前后开始的，我母亲曾经带我去医院做过检查，肾、膀胱甚至妇科我都看过。刚开始医生说可能是高考紧张引起的，可是一个假期过后我还是尿频。另一家医院说是肾虚，后来又说是尿路感染，输过好几次液还是这样。尿液检查和血糖检查显示膀胱没问题。同学们都觉得我怪怪的，我不敢对同学们说这件事，我现在一个朋友也没有。我该怎么办？"

从文的叙述中可以看出，这个症状带给她的苦恼是比较大的，已经影响到她的情绪、正常学习、人际交往等方面。于是，我帮她分析可能导致她出现这个现象的原因。根据医院的检查，可以排除生理原因，那么很有可能就是心理原因了。文最初出现这个症状是在高考前后，这一点她自己也承认可能是高考紧张焦虑的缘故。

高考结束后，按理说文该轻松了，为什么症状却加重了呢？实际上还是心理因素。文由于担心自己的考试成绩不理想，不能实现去外省上大学的愿望，以及害怕父母责难她，所以她以自己生理上出现尿频这个症状来博得父母的同情，而这一点就连文自己也意识不到。这就是精神分析大师弗洛伊德所说的无意识在作祟。

无意识是指那些在正常情况下根本不能变为意识的东西，比如，内心深处被压抑而无从意识到的欲望、秘密和恐惧等。由于社会标准的不容许，原始冲动和本能以及种种欲望得不到满足而被压抑到意识之中，但它们并没有被消灭，而是在无意识状态下积极地活动。因此，无意识是人们经验的大储存库，由许多被遗忘了的欲望组成。弗洛伊德认为无意识具有能动作用，它主动地对人的性格和行为施加压力和影响。

从文的讲述中我还了解到：从小学开始，文的父母一直关注文的学习成绩，所以对她的要求非常严格。文从来没有真正感觉到父母对她的爱有多深。尽管文一直在努力学习，可是高三以后她还是觉得自己越来越力不从心。于是频繁上厕所的症状也就凸现出来，这也正是弗洛伊德在探究人的精神领域时的决定论原则——认为事出必有因。看来微不足道的事情，如做梦、口误和笔误，都是由大脑中潜在原因决定的，只不过是以一种伪装的形式表现出来。

最后，文的高考成绩只能进入一所高职院校，潜意识中，文对自己是不满意的，她知道父母对自己也不满意，所以她始终没有从紧张焦虑的情绪中解脱出来，尿频的症状自然也得不到改善，问题反而越来越严重，乃至影响到她不能正常学习以及与同学们正常交往。

还有半个月就要期末考试，这使她再次紧张起来。

文听了我的解释，感到很有道理。于是她接受我给她的一些建议：向舍友倾诉自己的烦恼，培养小范围内的友谊；生活上尽量放松，多做深呼吸；找一些世界名著读一读，以便分散注意力；调节心理，使自己保持良好的心态；保持适当的休息和睡眠时间，这样才能有效地控制尿频现象的发生。

文站起身来握着我的手说"谢谢"的时候，我又看了一次闹钟，时间是上午十点二十分。也就是说，文和我在一起待了两个小时却没有上卫生间。

我及时给予她肯定和鼓励，文带着一脸灿烂的笑容和我道别了。

思政课堂

二十世纪四五十年代，有专家曾预言："心理疾病将是二十一世纪危害人类健康的大敌。"目前而言，大学生中存在心理健康问题和心理障碍的人的比例不断上升。良好的心理素质是培养健康人格的必要条件，时代也需要身心健全的高素质人才。为了促进大学生健康的全面发展，学校有必要把心理健康教育与思想政治教育相整合，并运用心理学知识做好大学生的思想政治工作，这样既可以丰富高校的教育方法和教育手段，克服传统思想政治教育主要依靠理论说教的局限，变传统的灌输式教育为交流式教育，又能缩短师生双方的心理距离，提高思想政治教育的实效。同时，运用心理学知识来分析大学生的思想和行为，有助于增强思想政治教育的预见性和主动性，便于把握大学生的思想动态，对其行为加以引导，有助于提高思想政治教育的针对性。

◉ 相关知识链接

一、心理障碍

心理障碍是指一个人由于生理、心理或社会原因而导致的各种异常心理过程和具有异常人格特征的异常行为方式，具体表现为一个人没有能力按照社会认可的适宜方式行动，以致其行为的后果对本人和社会都是不适应的。当心理活动异常的程度达到医学诊断标准时，我们就称之为心理障碍。心理障碍强调的是这类心理异常的临床表现或症状，并不把它们当作疾病来看待。此外，使用"心理障碍"一词容易被人们所接受，能减轻社会的歧视。

二、产生心理障碍的原因

通常所说的"心理障碍"是指一个人没有某种能力，这种"没有能力"可能是器质性损害或功能性损害的结果，或两者兼而有之。由此，心理障碍产生的原因可概括为以下几个方面：① 心理机能失调指认知情感或者行为机能的损坏；② 该病症给个人造成痛苦；③ 非典型的或者非文化所预期的，不是该地区文化行为典型的特点。因此，心理障碍是因为个人因素及外界因素造成心理状态的某一方面(或几方面)发展的超前、停滞、延迟、退缩或偏离。

三、心理障碍的临床表现

人类精神活动是有机的、协调的、统一的。从接受外界刺激一直到做出反应，精神活动是一系列相互联系、不可分割的活动。精神活动包括感觉、知觉、记忆、思维、情绪、注意、意志、智能、人格、意识等，其中任何一方面的变化，即精神活动的各个方面互不协调或精神活动与环境不协调，均可表现为精神活动障碍。最常见的精神活动障碍为焦虑、恐怖、幻觉、妄想、兴奋、抑郁、智力低下、品行障碍及不能适应社会环境等。精神异常的表现可以是严重的，也可以是轻微的。心理障碍的精神表现是多种多样的，一般按下述系统对其进行分类：

(1) 严重心理异常主要包括精神分裂症、躁狂抑郁性精神病、偏执性精神病、反应性精神病、病态人格和性变态等。

(2) 轻度心理异常也称神经官能症，包括神经衰弱、癔病、焦虑症、强迫症、恐怖症、疑病症、抑郁症等。

(3) 心身障碍，指躯体疾病伴发的精神障碍，包括肝、肺、心、肾、血液等内脏疾病，内分泌疾病，代谢营养病，产后精神障碍和周期性精神病，以及各种心身疾病(如高血压、冠心病、溃疡病、支气管哮喘等)所引起的心理异常。

(4) 大脑疾病和躯体缺陷导致的心理异常，主要包括中毒性精神病、感染性精神病、脑器质性精神病、颅内感染所伴发的精神障碍、颅内肿瘤所伴发的精神障碍、脑血管病伴发的精神障碍、颅脑损伤伴发的精神障碍、癫痫伴发的精神障碍、锥体外系统疾病和脱髓鞘疾病的精神障碍、老年性精神病、精神发育不全以及有聋、哑、盲、跛等躯体缺陷时的心理异常。

(5) 特殊条件下的心理异常，包括某些药物、致幻剂引起的心理异常，特殊环境(航天、航海、潜水、高山等)下引起的心理异常，催眠状态或某些特殊意识状态下的心理异常等。

四、心理障碍的等级划分

十八九岁到二十一二岁是最容易出现心理障碍的阶段。大学生首先要弄清楚什么是精神病，什么是非精神病性心理障碍。对此的判断和分类极为重要，因为这直接关系到对心理问题性质的确诊、治疗方法的选择(分裂症不是心理治疗的适应症，其首选治疗是药物治疗和生活上的关照)。广义的精神障碍指所有的心理问题和障碍；狭义的精神病主要指精神分裂症。自改革开放以来，我国在学术思想上空前开放和繁荣，心理咨询方兴未艾，取得了蓬勃的发展。心理咨询的范围，除了比较严重的精神障碍(如分裂症)，其他心理问题和障碍都是可以咨询和治疗的。

每个人都可能在一生中的某个阶段产生一些心理问题。心理问题可分为四个等级：健康状态、不良状态、心理失调、心理疾病。按严重程度来分，可分为一般心理问题、严重心理问题、心理疾病。心理健康的状态不是固定不变的，而是动态变化的过程。心理健康与心理不健康不是泾渭分明的对立面，而是一个连续状态。从良好的心理健康状态到严重的心理病态之间有一个广阔的过渡带。

1. 健康状态

健康状态表现为心情经常愉快，适应能力强，善于与别人相处，能较好地完成同龄人发展水平应作的活动，具有调动情绪的能力。心理健康状态与非健康状态的区分标准一直是心理学界讨论的话题，不少国内外心理学学者根据自己调查研究的结果提出了多种评价方法，即本人评价、他人评价和社会功能状况评价。

(1) 本人评价，指本人不觉得痛苦，即在一个时间段中(如一周、一月、一季或一年)快乐的感觉大于痛苦的感觉。

(2) 他人评价，指他人不感觉到异常，即心理活动与周围环境相协调，不出现与周围环境格格不入的现象。

(3) 社会功能状况评价，指社会功能良好，即能胜任家庭和社会角色，能在一般社会环境下充分发挥自身能力并利用现有条件(或创造条件)实现自我价值。

2. 不良状态

不良状态，又称第三状态，是介于健康状态与心理失调之间的状态。这是正常人群中常见的一种亚健康状态，由个人心理素质(如过于好胜、孤僻、敏感等)、生活事件(如工作压力大、晋升失败、被上司批评、婚恋挫折等)、身体不良状况(如长时间加班劳累、身体疾病)等因素所引起。它的特点包括以下几个方面：

(1) 时间短暂。此状态持续时间较短，一般在一周以内能得到缓解。

(2) 损害轻微。此状态对其社会功能影响比较小。处于此类状态的人一般都能完成日常工作学习和生活，只是感觉到的愉快感小于痛苦感，"很累""没劲""不高兴""应付"是他们常说的词汇。

(3) 能自己调整。此状态者大部分能通过自我调整，如休息、聊天、运动、钓鱼、旅游等放松方式使自己的心理状态得到改善。小部分人若长时间得不到缓解可能会形成一种相对固定的状态。这部分人应该去寻求心理医生的帮助，以尽快得到调整。

3. 心理失调

心理失调主要表现为一个人与他人相处略感困难，生活自理有些吃力，缺乏同龄人应有的愉快，主动调节或通过专业人员帮助可恢复常态。它的特点包括以下几个方面：

(1) 不协调性。一个人心理活动的外在表现与其生理年龄不相称或其反应方式与常人不同。例如，成人表现出幼稚状态(停滞、延迟、退缩)；儿童出现成人行为(不均衡的超前发展)；对外界刺激的反应方式异常(偏离)等。

(2) 针对性。处于此类状态的人往往对障碍对象(如敏感的事、物及环境等)有强烈的心理反应(包括思维、信息思维及动作行为)，而对非障碍对象可能表现得很正常。

(3) 损害较大。此状态对其社会功能影响较大。它可能使当事人不能按常人的标准完成某项(或某几项)社会功能，如，社交焦虑者(又名社交恐惧)不能完成社交活动，锐器恐怖者不敢使用刀、剪，性心理障碍者难以与异性正常交往。

(4) 需求助心理医生。此状态者大部分不能通过自我调整和非专业人员的帮助来解决根本问题。心理医生的指导是必需的。

4. 心理疾病

心理疾病是由于个人及外界因素引起个体强烈的心理反应(思维、情感、动作行为、意志)并伴有明显的躯体不适感，是大脑功能失调的外在表现。其特点包括以下几个方面：

(1) 强烈的心理反应，具体表现为：出现思维判断上的失误，思维敏捷性下降，记忆力下降，头脑有黏滞感、空白感，有强烈的自卑感及痛苦感，缺乏精力，情绪低落或忧郁，紧张、焦虑，行为失常(如重复动作、动作减少、退缩行为等)，意志减退等。

(2) 明显的躯体不适感，具体表现为：中枢控制系统功能失调可引起所控制人体各个系统功能失调，如影响消化系统则可出现食欲不振、腹部胀满、便秘或腹泻(或便秘、腹泻交替)等症状；影响心血管系统则可出现心慌、胸闷、头晕等症状；影响内分泌系统可出现女性月经周期改变、男性性功能障碍等。

(3) 损害大。患者不能或勉强完成其社会功能，缺乏轻松、愉快的体验感，痛苦感极为强烈,"哪里都不舒服""活着不如死了好"是他们真实的内心体验。

(4) 需心理医生的治疗。患者一般不能通过自身的调整和非心理科专业医生的治疗而康复。心理医生对此类患者的治疗一般采用心理治疗和药物治疗相结合的综合治疗手段。在治疗早期,心理医生会通过药物快速调整患者的情绪,中后期结合心理治疗解除心理障碍,并通过心理训练达到社会功能的恢复和提高患者的心理健康水平。

五、心理障碍的判断标准

一般心理问题和严重心理问题的判断标准和依据如表 3.1 所示。

表 3.1　一般心理问题和严重心理问题的判断标准和依据

心理问题程度 具体标准	一般心理问题	严重心理问题
情绪反应强度	由现实生活、工作压力等因素而产生内心冲突,引起的不良情绪反应,有现实意义且带有明显的道德色彩	是较强烈的、对个体威胁较大的现实刺激引起的心理障碍,情绪痛苦
情绪体验持续时间	求助者的情绪体验时间不间断地持续 1 个月或者间断地持续 2 个月	情绪体验超过 2 个月,未超过半年,不能自行化解
行为受理智控制程度	不良情绪反应在理智控制下,不失常态,基本维持正常生活、社会交往,但效率下降,没有对社会功能造成影响	遭受的刺激越大,反应越强烈。多数情况下,会短暂失去理智控制,难以解脱,对生活、工作和社会交往有一定程度影响
泛化程度	情绪反应的内容对象没有泛化	情绪反应的内容对象被泛化

六、如何判断心理疾病与精神病

仅有一方面的心理活动异常还不能肯定就是心理障碍,诊断心理障碍需要符合一定的标准,即个体感到痛苦或者明显影响其社会交往或职业功能。在严重心理问题之上还需要判别严重心理问题和精神病,若是属于精神病范畴,则需要由具有处方权的心理医生或精神病医生提供专门的治疗,特别是药物治疗。在心理学界与精神病学界有普遍公认的判断病与非病三原则:

第一,是否出现了幻觉(如幻听、幻视等)或妄想;

第二,自我认知是否出现问题,能否或是否愿意接受心理或精神治疗;

第三,情感与认知是否倒错混乱,知、情、意是否统一,社会功能是否受到严重损害(即行为情绪是否已经严重脱离理智控制),重点在于幻觉/妄想与情感是否倒错混乱两个方面,对于是否有自我认知的判断应建立在这两个重要判断基础之上。

生活中,自己是否出现了心理疾病,可以采取以下方法来检验:

(1) 比较。个体自己可以感到不同于以往,如体验到情绪低落、不高兴或压抑,并且感到痛苦,因而需要寻求医生的帮助;或者观察者根据自身的经验观察到患者的行为不同于以往,亦可以认为是异常。

(2) 心理活动性质的改变。如果观察到患者的心理活动有明显的质的改变，如出现幻觉、妄想、明显的语言紊乱或行为异常，则是心理障碍。

(3) 社会适应障碍。人的行为总是与环境协调一致的，如果个体出现了社会适应不良，则反映他的心理活动可能异常。但人的社会适应行为和能力受时间、地点、文化、风俗等因素的影响，故社会适应标准要根据具体情况而定。

(4) 统计学标准。统计学标准认为，人们的心理测量结果通常呈正态分布，居中的大部分人属于心理正常范围，两端则都被视为"异常"。因此，确定一个人心理正常与否，要看其偏离正常人心理特征的平均水平程度。也就是说，一种心理活动在同等条件下若为大多数人所具有，则属于正常；若背离了大多数人的一般水平，就是异常。人们已经设计出不同的心理测量技术来测定不同的心理特征。根据某一个体的测量结果与正常人群测量结果的比对可以区分出正常、异常和临界状态，另外，临床使用的一些量表也是利用类似的原理设计的，其结果可以供临床参考。

(5) 症状与病因学标准。症状与病因学标准将心理障碍当作躯体疾病来看待。如果一个人身上表现的某种心理现象或行为可以找到病理解剖或病理生理变化，便认为此人有心理障碍或精神疾病。如药物中毒性心理障碍，可以是否存在某种药物作为判断依据。此时物理、化学检查和心理生理测定等具有重要的意义。

七、心理障碍的预防

以上是对心理障碍的大致划分，在临床上典型的症状不是很多，以成长障碍、生活困境和带有一些症状性的心理问题较多见。除了简单的心理问题只需要几次治疗外，多数心理障碍则需要比较长时间的心理治疗。心理现象与"能量守恒定律"相似，即当一种健康的心理占主导地位的时候，异常心理自然就减轻或消退。每个人都是自己命运和心态的主人，学习一些心理学知识可以起到防微杜渐、防患于未然的作用，具体做法如下：

(1) 培养兴趣，积极参加户外活动；
(2) 学会交往，处理好人际关系；
(3) 增强自信，多将想法付诸行动；
(4) 稳定心态，坦然面对困难；
(5) 知足常乐，不要追求完美；
(6) 加强修养，避免强烈刺激。

4. 分数，学生心中永远的痛

根据美国心理学家罗特的观点，人们对行为的产生有两种看法：一种认为结果与自己的行动是不相关的(外部控制)，另一种认为结果与自己的行动有直接的关系(内部控制)。控制点类型不同的学生对同一件事情会有不同的归因。

——题记

案例分享

期末考试的第二天，我上班不过十分钟，娟一脸苦恼地走进咨询室："老师，昨天考试的时候，我们班许多同学都偷看了，我却没有，所以考得一塌糊涂。万一这次考试成绩进不了前十名，我……"娟说话的同时低下了头，看得出来她非常在乎考试成绩。

为了取得她的信任，我对她表示了同情："在考试时，许多人作弊，而你没有，所以你担心成绩不理想，并且觉得很不公平，是不是？"

"是呀，简直气死我了。尤其是我的两位舍友，她们就坐在我旁边一直偷看。平时她们根本不学习，但是每次考试都考得不错。说不定她们这次又进前十名了。"

据我所知，奖学金只发给考试成绩在排行榜前十名的学生。娟非常在意他人超过自己，她担心自己进不了前十名，进不了前十名就意味着拿不到奖学金。根据心理咨询的经验，我知道过分在意他人和过度关注身边的人超过自己的人，实际上是嫉妒心理较重和害怕面对现实的人。

嫉妒是一种负性情绪，是指自己的才能、名誉、地位或境遇被他人超越，或彼此距离缩短时所产生的一种由羞愧、愤怒、怨恨等组成的情绪体验。它有明显的敌意，甚至会产生攻击诋毁行为，这种负性情绪不但危害他人，给人际关系造成极大的障碍，最终还会摧毁自身。地位相似、年龄相仿、经历相近的人之间最容易发生嫉妒。

在我的指导下，娟做了嫉妒心理测验，结果显示她属于 B 型。这种类型的人比一般人容易产生的嫉妒心理。女孩们无论是谁都有一定程度的嫉妒心，不过，平时不易感受到，所以不影响相互交往。但是一旦涉及切身利益，嫉妒心理对 B 型的女孩子来说是很难克制的。

娟一味强调别人因为靠作弊所以成绩才超过了她，而自己由于没作弊成绩落后了，这其实是她害怕面对现实，推卸责任的表现。因此，我有必要改变她这种认知上的错误。

　　人们做完一项工作之后，往往喜欢寻找自己或他人之所以取得成功或遭受失败的原因，这就是心理学家探索归因问题的客观依据。根据罗特的观点，人们对行为的产生有两种看法：一种认为结果与自己的行动是不相关的(外部控制)，另一种认为结果与自己的行动有直接的关系(内部控制)。控制点类型不同的学生对同一件事情会有不同的归因：内控型的人认为自己可以控制周围的环境，无论成功还是失败，都是由于自己的能力或努力等内部因素造成的，他们乐于对自己的行为负责，具有一种乐观主义的"自我定向"，倾向于具有一套自己的标准和价值观，并积极追求有价值的目标；而外控型的人则感到自己无法控制周围的环境，无论成败都认为自己的行为结果是受机会、运气、命运、权威人士等外部力量控制的，自己的努力是不起作用的，他们往往对自己的行为不愿承担责任，具有一种悲观主义的"他人定向"。外控型的人往往没有主见，易受他人摆布。心理控制点是人们对生活、工作及学习中做事成败的一种归因倾向，它与多种人格特征的形成及行为表现和预期相关。

　　经过我的分析，娟的情绪慢慢稳定下来，我决定对她实施进一步的咨询。

　　于是，我问她："假如这次考试你的成绩进了前十名，她们偷看的人没有进前十名，你会不会还这么讨厌作弊的同学？"

　　"当然不会了。"娟略作思考后回答道。

　　"为什么你进了前十名就不会讨厌他们了呢？"我进一步质问她。

　　"我都进了前十名了，她们偷看不偷看和我有什么关系？反而更加证明了我学习成绩比她们好，她们作弊都不能超过我。"

　　"你刚才说怕自己进不了前十名，假如在接下来的考试中你也作弊了，最后你进了前十名，那你会有什么感受？"我继续问。

　　"没什么感受，偷看得来的成绩，又不代表自己真实的水平，没啥了不起。"

　　"那别人偷看得来的成绩能不能代表他们真实的水平？"

　　"当然不能啦！"她若有所思。

　　"假如别人都没有作弊，你也进不了前十名，你会怎么做？"

　　"当然是奋起直追了，一分耕耘一分收获，只要我努力了，一定会有好成绩。"

　　"那么现在是，他们作弊你没有作弊，你的成绩很可能进不了前十名，你该怎么办呢？"

　　"老师，我知道我该怎么做了。"尽管时间仓促，但是娟决定好好利用上午的时间准备接下来的几场考试。

　　娟走的时候，脸上终于有了笑容，我的心里也充满了喜悦。

思政课堂

　　长久以来的高分教育，使学生们出现了重分数、轻实践的现象。这就要求我们全面落实教学教育目标，坚持理论联系实际的根本原则，密切结合当代社会经济、政治和科学技术的发展，运用丰富、准确的事实材料，用事实说明观点，再结合心理学相关理论知识，改变大学生的错误认知，提高大学生自身的思想高度。

大学生要学会运用自己聪明的大脑，依靠自己勤奋的双手，脚踏实地地去赢得美好的未来。

相关知识链接

一、健康

健康是人类永恒的话题，人们对健康概念的认识是随着社会的发展以及人类自身的认识不断深化、不断丰富的。20 世纪初，《简明大不列颠百科全书》对健康的定义为："没有疾病和营养不良以及虚弱状态。"这种"无病即健康"的传统健康观念在很长一段时间里一直影响着人们的医疗保健观乃至政府的卫生政策。数百年来，人们对健康的认识还只是关注人的躯体生物学变化，没有涉及人的心理活动及社会适应。一个人感冒发烧了会去看医生，但一个人心情抑郁、沮丧，或一个人总是人际关系紧张、生活百无聊赖，是不会去看医生的。

20 世纪 40 年代初，联合国世界卫生组织(WHO)在成立宪章中明确指出："健康是身体上、精神上和社会上的完满状态，不仅是没有疾病和虚弱的现象，而且有完整的生理、心理状态和社会适应能力。"这种认识是现在人们对健康要领的全面总结与更新，健康不再仅是躯体的反映，同时还必须是心理活动正常、社会适应完满的综合体现。

二、心理健康

由于心理健康研究的迅猛发展，关于心理健康的概念也是众说纷纭，难以统一。从世界卫生组织(WHO)对健康的定义可以看出，健康应包括身体、心理、社会三个层面。只有当一个人在这三个层面同时都处于完好状态时，才可以说是健康的。相对来说，疾病则是指个体在身体上、心理上或社会上出现的各种障碍或异常。

1946 年，第三届国际卫生大会将心理健康定义为："在身体、智能及情感上与他人的心理健康不相矛盾的范围内，将个人的心境发展成最佳的状态。"世界心理卫生联合会则将心理健康定义为"身体、智力、情绪十分调和；适应环境；人际关系中彼此谦让；有幸福感；在工作和职业中，能充分发挥自己的能力，过着有效率的生活。"

精神病学家梅尼格尔(K. Menninger)认为"心理健康的人应能保持稳定的情绪、敏锐的智能、适应社会的行为和愉快的气质。"

心理学家英格利希(H. B. English)指出"心理健康是一种持续的心理状态，当事者在这种状态下能做良好的适应，具有生命的活力，并能充分发展其身心的潜能，这是一种积极的、丰富的生活，不仅是免于心理疾病而已。"

我国学者张人俊认为，心理健康包括健全的认知能力，适度的情感反应，坚强的意志品质，和谐的个性结构，良好的人际关系。王效道等认为，心理健康有如下特征：智力水平处在正常范围内，并能正确反映事物；心理和行为特点与生理年龄基本相符；情绪稳定、积极，与情境适应；心理与行为协调一致；社会适应，主要是人际关系的心理适应协调；行为反应适度，不过敏，不迟钝，与刺激情境相适应；不背离社会行为规范，在一定程度上能实现个人动机，并使合理要求获得满足；自我意识与自我实际基本相符，"理想我"和"现实我"之间差距不大。

综上所述，我们把心理健康定义为：个体能够适应当前和发展的环境，具有完善的个性特征。个体的认知、情绪反应、一致行动处于积极状态，并保持正常的调控能力。

三、心理健康状态

心理健康状态与非健康状态的区分标准一直是心理学界讨论的话题，不少国内外心理学学者根据调查研究的结果提出了多种心理健康标准。其中，大学生心理健康标准表现在下面几方面：

(1) 智力正常。人的智力分为超常、正常和低常三个等级。正常智力水平是人们生活、学习、工作、劳动的最基本的心理条件。

(2) 情绪稳定与愉快。情绪稳定与心情愉快是心理健康的重要标志，它表明一个人的中枢神经系统处于相对的平衡状态，意味着机体功能的协调。如果一个人经常愁眉苦脸、灰心绝望，喜怒无常，则是心理不健康的表现。

(3) 行为协调统一。一个心理健康的人，其行为受意识支配，思想与行为是统一协调的，并有自我控制能力。如果一个人的行为与思想相互矛盾，注意力不集中，思想混乱，做事杂乱无章，就是心理不健康的表现。

(4) 良好的人际关系。人生活在社会中，就要善于与他人友好相处，助人为乐，建立良好的人际关系。人的交往活动能反映人的心理健康状态。人与人之间正常友好的交往不仅是维持心理健康的必备条件，也是获得心理健康的重要方法。

(5) 良好的适应能力。人生活在纷繁复杂、变化多端的大千世界里，一生中会遇到多种环境及变化。因此，一个人应当具有良好的适应能力，无论现实环境有什么样的变化，都能够适应，这也是心理健康的标志之一。

心理健康是一种动态平衡状态，它是在一定范围内不断上下波动的过程，这种动态平衡状态是在主体与环境相互作用过程中发生的。同理，在这两者相互作用的过程中，这种动态平衡状态也可能随时被打破，即心理健康状态被破坏。

心理健康的主体，也就是心理健康状态的体现者，具有生物、精神和社会属性，是这三种属性的辩证统一体，所以，人在生存环境中，生物、精神、社会性的压力或刺激可以产生"共鸣"。在通常情况下，如果心理平衡状态的破坏程度在人自身固有的自我平衡能力范围内的话，那么这时心理健康状态可以不被破坏；一旦超越了自我平衡能力的范围，人的心态就会出现问题和紊乱，时间长了则会出现更多的问题。

四、心理健康状态的破坏理论

关于心理健康状态的破坏和被破坏的内在机制，历来有不同的表述。

1. 精神分析学

精神分析学亦称为弗洛伊德主义。弗洛伊德认为，人的心理是由本我、自我和超我三层结构组成的。"本我"是一个无意识的结构,是同肉体相联系的本能和欲望,按"快乐原则"活动;"自我"是一个意识结构,或认识过程,按"现实原则"活动,感受外界的影响,满足本能要求;"超我"是一个由社会灌输的伦理观所形成的结构,按"道德(至善)原则"活动,用来制约自我。

精神分析的基本原理为:治疗者的解释协助病人对自己的心理状态和病情有所领悟和了解,特别是压抑的欲望、隐藏的动机或者不能解除的情结,并通过自知力的获得,了解自己的内心,洞察自己适应困难的反应模式,进而改善心理行为,及时改变处理困难的方式,促进自己的人格成熟。该学派认为,幼年情绪发展中遭受挫折,并由此形成的情结是后来一生各个阶段出现心理障碍的根本原因;"潜意识"和"意识"、"本我"和"超我"之间的冲突,在"自我"中的表现,或在"自我"中体验到的不平衡就是心理障碍的症状。

2. 行为主义心理学

行为主义心理学是美国现代心理学的主要流派之一,也是对西方心理学影响最大的流派之一,其创始人是美国心理学家华生。行为主义心理学主张以客观的方法研究人类的行为,从而预测和控制有机体的行为。该理论认为,心理学的研究对象是人和动物的行为,而人和动物的行为都是由刺激—反应的联结构成的。心理学通过对行为的研究可以确定刺激和反应之间的联结规律,以便人们在接受已知的刺激后,能预测将会发生什么样的反应,或者当已知反应后,能够指出有效刺激的性质。所以,该学派认为,环境中的不良因素,经由学习过程酿成的不良行为、不良行为倾向、不良反应形式,是破坏心理健康的根本原因。现代行为主义不但重视环境对人的影响,也重视人的行为对环境的反作用,并提出W-S-Ow-R-W 公式。该公式中,W 指环境,S 指环境中的某种刺激,Ow 指具有个体内在经验的主体,R 指对环境中某种刺激的反应,W 指受到主体反应影响发生了某种改变的环境。从这个意义上来看,人的心理健康状态的破坏,是人与环境相互作用过程中"学习"的结果。

3. 存在—人本主义心理学

人本主义心理学是受人本主义影响而兴起的一种心理学理论。人本主义于 20 世纪 50 年代在美国兴起,于 20 世纪 60 年代开始形成,在 20 世纪 70 至 80 年代迅速发展。它既反对行为主义把人等同于动物,只研究人的行为,不理解人的内在本性,又批评弗洛伊德只研究神经病和精神病人,不考察正常人的心理,因而被称为心理学的第三种运动。

人本主义学派强调人的尊严、价值、创造力和自我实现,把人的自我实现归结为潜能的发挥,而潜能是一种类似本能的性质。人本主义最大的贡献是看到了人的心理与人的本质的一致性,主张心理学必须从人的本性出发研究人的心理。存在主义强调人的存在价值,主张人有自行选择其生活目标及生活意义的自由,重视现实世界中个人的主观经验及主张,强调人须负责其自由行动所产生的后果。

人本主义心理学后来发展为存在—人本主义心理学。所谓存在,是人对自身存在的意识和体验。在美国心理学学家罗洛·梅看来,存在感是心理健康的重要标志,存在感的缺失容易导致人的无意义感、无价值感。现代人的心理疾病不是压抑本能所造成的,而是失去了自己的存在感,所以心理治疗的过程就是"帮助病人认识和体验他自己的存在"。该学派以人性本善为前提，强调教育的功能。教育的目的，追根究底就是人的自我实现，是人所能达到的最高度的发展，即帮助人达到他能够达到的最佳状态。在马斯洛看来，人具有一种与生俱来的潜能(它是人类原本具备却忘了使用的能力，也就是存在却未被开发与利用的能力)，发挥人的潜能、超越自我是人的最基本要求，环境具有促使潜能得以实现的作用。该学派设定潜能的存在，并认为潜能无论在生理还是心理方面，都有完善发展的趋势。为此，他们认为，心理健康状态的破坏就是指"潜能"的发展受到了阻碍，并非所有的环境条件都有助于潜能的实现，只有在一种和睦的气氛下，在一种真诚、信任和理解的关系中，潜能才能像得到了充足阳光和水分的植物一样蓬勃而出。

4. 认知疗法

认知疗法是通过改变人的认知过程和由这一过程中所产生的观念来纠正人的适应不良的情绪或行为的心理治疗方法。由于文化、知识水平及周围环境背景的差异，人们对问题往往有不同的理解和认知。所谓认知，一般是指认知活动或认知过程，包括信念和信念体系、思维和想象。

具体来说，"认知"是指一个人对一件事或某对象的看法，对自己的看法，对他人的想法，对环境的认知和对事的见解等。例如，同样的一所医院，小孩可能依据自己的认知和经验，把它看成是一个"可怕的场所"，一不小心就会被打针；一般人会将其看成是"救死扶伤"之地，可帮其"减轻痛苦"；而有些老年人则可能把医院看成是"进入坟墓之门"。所以，关键不在"医院"客观上是什么，而是被不同的人认知或看成是什么。不同的认知会滋生不同的情绪，从而影响人的行为反应。因此，"认知疗法"强调，一个人的非适应性或非功能性心理与行为，常常是受不正确的认知的影响。正如"认知疗法"的主要代表人物贝克(A. T. Beck)所说："适应不良的行为与情绪，都源于适应不良的认知，因此，行为矫正疗法不如认知疗法。"

贝克认为，在人的意识和潜意识临界处，尚存在着模糊状态的意识层面，这种"模糊意识"对人的认知有重要影响，一些错误的认知模式就是受其影响而形成的。以这种错误的认知模式去评价环境或评价自我，便会出现偏离，从而产生异常的情绪，如抑郁情绪。认知疗法的策略便在于帮助他重新构建认知结构，重新评价自己，重建对自己的信心，更改认为自己"不好"的认知。认知理论认为人的情绪来自人对所遭遇的事情的信念、评价、解释或哲学观点，而非来自事情本身。情绪和行为受制于认知，认知是人进行心理活动的决定因素。

5. 孤单，是一个人的狂欢

人终究是孤独的。我们孤孤单单地来到人世，没有与谁相约，没有与谁携手。即使是双胞胎、多胞胎，即使同一时间有很多小生命降生，我们依然首先是一个单独的个体，其次才能说我们拥有兄弟姊妹和同龄的伙伴。

——题记

案例分享

丽走进心理咨询室的时候，距离她预约的时间已经晚了一个小时，我已准备下班回家。但是，她孤独忧郁的眼神挽留了我。

"老师，我还是很犹豫，我怕你嫌我麻烦，所以，我迟到了。"

"谢谢你，你实际上已经很勇敢了！你能够克服自己的胆怯站在老师面前，能够面对自己的问题，这一点已经很棒了！"

我放下手头的一切工作，热情地欢迎她入座。"老师不过是多等了你一会儿而已，我希望能够帮到你，这是我的工作职责。老师怎么会嫌你麻烦呢！"打消她的顾虑，与她尽快建立起良好的咨询关系，这是一个非常重要的咨询环节，是开展心理咨询的前提，也是达到理想咨询效果的先决条件。

果然，当我把一杯水递到丽手里的时候，她的话匣子一下子打开了："我一个人吃饭，一个人去教室，一个人逛街，一个人闲着、闷着、宅着。我好孤独呀！老师，我厌了，我倦了，孤单如我，孤独如我，我想恋爱了！"

她不是第一个对我诉说孤单和孤独的学生，也不是第一个向我表达想恋爱的学生。在我的理解中，孤单是一个人寻求同伴的需求和理由，而孤独却与每个人的精神世界有关。常常听到人们感慨："孤单，是一个人的狂欢；狂欢，是一群人的孤单。"可见，一个人未必是孤独，一群人，未必就不孤单。

"我想知道，当你一个人的时候，你的心里除了孤独感还有什么感觉？"这时候，我采用了心理咨询技能中"参与技术"的开放式提问，这可能会引发丽的思考，使她不能简单地用一两个字或者一两句话来回答，我从而尽可能地收集她的相关信息。

她沉默了。这时候，经验告诉我，千万不能说太多的话打扰她。因为，这时候的她可能正在反复体会我的提问，并且似乎有所领悟。这说明，在很短的时间内，我和丽之间已经建立起非常信任的咨询关系，而她在我的提问下，正处于一种积极的自我探索中。

正如我所料，当我静静地看着她，用我的眼睛关注她的时候，她睁大了眼睛，用左手托着下巴，嘴唇似乎想要表达些什么。我适时地追问："你想想，任何事情其实都有两面性，内心孤独是负面感受。当你一个人的时候，你可曾觉察到一些好的感觉？"

丽的眼神渐渐从暗淡转向明亮。沉默了大概两分钟后，她徐徐道来："每当我一个人的时候，每当我感到孤独的时候，我觉得空气都是静止的，死气沉沉的，我似乎能感觉到我的脉搏和血液都充满了孤独和无助。只有偶尔，极其偶尔的时候，我才会觉得，一个人也没什么，不被别人看穿，不被任何人干扰，就沉浸在自己的世界，也挺好，起码是对自己的一种保护。"

"是的，其实一个人也有一个人的好。例如，可以冷静地思考，安静地看书，听听音乐等。"关注她的积极面，从而使她拥有积极的价值观，拥有改变自己的内在动力，这一步在咨询的过程中至关重要。

心理学告诉我们，大学生的心理特点之一有开放和闭锁相并存的矛盾。也就是说，大学生一方面渴望敞开心扉与周围人友善相处，以期得到他人的欣赏和接纳；另一方面，大学生又同时把自己的心门紧闭，不允许他人轻易走近。如果这种矛盾心理处理不当，势必会引起他们人际交往和情感产生焦渴、焦虑、自卑等负面情绪。

"老师，那么我们该如何应对大学生活的孤独感呢？"听了我的解释，丽的眼里闪出急切渴望的光芒。

我认为，首先是接受、承认孤独感存在的现实。意识到孤独是我们成长中的必然现象，承认自己心理的缺失，这看似简单实则需要很大的勇气。试想一个人独自在异地求学，远离父母，没有朋友，不被安慰，不被欣赏，也不被认可。独自上课，独自吃饭，独自逛街，独自枯坐教室，没有个说话的伴儿，没有个相随的人儿，这样的生活的确很难。但是，这是事实。每个人生下来就是孤独的，你必须承认孤独就像是我们的老朋友，给它在心底留出一小块天地，任它在你心灵的空间里飘来荡去。

其次，学会在孤独中成长。随着年龄的增长，大学生的心理会变得敏感而脆弱，而孤独恰恰给予我们一个契机来了解真正的自己。有人说，孤独是伟大的开始。的确，当你承认自己与孤独为伴，你就可以不再在乎他人的眼光，不再渴求别人的理解。如此，你才可能深入地看清楚自己的内心，并学着和自己对话，与自己交谈，做自己的朋友。

亚里士多德说："离群索居者不是野兽，便是神灵。"如果可以选择，没有人甘心愿意做野兽。当你接纳了孤独的现实，并在孤独中学会生存与成长，你会慢慢发现你是一个有思想的人，不再是得过且过。你在思考中发现了自己的优势和长项，你不再让别人来左右你的喜怒哀乐，你在不知不觉中完成了从孩童到成人的一个飞跃，你已是一个主宰自己命运的神灵。孤独久了，你还可能形成自己的风格，成就更好的自己。一个人，只要内心充实，一样可以活得很精彩。

"在孤独中学会成长，让自己的内心变得强大起来，孤独就不再是困扰我们呼吸的绳索，而是一个广阔无际的天地，任由我们潇洒自如地驰骋。不久，你还会发现孤独其实是一种强大的力量，它催发了我们的潜能，让我们开始自信、自立、自主地处理一些问题。不再依赖他人，不再看他人脸色，不再垂头丧气地埋怨。你在处理那些问题的过程中，竟然能发光发亮起来，而孤独带来的挫折感、沮丧感、狼狈困惑都不复存在，我们在孤独中慢慢长大了！"

"谢谢老师，我懂了。恋爱并不能拯救我们内心的孤独，只有充实自己的生活，充实自己的思想，我们才能做到即使孤独，也不再害怕！"

"是的，好孩子。丰满的知识内涵和修养，才是一种别人无法企及的高度，才是真正属于自己的东西，而且可以帮助我们摆脱孤独的梦魇。这样的我们，即使在黑夜里，在森林中，也会保持心底那份纯真的信念并拥有继续前行的勇气和力量。"

看着此时此刻精神振奋的丽，我心里也涌起一股热潮，我们的大学生领悟能力极高，他们所缺乏的只是在关键时刻需要有经验的过来人的引导。我很庆幸，我们一起的努力使她清晰自然地明白，只有勇敢面对、承担、接纳和化解，以及不懈地充实自己，才能从容地摆脱孤独感，而后追求生活的满足和喜乐。

思政课堂

1969 年 1 月 13 日，15 岁的习近平坐在一列开往陕北的"知青专列"上。初到乡村，习近平心中同样茫然："离开京城，投入一个陌生的环境中，周围遭遇的又是不信任的目光，年仅 15 岁的我，最初感到十分的孤独。"但孤独是常态，越是有灵性的人，越会简单而纯粹，清冷而热烈，特立独行又率真可爱，即使孤独，也是灿烂的。"孤独是一种沉淀，而孤独沉淀后是思维的清明。"原来孤独从来都是宝贵的东西，它让人细腻，听得见大地万物细语；它让人慈悲，孤独过才能感同身受常存慈悲之心，懂得珍惜；它让人清明，独处从来都是一种力量，让人看清楚自己；它让人勇敢，不害怕所谓的魔鬼，不害怕前路的未知。孤独一直在你左右，若不想挣脱它，那便将它化作你的力量，推你前行。

相关知识链接

一、孤独

孤独是一种封闭心理的反映，是感到自身和外界隔绝或受到外界排斥所产生出来的苦闷的情感。在很多人看来，孤独意味着无人陪伴、无人倾诉的失落感。长期处于孤独状态的人会越来越封闭，不愿参与社交活动，与身边的人越来越疏远，甚至变得孤僻、郁郁寡欢。

二、孤独感

究竟什么叫"孤独感"？为什么会有这种感觉？在心理学上，孤独感是一种主观自觉与他人或社会隔离与疏远的感觉和体验，而非客观状态；是一个人生存空间和生存状态的自我封闭，孤独的人会脱离社会群体而生活在一种消极的状态之中。心理学家弗洛姆认为，人也许能够忍受诸如饥饿或压迫等各种痛苦，但却很难忍受全然的孤独。而孤独往往来自当某种社会需要得不到满足，或者对社会关系的渴望与现实拥有的实际水平产生差距时。比如，当我们不被其他人认同的时候，不被其他所有人尊重的时候，我们就会觉得孤独，觉得自己是被排挤在外的。又比如，当我们特别渴望能拥有很多稳定的友谊，但朋友却远离自己的时候，我们就有可能会觉得孤独。虽然轻微的、短暂的孤独不会导致心理与行为的紊乱，但长期的或严重的孤独则可能引发某些情绪障碍，降低人的心理健康水平。从心理层面看，孤独的状态与真正的孤独感是不同的，真正的孤独会逐渐腐蚀内心，让人产生与世界疏离的边缘感。而孤独的状态，则是一种独来独往的生活状态，一种敢于不限于大众化的人生态度。

三、孤独是一种难得的人生境界

1. 上升期

当你感到孤独的时候，就是你的最佳上升期。不管是因为失恋，还是因为到一个新环境没有志同道合的朋友，都会给人带来孤独寂寞的失落感。处于这种孤独境界时，不要自怨自艾，也不要以泪洗面、萎靡不振，而应该去勇敢地接受目前的孤独状态。先接受孤独，才能最终走出孤独。

2. 走出舒适区

你应该感到庆幸，因为当下的孤独境地是给你提升自己的能力、走出舒适区的良好机会。只有在孤独中，人才能够更好地意识到自己真正追求的是什么，才能不局限于当下的小事，放眼更远大的志向。

其次，孤独能让你更清楚地看清身边的人。俗话说，当局者迷，旁观者清。当你遭遇挫折时，身边的狐朋狗友可能见势离开，只剩你形单影只。这时候你不必灰心、难过，而是应该收拾心态，鼓起勇气重新出发。

孤独能使人清醒，能使人看到吃喝玩乐背后更深层次的东西，去辨别哪些是真正关心自己的人，哪些是一些酒肉朋友。孤独并不意味着孤单、不合群、过得不好。有的人经常自己独自行动，可能是因为他是一个很独立的人，知道自己真正想做的是什么，愿意去为自己的目标做出努力。

3. 改变生活方式

毕竟不是每个人都能遇上知己，都能有志同道合的朋友。一个人去图书馆，一个人去上课，一个人去做自己喜欢的事情，也是一种生活方式。因此独来独往并不是孤独，平常忙于自己想追求的事情中，减少某些社交活动，但是真正想去与人相处放松时，也不会畏惧退缩。

有的人性格内向，不太会从社会交往中找到力量，而是通过自身找到力量。因此，对于他们而言，孤独也是一种常态，他们会更喜欢自己独自行事，偶尔也和其他人交往，这并不影响他们的生活质量。

总的来说，孤独的状态并不等同于孤单寂寞，而是一种难得的人生境界。处于孤独状态时应该接受当下的生活状态，而不是整日垂头丧气、悲天悯人。不如趁此时机，改变自己，提升自己的能力，开阔自己的眼界，去重新审视自己以前的状态，走向新的人生际遇。

6. 心理学，并非是看相算命

　　从学科性质上看，心理学是一门与自然科学和社会科学都有关系的科学。心理学不仅是一门认识世界的科学，也是一门认识、预测和调节人的心理活动与行为的科学，它对于改造客观世界和主观世界都有重要意义。

——题记

案例分享

　　强在我为他们班建立心理档案后的第二天走进了咨询室。他长得瘦小精干，眼睛里充满了朝气和活力。

　　一进门，他语速很快地说："老师，我可没有什么心理问题，我找您纯粹是因为我对心理学很好奇。我是学营销管理专业的，我认为学习心理学对我将来走上工作岗位会有很大帮助。您能告诉我心理学的神秘之处是什么吗？"

　　在一般人眼里，心理学确实是一门很神秘的学科。许多人以为心理学学得好的人，一眼就能看出对方在想什么；有的人则把心理学家看成会相面卜卦的人，所以他们在与心理学工作者打交道时，总是戒备心很重。

　　实际上，心理学是研究人的心理现象发生、发展及其变化规律的科学。从学科性质上看，心理学是一门与自然科学和社会科学都有关系的科学。心理学不仅是一门认识世界的科学，也是一门认识、预测和调节人的心理活动与行为的科学，它对于改造客观世界和主观世界都有重要意义。因此，心理学在社会各领域中的作用已越来越受到重视。

　　"心理学研究的对象是什么？"强表现出对心理学的极大好奇心。

　　"心理学是研究人的心理现象产生、发展、变化的科学。心理现象是心理学的研究对象，心理现象十分复杂，表现形式也多种多样。在心理学中，人们通常从两个方面去研究心理现象：一是心理过程，二是个性心理特性。"

　　"心理过程是什么？个性心理特性又包括什么内容？"强继续问道。

　　"心理过程是指人的心理活动发生、发展的过程，具体而言，是在客观事物的作用下，在一定的时间内大脑反映客观现实的过程。心理过程包括认识过程、情感过程和意志过程。认识过程是通过感觉、知觉、记忆、思维、想象等形式反映客观事物的特性、联系或关系的过程。人在认识事物的过程中，对待所认识的事物总是持有一定的态度，人对这种态度的体验就是情绪和情感。比如人的喜怒哀乐、道德感、理智感、美感等都是情绪和情感的具体表现。意志是人自觉地确定目的，并根据目的调节和支配自己的行动，克服困难以实现预定目的的心理过程，意志是人主观能动性的表现。"

　　事实上，人的认识过程、情感过程、意志过程是人所共有的心理过程，但是，当这些过程具体表现在每个人身上的时候，却有很大的个体差异。这些个体差异的表现就称之为个性心理特性，它是在个体身上表现出来的比较稳定的心理特点，包括需要、动机、兴趣以及能力、气质和性格。个性心理的形成有着十分复杂的主客观条件。即使人的条件相同，但由于主观努力的缘故，也会导致不同的个性。如同世界上没有两片完全一样的树叶，每个人的个性心理特性也各有其特点。

　　"那么心理过程和个性心理特征有联系吗？"强很有打破砂锅问到底的精神。

　　"心理过程和个性心理特性是密切联系和相互影响的。个性心理特性是通过心理过程形成的。个性心理特性一旦形成后又制约着心理过程的进行和发展，并在心理活动中表现出来。"

　　和强的短暂交流，使我又一次强烈地意识到，多数学生都是有好奇心和求知欲的，关键是作为校方和教育工作者应该如何满足学生的这些好奇心和求知欲。

思政课堂

　　心理学与我们的生活息息相关，学习心理学对大学生的帮助是显而易见的，在生活、学习、交际方面，我们都可以用到心理学知识。

　　当代大学生是有知识、有能力、思想活跃并承受着社会变革带来的影响与冲击的一代新人。大学生的心理健康教育不仅要关注心理障碍问题，还要关注心理发展问题。大学生不仅要指导自己解决心理矛盾与危机，还要帮助自己形成心理的自我认知与调控能力。

　　学习心理健康知识有利于大学生自觉地维护身心健康，自主地发展成才。

相关知识链接

　　目前，我国处于社会的转型期，生活、工作和学习的不确定感增加，竞争压力日渐增大都影响着人们的心理健康和生活质量。有关资料显示，我国至少有 1.9 亿人在其一生中需要接受专业的心理咨询或心理治疗；在我国的 3.4 亿青少年中，有学习、情绪和行为障碍等心理健康问题的人数高达 3000 万以上。

　　大学生的心理障碍是互相交错的，每个人身上存在的问题不同，程度也各有差异，因此早期干预是非常有效和必要的。然而，社会上许多人不愿承认自己或自己的亲人存在心理问题，尤其不愿到医院的精神科看心理门诊。其实，心理问题发展到一定程度后，就是精神疾患，及早正确地诊治才能有效地防止其恶性发展。另外，各种心理障碍的成因也较为复杂，既有社会、学校、家庭的因素，也有学生本人的主观原因。对于预防和排除大学生心理障碍的问题，从以下几个方面加以说明。

一、良好的社会环境是防治基础

要预防和排除大学生的心理障碍，首先要提供良好的社会环境。

第一，实现党风和社会风气的根本好转，清除腐败现象，提倡实事求是的精神，这是预防和消除大学生逆反心理、封闭心理、冷漠心理的社会条件。

第二，净化社会文化，彻底清除封建思想文化的余毒，这是预防和消除大学生心理障碍的重要条件。

第三，树立正确的教育观和人生观，破除"只有上大学才是成才"的片面认识，尊重大学生的人格和个性，不在大学生中人为地划分等级，不轻视和歧视差生，彻底清除智育第一、分数第一、升学第一的陈旧观念，使每个学生都能在温暖、平等的集体中自由愉快地生活、学习和发展自己，许多心理障碍自然也就不会产生和发展了。

此外，诸如公正地评价大学生的优缺点，正确地对待犯错误的学生，真正树立男女平等的社会观念等，也是很重要的。

二、合理的家庭教育是必要条件

家庭是培养健康情感、良好习惯、优秀品质和高尚道德的第一个基地，对学生的成长影响极大，对学生心理障碍的产生或消除也同样具有重要意义。

第一，家长不能过分溺爱和娇宠孩子，尤其不能以满足孩子的过分要求作为对学习的奖赏，因为许多不良习惯都是由此产生，最后发展为心理障碍的。为此，家长应该学一些教育学及心理学常识。目前，正在兴起的家长学校是值得大力提倡的。

第二，家长应该尊重和理解孩子。不少家长认为自己对孩子拥有至高的权力，可以随意打骂孩子，根本不尊重孩子的人格，更谈不上理解孩子。有些封闭、孤独、狭隘、自卑的大学生往往就是这种家庭教育的产物。

第三，家长应正确认识和评价自己的孩子。望子成龙的心情固然可以理解，但一定要从实际出发，对孩子提出的学习目标不可过高，否则会导致他们产生心理障碍。

三、正确的学校教育是重要因素

大学生的活动大部分在学校中进行，学校教育应该说是预防和消除大学生心理障碍的极其重要的因素。

第一，为了实现培养目标，高校应该为每个学生建立心理档案。建档案的目的是摸底排查学生的心理健康状况，以便预防、干预、及时解决学生的心理障碍。

第二，对大学生平等、尊重、信任、理解应该成为对每个教育工作者的职业要求。大学生是人，有独立的人格和尊严，教育工作者要平等相待，尊重他们，理解他们，并满足其心理上的需要和感情上的渴望。尊重需要是较高层次的需要，大学生对此的要求尤为强烈。尊重是要建立在信任和理解的基础上的，教师要理解大学生的兴趣、爱好、个性和需要，与大学生沟通感情，清除大学生的心理障碍。

第三，"提倡疏导，忌用堵塞"应该成为学校教育的一条重要原则。对大学生严格要求无疑是正确的，但绝不能用关、卡、压的手段来教育他们，更不能随意训斥和惩罚他们，特别是对已有心理障碍的大学生，堵塞会适得其反。只有通过感情交流、意见沟通、热情帮助、积极引导，才能达到教育的目的，使大学生走上健康发展的道路。

第四，学校应实行正确的心理健康教育，让学生科学地认识和了解自己。学校把青春期教育、道德教育、法制教育结合起来是可以收到良好效果的。

四、加强大学生自身的修养是关键

社会、家庭、学校的综合治理可以产生强大的外部力量，但预防和排除大学生的心理障碍还必须通过大学生的内因产生效果，因此加强大学生自身修养才是问题的关键。

第一，帮助大学生树立新的学习目标。每个升入高等学府的大学生都有一种新鲜感、自豪感，也都有重新开始好好干一番的潜在愿望，这时教育者一定要及时帮助他们树立新的学习目标，这样他们才不会松懈，才能使他们尽快适应多学科的学习要求，适应从少年到青年的过渡。

第二，培养大学生自我教育的能力，使他们学会控制自己的行为和情绪。大学生在学习上应保持适度的紧张，以集中注意力；在行动上要善于自我激励和反省，通过自我暗示、自我克制，克服盲目冲动，把大学生的"独立性""成人感"导向自强、自尊、自控的境界。

第三，教育大学生严格要求自己，形成良好的学习习惯。无论听课、自习、复习、作业，大学生都要学会控制自己，也要学会主动反馈学习情况，如主动回答提问，及时反映疑问，对不懂的、不适应的甚至不满意的问题都要虚心向老师请教和反映，以得到老师的了解和帮助。

第四，帮助大学生掌握适合自己的学习方法。例如，总结过去的学习经验和教训，找出对自己有效的学习方式；也可以比较自己各科的学习情况，从中找出原因和方法，养成善于总结、思考和自我调节的习惯，逐渐形成一套适合自己的有效学习方法。

第五，鼓励大学生尽快适应、关心和热爱班集体，团结同学，与大家建立真诚的友谊。温暖的班集体是良好的学习环境，也是大学生健康成长和生活的好园地。

第六，引导大学生树立正确的人生观、世界观和幸福观，使他们学会辨别是非美丑、真伪善恶，懂得坚持真理，抵制不良影响，按"有理想、有道德、有文化、有纪律"的要求完善自我，增强集体荣誉。

第七，引导大学生学会倾诉。每当烦恼、苦闷时，要坦诚地向老师倾吐，求得理解和帮助。遇到表扬或批评时，要自我警示和自我反省；遇到诱惑时要自控，使自己保持开朗和愉快的心境。

7. 我是谁，我怎么了

从小到大，我们几乎都思考过这样一个问题：长大后我想做什么样的人？这个问题实际上涉及了人生目标的教育。可是在成长的过程中，中国应试教育的弊端慢慢显露出来，自上学起我们只有一个具体目标——考大学，其他的目标都逐渐被这个目标所替代，所以一旦上了大学，多数人陷入了生活无目标的尴尬局面。

——题记

案例分享

不知道自己该干什么，没有人生目标，过一天算一天，这种现象在大学生中相当普遍，据有关统计显示，在当代大学生中，有明确人生目标的学生比例不足 20%。

美国哈佛大学曾经对即将毕业的学生们进行了一次关于人生目标的调查，结果显示：27% 的人没有目标；60% 的人目标模糊；10% 的人有目标，但没有具体实施计划；只有 3% 的人目标明确并有具体实施计划。20 年后，目标明确并有具体实施计划的人几乎都成为社会精英，过着令人艳羡的生活；没有目标的人，大多都过着颠沛流离、居无定所的生活；目标模糊的人，过着中等偏下的生活；有目标但没有具体实施计划的人大多过着中等偏上的生活。

安就是一个没有目标的男孩，班主任说他整天无所事事，既不和同学们打交道，也不和老师来往，学习不主动，劳动不参加，精神恍恍惚惚的，但又不像有精神疾病。

因为不忍心看到安总是那么懒散、颓废和彷徨，班主任就借帮我抬桌子的名义把安叫到了我的咨询室，然后嘱咐他："安，你先和老师坐坐吧，我再找两个学生去。"这是班主任和我提前"预谋"好的，虽然强迫他人来咨询有违心理咨询的原则，但是他的班主任是个非常热爱学生、关心学生的好老师，为了了解安的具体问题，我也只好同意如此安排。

为了打开话题，我和安进行了下面的谈话：

"安，你毕业后想干什么？"

"不知道，我没有想过。"

"生活中你有特别感兴趣的事情吗？"

"没有，我觉得什么都没意思。"

"那你现在有最期待的事情吗？"

"没有，我不知道自己有什么期待，我甚至害怕毕业。"

　　安一问三不知，已经失去了自我选择和决断能力。与安情况类似的大学生还有不少，他们在无法确定自我或限定自我的情况下，只能处于回避选择和麻痹的状态。

　　每每面对这样的孩子，我打心眼里替他们着急。近几年为学生建立心理档案和做咨询的经验告诉我，学生并非真的想平庸下去，只不过他们的思维受到了一定程度的限制，已经变得不会思考，不知道该如何为自己寻找突破口，更忘了他们曾经的理想和目标。于是，我常常给学生们讲述朱利斯·法兰克博士的故事。法兰克博士是一位心理学教授，第二次世界大战期间，他在远东地区的俘虏集中营里无法忍受身体和心理上的折磨，想过一死了之。

　　但是有一天，一个人的出现扭转了他的求生意念。

　　一位中国老人问他："从这里出去之后，你想做的第一件事情是什么？"这个问题法兰克博士以前没有思考过，死亡已经紧紧地占据在他心头。

　　老人的问题使他想到他的太太和孩子。突然间，他认为自己必须活下去，为了家人他得活着回去。有了这个活下去的理由，法兰克博士坚持到了战争胜利。

　　"安，你知道这个理由是什么吗？"

　　"有点懂，可是我和他不一样。老师，我实际上很迷茫，有时候我甚至不知道自己是谁，我该干什么？我们班主任对我们挺好的，她像我的父母一样希望我听话，叮嘱我别惹是生非，要好好学习。可是，学习对我来说没有任何乐趣，人与人打交道不过是在相互利用，上大学无非是混个文凭，有什么意义？所以，我觉得过一天算一天得了。"

　　"你不认为这是缺乏生活目标导致的困惑吗？"我向安解释道。

　　"目标？没有目标有这么可怕吗？"安斜着眼睛不相信地问我。

　　"是的，目标给了我们生活的目的和意义。有位先哲说过：'没有目标，日子便会结束，像碎片般地消失。'"

　　"是啊，老师。我觉得不光我一个人，我周围的大部分同学都这样。我们不清楚自己想做什么，所以我们干脆什么也不做。"

　　发展心理学讲人在一生的发展过程中，各个时期都有不同的发展课题，发展课题就是由一个时期过渡到另一个时期必须完成的学习或者训练。

　　有关学者认为，人生的发展课题是个体必须学习的问题，它在人的一生中的各个时期产生，如果这个课题能得以圆满实现的话，不仅能给个人带来幸福，也能为下一个课题的成功奠定基础；倘若失败，不仅会造成个人不幸，社会也不认可，更为以后的课题实现带来困难。

　　大学阶段最主要的课题之一是自我同一性的确立和防止同一性的扩散。安正是遭遇了同一性扩散的心理问题，在他身上集中表现了同一性的失调，从而导致他无法认识自己或无法确认自我，而使自己处于一种弥漫、扩散、混乱状态。

　　经过故事的启迪、案例的列举、寓言和理论的阐述，安明白他的问题在于自身的认识不够，思维受局限，生活上缺乏引导。后来，安的一句话给我很大的震撼："老师，太谢谢您了！长久以来我就想改变自己，但是无从下手。经过您的点拨，我知道我该做什么了。您以后要和我们多讲讲与我们生活紧密联系的事例，对我们启发太大了！"

　　时间掌握得刚好，安的问题解决了，他的班主任也正好叫来另外两个学生。安走的时候特地高声和我道别："走了啊，老师，有什么需要帮忙的，一定叫我！"

教育的目标究竟是什么？我认为这是一个值得我们每一位教育工作者、父母认真思考的问题。当然，作为教育政策的决策者更应该深思。

教育应该从根本入手，使人们意识到灵魂的高贵。什么是灵魂的高贵呢？我认为就是有做人的尊严，有做人的原则，有做人的价值。教育的目标应该是培养健康、善良的生命，活泼、智慧的头脑，丰富、高贵的灵魂，做到这样，我们的教育就真正成功了。

思政课堂

目标给人们的行动以明确的方向，使人知道什么最重要，激励自己把握今天，通过对目标的不断评估，产生持续的信心、热情和动力，最终实现目标。

人作为一个个体，是需要目标引导的。目标提供动力，动力的源泉就在于激励。一个恰到好处的目标不仅能很好地促进我们前进，也会给个人更充分的发展空间。

设定个人目标有以下几个理由：

(1) 目标为你找出方向与目的；

(2) 目标使你不会拖延怠惰；

(3) 目标有助于你集中精力去执行重点工作；

(4) 目标有助于你区分哪些是需要获得帮助的人；

(5) 目标有助于你节省时间；

(6) 目标能够让你重视有效能的事情；

(7) 目标能够使你测知自己的效率；

(8) 目标提供给你新目标基础，有助于你继续努力；

(9) 目标使你乐在工作中；

(10) 目标使你有成就感。

相关知识链接

一、自我意识

自我意识是作为主体的我对自己身心状态及对自己与客观世界的关系的意识。自我意识是人的意识的重要方面，正是由于人具有自我意识，才能使人对自己的思想和行为进行自我控制和调节，形成完整的个性。

成熟的自我意识至少有下列三个方面的特征：一是能够感受到自己的身体特征和生理发展状况；二是能够意识到自己的内在心理活动；三是能够意识到自己在集体乃至社会中的作用和所处的地位。

如果说婴儿期是自我意识发展的第一个飞跃期,那么青少年时期(12~19岁左右)是意识发展的第二个飞跃期,这被称为自我意识发展的突变期。青春期自我意识发展的过程主要是自我概念、自我评价、自我理想的整合和统一的过程。

二、青年期自我意识发展的特点

从青春发育期开始(12岁左右)到青年后期(35岁左右),这段时期是自我意识、心理自我迅速发展并走向成熟的时期。青年期自我意识发展的最主要特点在于追求自己内在世界中存在着的本来的、本质的自我,并将注意力集中到发现自我、关心自我的存在上。

1. 青年期自我意识的形成期

青年期是自我意识的形成时期,这一形成要经历分化和整合的过程,这一过程贯穿整个青年期。青年期自我意识的发展,将自我分化为"客体我"和"主体我",并对这两个我进行审视和分析,再经过自我接纳和排斥等过程,使两者在新的水平上协调,即达到自我的整合和统一。

2. 青年期自我同一性的追求和确立

自我意识的发展和自我同一性的确立是青年期的重要发展任务。自我同一性是指个体在寻求自我的发展中,对自我的确认和对有关自我发展的一些重大问题,诸如理想、职业、价值观、人生观等的思考和选择。在这一过程中必然要涉及个体的过去、现在和将来这一发展的时间维度。

自我同一性的确立意味着个体对自身有充分的了解,能够将自我的过去、现在和将来整合成一个有机的整体,确立了自己的理想与价值观念,并对未来的发展作出自己的思考。从我国的实际情况来看,由于高考的重压,使高中生无暇过多地思考自我的具体问题,学习和考大学成为这个阶段最主要的生活方式和生活目标。升上大学后,学习压力较高中阶段减轻了许多,大学生有了更多的时间和精力参与各种活动,并在活动中探索自我,寻求自我,了解自我。因而,大学阶段成为当代青年确立自我同一性的重要阶段。

埃里克森认为,主体在进入青春期之前的各个阶段的发展任务完成得好,如有较强的信任感、自主感、主动感和勤奋感,到青春期实现有意义的同一性的机会就多;反之,就可能出现与自我同一性相反的情况,即同一性的扩散或混乱。

诚然,在这一段时期,为寻找自我、发现自我而出现的暂时的同一性分散或角色混乱,多属正常现象。通过角色试验、亲身体验,经过一段时间的自我痛苦探求,可能实现新的、更富创造性的、积极的自我认同。但是,长期遭到同一性的挫折,就会出现持久的、病态的同一性危机,无法知道自己究竟是一个什么样的人,想成为什么样的人,不能形成清晰的自我认同感,致使自尊心脆弱、受挫,道德标准受阻,长久找不到发展方向,无法按照自己设计的模式正常生活,有的就会走向消极,甚至出现同一性扩散症候群的特征。

3. 同一性扩散或同一性混乱

有关学者把同一性扩散症候群的特点归纳为以下几点:

(1) 同一性意识过剩。陷入"我是什么人""我该怎么办"的忧虑中,被束缚于其中不能自拔而失去自我。

（2）选择回避和麻痹自我。有自我全能感或幻想无限自我的症状，无法确定自我定义，失去了自我概念、自我选择或决断，只能处于回避选择和决断的麻痹状态。

（3）与他人距离失调。无法保持适宜的人际距离，拒绝与他人交往，或被他人所孤立，丧失自我而被他人"侵吞"。

（4）时间前景的扩散。这是时间意识障碍的一种，表现为不相信机遇，也不期待对将来的展望，陷入一种无能为力的状态。

（5）勤奋感的扩散。无法集中于工作或学习，或只埋头于单一的工作。

（6）否定的同一性选择。参加非社会所承认的集团，接受被社会所否定、排斥的生活方式和价值观。

三、青春期自我同一性失败的主要原因探讨

很多临床心理学家认为，青春期自我同一性发展课题的失败可能预示着日后发展中将会出现各种心理障碍。所以对青少年自我同一性的状态及其形成过程的关心与干预是青少年教育中的一项非常重要的任务。威胁自我同一性形成的因素有主、客观两方面的原因：

1. 主观方面

青少年自我意识中的矛盾主要表现为两个方面，即主观我和客观我的矛盾，理想我与现实我的矛盾。主观我是个人对自己的认识和评价，客观我是客观而真实的自我存在。二者会处于一种不一致的状态，这种不一致可能是自我膨胀，也可能是过度自卑。教育者要根据不同情况帮助青少年解决这种矛盾，帮助他们认识到这种不一致，并分析、反省、解剖他们的自我观念，以便找到不一致的原因，树立正确的自我概念。

理想我是现实我通过努力可以达到的一种境界，现实我是自我的目前状态，理想我与现实我是有一定距离的。如果个体对自我的发展没有做过思索，对未来没有什么希望，只是消极地度过时光，他的自我同一性就会长期处于扩散状态；如果理想和目标过于远大，个体又可能因无法企及而感到失望沮丧，从而放弃对理想的追求。另一方面，如果个体的自我理想与社会规范是相背离的，即选择消极同一性，会使青少年无法适应社会而最终阻碍其健康发展。在青少年中经常展开有关人生观和人生理想的讨论，充分了解青少年的思想动态，并不失时机地对青少年进行有关人生理想的教育，帮助他们修正不正确、不切实际的想法，使每一个学生都能具有积极的人生追求，是非常有必要的。

自我同一性还包括连带感和归属感，即个体感到自己从属于某一个社会、国家和集团，他接受自己所属社会或集团的价值观念，可以容忍社会的一些不足。他了解社会的期望，并按照一定的社会角色规范去行事，在社会中找到自己的位置并感受到自己的存在对于他人是有意义和有价值的。

如果青少年不能正确地认识自我与社会的这种连带关系，或没有获得良好适应社会应具备的知识与技能，就会给他的同一性确立带来困难。这可能表现为过高地期待社会，希望社会能按自己的愿望存在；不能接受正常的社会规范的约束而肆意行事；对现存的某些社会现象无法容忍而采取一些极端的方式加以反抗或彻底逃避。这样的青少年在思想上很偏激，很可能发生人际交往障碍，从而产生逃学、攻击、厌世等问题行为。

关于如何处理好自我与社会的关系，有时在教育中会出现比较片面的情况，我们往往只强调个体对社会的奉献，而忽略了如何帮助青少年正确认识社会，适应外部世界，教给他们必要的处世技能。

2. 客观方面

客观方面主要包括家庭环境、学校教育和社会环境三方面的因素。

(1) 家庭环境。青少年的自我同一性是在儿童自觉的基础上形成的。父母是儿童早期认同的对象，青少年自我同一性的形成首先是要综合这种早期认同，如果父母的价值观、人生观、生活态度是错误的或混乱的，势必会影响孩子自我同一性的形成。

① 亲子关系。父母与子女之间能够开放地交流，民主的气氛会有利于青少年正确认识自我，对有关自我的发展进行思索，自主地选择自我的发展道路。相反，父母对子女过于溺爱或滥用权威，将不利于青少年自我同一性的形成。过于溺爱的父母事事都替子女安排，不给孩子进行自我探索的机会，而过于严厉的父母可能会使孩子屈从自己的意愿。这两种情况都不利于青少年自我同一性的建立，有可能使青少年长期处于早期完成状态或扩散状态。

② 父母的期望。埃里克森认为，自我同一性包括一种自信，即有信心使自己成为一个与他人期望相符的人。如果父母期望过高，会给孩子带来心理上的压力，使孩子感觉"我无论如何也无法成为他们所期望的那样的人"，这在客观上剥夺了孩子确立自我同一性的可能。埃里克森指出，如果一个儿童感到他所在的环境剥夺了他在未来发展中获得同一性的可能，这个儿童就会以令人吃惊的方式抵抗社会环境。

③ 还有一种不当期望，即父母的期望不符合孩子成长的要求或者违背孩子的发展愿望。如强迫孩子学钢琴、学绘画，而孩子感到"我不愿意，我不想，这样很痛苦……"，以致对未来失掉梦想，或不再期待未来，这也可能是影响自我同一性形成的家庭教育因素。

(2) 学校教育。我们的教育长期以来以应试为中心，教师以大纲为依据，以班级授课制为主要的教学组织形式，对学生进行统一要求和讲授。沉重的课业负担让学生失去思考的时间，个性发展的空间也非常小。启发式教学在很大程度上只停留在理想中，"为创造力而教"也只是口号。对于教育的本质没有形成清晰的认识。传授知识、培养能力与塑造人没有做到有机的统一。

新的教育形势下，新的教育举措能否真正带来教育观念和教育方式的转变和优化，我们还需拭目以待。另外，学生"减负"后的心理空间该如何填充也是教育工作者应该认真思索的问题。

建立学校中的归属感，学校是青少年人际交往最主要的途径。自我同一性确立的另一个侧面是"一体感"或"连带感"，如果青少年在家庭，尤其是在学校集体中找不到一体感，他们就会向校外寻找这种归属感，从而选择消极自我同一性。

(3) 社会环境。埃里克森非常强调社会环境对同一性确立的重大影响。如果社会不能为青少年提供一个有利的社会环境，出现"垮掉的一代"，青少年的"普遍"伤感也就不足为奇了。"60分万岁""打砸抢"是青少年问题，更是社会病态的反映。社会为青少年提供一种主流文化。社会文化环境是青少年心理发展的前提与背景，青少年的思想意识和价值观念都源于他们所在的背景文化。青少年对环境是非常敏感的，可以说青少年是社会变化的指示器。

① 社会为青少年提供一种主流文化。一个社会的主流文化是积极昂扬，还是消极颓废，在一定程度上决定一代青少年的主导心境。现在对代表着社会最新时尚的青年人有一种时髦的称呼叫"新新人类"，他们代表着一种追求和一种认同，我们可以将这种追求和认同称为青少年的"集体同一性"。从青少年的"集体同一性"中，可以推断一个社会的兴奋点，反之，也可以说一个社会的兴奋点决定了该社会中青少年的"集体同一性"。

② 社会中应具备良好的成人模型。青少年对自己未来将成为一个什么样的人不是完全凭空臆想的，在他们心中一般会有一个值得效仿的对象。有时他们对心中偶像的向往大大超出了我们设想的程度。追星可以说是一个很好的例子，他们把自己的愿望投射到喜爱的明星身上，对他们的各种行为进行模仿。如果我们的社会能为青少年提供一些他们认为值得效仿的成人榜样，就可以借此去引导青少年去学习，使青少年自发努力成为他们所尊崇的对象。相反，如果社会中没有这样有吸引力和说服力的榜样，有的只是被炒作的明星，又有什么理由去指责青少年去追星呢？

③ 民主的环境和包容的气氛。社会如何期待青少年的成长决定了我们给予青少年什么样的成长环境和成长气氛。埃里克森的"心理延缓偿付期"理论对我们或许会有所启示。埃里克森将大学生时期称为心理延缓偿付期(moratorium)。心理延缓偿付期是允许还没有准备好承担义务的人有一段拖延的时期，或者强迫某些人给予自己一些时间。因此，我们所讨论的心理社会合法延缓期，是指对成人承担义务的延缓，然而它又不仅是一种延缓，青少年可以利用这一段时间了解各种人生观、价值观，尝试着从中进行选择，经过多次尝试，反复循环，从而决定自己的人生观、价值观以及将来的职业，最终确立自我同一性。

8. 老师，我得了抑郁症

心理学认为抑郁症是由各种原因引起的，以抑郁为主要症状的一组心境障碍或情感性障碍，是一种以抑郁心境自我体验为中心的临床症状群或状态。

——题记

案例分享

军是大二的学生，国庆节过后的第二个星期三，他走进咨询室。一进门，我就发现他的神情有些忧郁，十八九岁的小伙子深锁眉头，似乎天塌下来的感觉。他神情很严肃地问我："老师，我是不是得了抑郁症？"

我问他："你为什么说自己得了抑郁症？"

军说："我最近总觉得没精打采的，情绪也很低落。吃饭不香，睡觉不踏实，尤其是不想学习，一看书就头疼。"

像询问每一位求助者一样，我需要了解他这些症状开始出现的时间以及持续的时长。

军诉说道："教师节前后，我开始出现失眠症状，之后情绪就特别低落，总觉得活着特别没意思。"

"在那之前你有没有出现过这些症状？"

"没有，即使是高考不理想，我也没有这样悲观过。我总觉得只要我肯努力，在学校学有所长，将来一定会找到个好职业的。"

凭经验，我知道军一定是受了什么打击，我问他："能告诉我那两天有什么特殊事情发生吗？"

军侧着头想了想，说道："那几天，我们宿舍有四个男同学在排练街舞的节目，每天练习到很晚才睡觉。我来自农村，不会唱也不会跳，所以我平常最爱看书。我什么书都看，图书馆里的各类书籍基本上我都借阅过。有一天晚上，宿舍熄灯了，我躺在床上迷迷糊糊的，就听见他们回到宿舍时在说，'书呆子一个，他以为靠学习成绩好就能找个好工作？没门！现在综合素质全面发展的人才吃香，死读书、读死书的人迟早被社会淘汰。再说了，农村娃没什么关系和后台，哪个单位会要他？'"

他们以为我早就睡着了，没想到我听到了他们谈话的全部内容。听着听着，我的眼泪就不自觉地流下来。于是，我再也睡不着了，翻来覆去，我就琢磨这些话，越想越有道理，越想越觉得自己前途一片渺茫。从那以后，只要我躺在床上，我就无法入睡，我总是一遍遍地想：我该怎么办？

我理解军的苦闷，随着市场经济的发展和教育改革的深入，部分来自农村的大学生在学习、生活、人际交往、就业等方面，会产生一些不同程度的心理问题。这些心理问题经常困扰着他们，所以也影响了他们的健康成长。因此，帮助部分农村大学生及时排解心理问题，培养他们的健康心理，应该成为教育工作的重要内容。

军最初失眠的原因是对前途的担忧，这种负性情绪的体验在军一遍遍思虑中得到强化和加深，这使得军陷入越想越怕、越想越痛苦的恶性循环中，以致影响睡眠、看书、学习等方面。

抑郁症到底有什么症状？心理学认为它是由各种原因引起的，以抑郁为主要症状的一组心境障碍或情感性障碍，是一组以抑郁心境自我体验为中心的临床症状群或状态。军是不是得了抑郁症呢？在我的指导下，军做了一份抑郁自评量表(SDS)，结果显示，军的SDS得分没有达到抑郁的临界值，也就是说军并没有患抑郁症。抑郁的三大主要症状为情绪低落、思维迟缓和运动抑制，在他身上只有情绪低落的一面。而他之所以难以从同学们的议论中走出来，是因为他过分关注自己作为农村孩子的身份，还有长期自卑的心理冲突没有得到解决，所以他暂时失去了前进目标，生物钟被打乱，生活也就没有了规律。

接下来，我给他讲了长颈鹿文化事业公司的董事长——魏忠香的故事。

魏忠香初中毕业后进了一个最差的中专学校的最差的科系，并且是该科的最后一名。五年的专科学习时间，他要用六年才能勉强毕业。中专毕业后的两年，魏忠香开启了改变命运的重大决定。他不愿落在宿命的安排里，决心苦读，立志要改变自己的一生，他的桌上、墙上贴满了各式各样的励志话语。他以同等学历插班大学，两年后他再接再厉，居然考上了名牌大学的法律系！而他生命中的经历证明了：只要头上有一片天，就可以染上各样的色彩，一个后进班的学生，一样有机会可以成为名牌大学法律系的毕业生。

军听了这个故事后，大受鼓舞。我及时安排他回去后写一份自身经历、体会以及人生规划，并且要求他第二天交给我。

第二天上午十点，军高兴地走进咨询室："老师，经过与您的交谈，我感觉一下子豁然开朗了。昨晚自习时我写了一份个人经历和体会，并且深深明白，生命中随时可能出现奇迹，每个人都有一片属于自己的天空，现在或许是有些阴霾，甚至阴雨绵绵，但是终有晴空万里的时候。这么长时间了，昨晚我一觉睡到天亮。"

看着军满脸的笑意，我的心也灿然起来。

思政课堂

有些大学生存在不同程度的幽闭症、抑郁症以及孤僻独立、从不参加集体活动等现象。如果不及时做好心理方面的教育疏导，大学生的心理问题亦不可小觑。

新形势下，很多大学生面临着严峻的挑战：一方面，在多种价值观念的影响下，大学生的思想和观念变得离散，他们的学习生活等方式逐步走出传统的单一模式，呈现出多种多样的诉求。此外，大学生的工作也面临着巨大的机遇与挑战。随着对外开放的不断扩大、社会主义市场经济的深入发展，我国社会经济成分、组织形式、就业方式、利益关系和分配方式日益多样化，人们思想活动的独立性、选择性、多边性和差异性日益增加。这有利于大学生树立自强意识、创新意识、成才意识、创业意识，所以大学生要适当地转换思想，发现自我，挑战自我，超越自我，注重自我管理的重要性。

⬤ 相关知识链接

一、抑郁症

抑郁症是以情绪低落为主要特征的心理疾病，其临床表现根据病症的轻重程度有所区别：轻型病人外表如常，内心有痛苦体验；病情稍重的人可表现为情绪低落、焦虑、烦躁、坐立不安，对日常活动丧失兴趣和愉快感，整日愁眉苦脸，忧心忡忡以及精力减退，常常感到持续性疲乏，有些患者常常伴有神经官能症的症状，如记忆力减退、反应迟缓和失眠多梦等；重型抑郁症患者会出现悲观厌世、绝望、幻觉妄想、食欲不振、功能减退，并伴有严重的自杀企图，甚至自杀行为。

社会发展越来越快，生活节奏也变得快了起来，长期生活在这样紧张而又繁忙的氛围下，心情也时常会变得焦躁不安，如果大家不注重随时调节自己的心情，就会导致焦虑抑郁症疾病的发生。2022 年 9 月，据世界卫生组织统计，全世界有超过 3.5 亿抑郁症患者，中国的抑郁症患者超过 9500 万。此外，全球每年有近 80 万人因抑郁症结束生命，预计到 2030 年，抑郁症将成为全球死亡人数最多的疾病。抑郁症是常见的心理障碍，在我们的身边很有可能就有抑郁症患者。但由于当前公众对抑郁症防治知识知晓率低，社会上对抑郁症患者存有偏见，所以抑郁症患者的就诊及治疗率较低，得到治疗的患者不到 1/3。抑郁症应引起的大家的广泛关注。

二、抑郁症的征兆

抑郁症有以下 10 个征兆：

(1) 人逢喜事而精神不爽，经常为了一些小事无端地感到苦闷、愁眉不展；

(2) 对以往的爱好以及日常活动都失去兴趣，整天无精打采；

(3) 生活变得懒散，不修边幅，随遇而安，不思进取；

(4) 长期失眠，尤其以早醒为特征，持续数周甚至数月；

(5) 思维反应变得迟钝，遇事难以决断；

(6) 总是感到自卑，经常自责，对过去总是悔恨，对未来失去自信；

(7) 善感多疑，总是怀疑自己有大病，虽然不断进行各种检查，但仍难释其疑；

(8) 记忆力下降，常丢三落四；

(9) 脾气变坏，急躁易怒，注意力难以集中；

(10) 经常莫名其妙地感到心慌，惴惴不安。

三、抑郁症比抑郁更加严重

抑郁症对人类健康构成了越来越严重的威胁。然而，人们往往容易将抑郁症理解为抑郁，从而放松警惕，导致症状不断加重。必须高度重视抑郁症，及时治疗。抑郁是人在面对挫折、失败等负面事件时，所产生的抑郁情绪，是一种正常反应，往往表现为心情不好，但是很快就能通过自身的调节走出来。抑郁症则是由于人的大脑中的一种叫 5-HT 递质的物质紊乱或缺乏了，可能导致抑郁症患者对生活中的一切丧失了兴趣和基本欲望。它是一种精神障碍，会持续两周以上。

抑郁症是一种很容易治疗的疾病，几乎百分之九十的抑郁症患者经过妥当的治疗后，都可以恢复正常、快乐的生活。抑郁症是每个人都可能患上的心理疾病。如果你不小心患上抑郁症，也不能说明你心胸狭窄，更不能说明你品质低劣或意志薄弱。其实，抑郁症只是一种普通的心理疾病。中国人心理健康的观念比较淡薄，对健康的认识基本上还停留在生理健康的层次，这种状况应该被逐渐打破。所以，如果你或你的亲人得了抑郁症，千万不要感到见不得人或低人一等。

四、抑郁症与精神分裂是两码事

精神分裂症病人的知觉障碍内容丰富，表现为大量丰富的真性或假性幻觉。最常见的是出现于听觉器官的各种各样听幻觉，即幻听；其次是幻视、幻嗅、幻味和幻触等。因为病人对自己内容荒谬的幻觉坚信不疑，所以常受幻觉症状的支配做出越轨的、病态的行为，如幻听命令他跳楼自杀，他就立刻从高层楼上跳下来；幻听命令他去杀人，他也会毫不顾忌地持刀杀人。因此，具有幻觉症状的精神分裂症病人对自身、他人和社会都有很大的危害性，应及时对严重患者采取住院等积极的医疗措施，以防意外的发生。抑郁症是可以治好的，而精神分裂症基本上很难治愈，且会复发。抑郁症也不会发展为精神分裂症，如果你抑郁了，说明不是精神分裂的素质，这其实是一个好的信号。

抑郁让你陷入反思和内省，治愈后你的思想可能会达到比以前更高的层次。如果你抑郁了，不要认为自己是不幸的。塞翁失马，焉知非福。

五、抑郁症与一般的"不高兴"有着本质区别

抑郁症与一般的"不高兴"有着本质区别，它有明显的特征，综合起来有三大主要症状，即情绪低落、思维迟缓和运动抑制。情绪低落就是高兴不起来，总是感到忧愁伤感，甚至悲观绝望。《红楼梦》中整天愁眉不展、唉声叹气，动不动就流眼泪的林黛玉是典型的例子。思维迟缓是指自觉脑子不好使，记不住事，思考问题困难，觉得脑子空空的，变笨了。运动抑制就是不爱活动，浑身发懒，走路缓慢，寡言少语等。严重的抑郁症患者可能不吃不动，生活不能自理。

六、抑郁症是可以治好的

抑郁症患者由于戴上了有色眼镜，常常悲观绝望，甚至企图杀死自己。其实，这是不

理性的想法。如果你抑郁了，就告诉自己，我的情绪"感冒"了，我的情绪现在正在发烧，还会打喷嚏，现在很痛苦，但只要吃点药就会好的。如何化解抑郁症，可以从以下几个方面进行：

(1) 多参加户外锻炼。很多抑郁症患者有行动迟缓、邋遢、懒惰的状况，长期处于这种状况不仅严重损害身体机能，还会加重抑郁症患者的消极、负面情绪。晨练可以充分调动人体潜能，活化身体细胞，当身体放松了，内心也慢慢就会放松下来，情绪自然就会得到一定的缓解。

(2) 多外出交际。把自己关在家里，逃避与人接触，是抑郁症患者常见的表现，而这是他们最先需要改变的地方。抑郁症患者常表现为情绪低落、自我评价低等负面症状，这使得抑郁症患者处于恶性循环之中，不断地强化了自我症状。改变这种恶性循环的前提是强迫自己走出去，多接触朋友，参加社会活动或出去旅游，尽管开始内心会很痛苦，但是只要坚持一段时间后，负面的情绪感受就会被外部环境慢慢消融，他们的自信心就会重燃起来。

(3) 阅读书籍。开卷有益，多阅读一些有关心理学、哲学方面的书籍可以提高我们的智慧，让我们对自身生命有更深刻的认识，突破过去局限的思想。

(4) 冥想法。冥想是身心修习的一种好方法，现在已被广泛地应用到心理治疗和心灵成长活动中。冥想可以减轻紧张、焦虑、抑郁等情绪，有规律地练习冥想会增强意识，有助于抑郁症患者获得启迪。

(5) 整理积极感受。抑郁症患者常沉浸在自己的消极感受中，虽然在他们的认识层面上有时也认为自己的想法或情绪是不合理的，但是他们仍无力摆脱。可以尝试将感受整理在一个专门的笔记本上，可以在锻炼或者身心状态有所缓解之后再去看这本笔记本，只是去看不必分析，你一定会有不同的感受。

(6) 及时干预和治疗。患上抑郁症的人们对生活会失去了热情，这必然会对健康带来一系列影响。除了要及时进行专业的治疗，也可以在日常生活中多加注意，恢复对生活的热情和良好的心情。只要及时干预和治疗，调整心态，勇敢面对，药物控制和改善心智相结合，一定能够走出抑郁的阴霾！

9. 反复洗手，为什么

强迫症是以强迫观念和强迫动作为主要表现的一种神经症，以有意识的自我强迫与有意识的自我反强迫同时存在为特征。患者明知强迫症状的持续存在是毫无意义且不合理的，却不能克制地反复出现，愈是企图努力抵制，愈是感到紧张和痛苦。

——题记

案例分享

凯入学两个月后，走进了心理咨询室。一进门，我就发现他有点怪，因为他不是用手推的门，而是用胳膊肘把门顶开的。我让他坐下来，他使劲摆手，反复说："就站着说，就站着说。"

我也只好站着和他进行交流。我问他："你有什么事吗？"

凯竟然羞涩起来，好半天，他举起他的手："老师，您看我的手脏不脏？"他把手伸开让我看。

"真干净！一点也不脏！"看着他那双白嫩的手，我由衷地发出了赞叹。

"您看不见这些纹路里藏着脏吗？"凯用左手指着右手的掌纹，又用右手指着左手的掌纹很认真地问我。

"真的，一点脏也看不见。"我再次向他表明他的手非常白净。

直到这时，凯才一屁股坐下来，长叹一声："我也知道手很干净了，但是我无法控制自己，我总觉得还应该多洗两遍，还应该再洗！"

"这是一种强迫行为的表现，你了解这方面的知识吗？"我婉转地问他。

凯感到不好意思，过了大概有两分钟，他才说道："我太痛苦了！明明知道这样做没道理，可是，我还是忍不住要一遍遍地这样做。就因为我爱洗手，我们宿舍的人都不愿意和我说话了。"

"这让你很难过，很不舒服，对吧？如果是我遇到类似的问题，我也会有这种感觉。我以前住的卧室距离厨房很远，水开了的话，如果关着厨房的门就会听不见壶哨子响的声音。有一次，半夜一点，我忽然闻到一股烧焦味，我冲进厨房一看火还开着，壶水早已烧干，壶身子已经被烧得面目全非了。从那时起，很长时间我都会反复检查我关火了没有，有时候半夜睡醒还不放心又起身去厨房查看。那段时间，我就像你这样的情况。你能谈一谈你最初反复洗手是如何开始的吗？"我用同感和自我暴露的技术引导他讲述问题的起因。

凯沉思了一会,他讲到肆虐全球的新冠病毒。凯的姑姑是医院的一位护士,有一天她给凯送了几张防新冠的图画,其中一张是洗手图。图中要求反复洗手,并且用肥皂洗,手心、手背、手指相互交叉共洗六遍。于是,高二年级的他在妈妈的监督下,每天饭前饭后都要洗手六次。起初,看他的爸爸妈妈也在做同样的事,凯觉得很好玩,有时候他还会多洗两遍,有时候又少洗两遍。每当妈妈发现他少洗了,妈妈就会吓唬他:"某某人因为不洗手感染上新冠不治而亡了。"于是,他就严格要求自己认真洗手,每次洗六遍。

针对他的问题,我与他协商了咨询方案。(1) 再确认法,确认强迫症的想法和行为带来的痛苦,确认该病症可以治疗;(2) 再归因法,自己对自己说:"这不是我,这是强迫症在作祟!"强迫性想法是无意义的,那是脑部错误的信息。(3) 采用厌恶治疗的方法。在凯洗手的同时让他告诉自己手洗多了会蜕皮,或者告诉自己这样发展下去会没有朋友,让他觉得是自己洗手行为引起了不愉快的事情发生。(4) 暴露不反映法。尝试着去摸脏东西而禁止洗手,这将使他学到避免习惯性的强迫行为,而以新的、健康的行为取代。

凯出门时我让他用手拉开我办公室的门把手,并且告诉他不会生病,回去后也不要洗手。凯照着做了,然后笑着与我告别。

思政课堂

党的二十大以来,以习近平同志为核心的党中央把维护人民健康摆在更加突出的位置,召开全国卫生与健康大会,确定新时代卫生健康工作方针。2016 年颁布实施《"健康中国2030"规划纲要》以来,爱国卫生运动坚持以人民健康为中心,坚持预防为主,与时俱进,不断丰富工作内涵。疫情引起的心理疾病,不仅对人的身心健康会造成很大的危害,还会影响工作和学习,使患者对生活失去信心,甚至严重影响着学习与工作效率。及早求医,对症下药,才是解决心理疾病的最佳选择。

相关知识链接

一、强迫症

强迫症是以强迫观念和强迫动作为主要表现的一种神经症。以有意识的自我强迫与有意识的自我反强迫同时存在为特征,即患者明知强迫症状的持续存在是毫无意义且不合理的,却不能克制地反复出现,愈是企图努力抵制,愈是感到紧张和痛苦。

据国外报道,一般人患强迫症的比例为 0.05%～1%,占精神科病人总数的 0.1%～2%。国内流行病学调查的本症患病率为 0.3%。强迫症通常于青壮年期起病,在性别分布上无显著性差别。在心理咨询服务中，强迫症患者比例较高。

强迫症通常在青少年发病，城乡的患病率相近。约 10% 的病人起病于 10～15 岁，75% 的患者发病于 30 岁以前。大多数病人起病缓慢，有时诱因亦不明显。病人就诊时往往病程已达数年之久。半数以上的病人病情缓慢发展、逐渐加重，约 1/4 的病人病情有波动，约 11%～14% 病人能完全缓解，有些病人进入 40～50 岁以后，病情有自动缓解倾向。

二、强迫症症状

强迫症的症状多种多样，既可是某一症状单独出现，也可是数种症状同时存在。在一段时间内症状内容可相对固定，随着时间的推移，症状内容可不断改变。

1. 强迫观念

强迫观念，即某种联想、观念、回忆或疑虑等顽固地反复出现，难以控制。举例如下：

强迫联想：反复回忆会发生一系列不幸的事件，虽明知不可能发生，却不能克制。

强迫回忆：反复回忆曾经做过的无关紧要的事，虽明知无任何意义，却不能克制。

强迫疑虑：如出门后疑虑门窗是否确实关好，反复数次回去检查，不然则感焦虑不安。

强迫性穷思竭虑：对自然现象或日常生活中的事件进行反复思考，明知毫无意义，却不能克制，如反复思考"房子为什么朝南而不朝北"。

强迫对立思维：因两种对立的词句或概念反复在脑中相继出现而感到苦恼和紧张，如想到"拥护"，立即出现"反对"，说到"好人"时立即想到"坏蛋"等。

2. 强迫动作

强迫动作，即反复进行某种行为。举例如下：

强迫洗涤：反复多次洗手或洗物件等。

强迫检查：如反复检查已锁好的门窗，反复核对已写好的账单、信件或文稿等。

强迫计数：不可控制地数台阶、电线杆，做一定次数的某个动作，否则感到不安，若漏掉了要重新数起。

强迫仪式、动作：在日常活动之前，先要做一套有一定程序的动作，如睡前按一定程序脱衣鞋并按固定的规律放置，否则会因感到不安而重新穿好衣鞋，再按程序脱衣鞋。

3. 强迫意向

强迫意向，在某种场合下，患者出现一种明知与当时情况相违背的念头，却不能控制这种意向的出现，十分苦恼。如母亲抱小孩走到河边时，突然产生将小孩扔到河里去的想法，虽未发生相应的行动，但患者却十分紧张、恐惧。

4. 强迫情绪

强迫情绪，主要表现为强迫性恐惧。这种恐惧是怕对自己的情绪失去控制，如害怕自己会发疯，做出违反法律或社会规范甚至伤天害理的事，而不是像恐惧症患者那样对特殊物体、处境等的恐惧。如害怕自己在某些场合会出现强迫而感到恐惧，从而尽量逃避参加这样的场合。

三、强迫症病因分析

强迫症是一种病因比较复杂的心理障碍，许多研究者分别从神经生化、遗传学以及心理学等多种途径探讨这一现象的成因，但是到目前为止，还没有一个十分有说服力的解释。以下列举几种主要的假说及影响因素。

1. 心理动力学假设

根据心理动力学原理，强迫症是起源于性心理发育的肛门期，即在开始大小便训练的时期。这时，亲子之间的关系表现为，一方面家长要求孩子顺从，另一方面孩子不想受约束，这种不平等的对立引起了儿童的内心冲突和焦虑不安，从而使得性心理发育停留于这一阶段，成为日后心理行为退化的基础。一旦个体遭遇外部压力，便会重现肛门期的冲突与人格特征。

2. 观察学习假设

根据学习理论，观察是导致焦虑的条件性刺激。由于原初的焦虑会诱发刺激联结(无条件反射)，经过观察和思维的激发而获得了实际的焦虑。事实上，个体就已经习得了一个新的驱力。虽然强迫可以基于不同的途径习得，但是，一旦获得之后，个体便发现借助于强迫观念的一些活动可以帮助减少焦虑，每当发生焦虑的时候，采用强迫的方式，个体的焦虑便得到了缓解，这种结果强化了个人的强迫。因为这种有用的方法成功地驱除了个体的获得性内驱力(焦虑)，所以强迫观念逐渐地稳定下来，成为习得性行为的一部分。

3. 系统家庭假设

系统家庭假设认为，病症表达了系统的破坏，而这个系统存在于人际关系当中，成员之间的互动结成了一定的系统。在这里，个体的行为是由于他人的行动影响所致，反过来，他也会以一种循环的方式去影响他人。这是一种互为因果的关系，没有明确的头和尾，主要依据"彼此吸引"的原则来进行互动。

4. 精神分析学说

弗洛伊德认为强迫症是病理的强迫性人格的进一步发展，是由于防御机制不能处理强迫性人格而形成的焦虑，因此产生了强迫性症状。约 2/3 的强迫症病人在病前即有强迫性人格或精神衰弱，其主要表现为力图保持对自身和环境的严密控制。强迫症病人注重细节，做任何事都力求准确、完善，但即使如此也仍有"不完善""不安全"和"不确定"的感觉。他们或者表现为循规蹈矩、缺少决断、犹豫不决、依赖顺从；或者表现为固执倔强、墨守成规、宁折不弯及脾气急躁。

5. 社会心理因素

社会心理因素是强迫症重要的诱发因素，诸如工作、生活环境的变迁，责任加重，处境困难，担心意外，家庭不和或由于亲人去世等。有些正常人偶尔也有不持续的强迫观念，这种观念会在社会因素影响下被强化而持续存在，从而形成强迫症。

四、强迫症的预防

从小注意个性的培养是十分必要的，但不要给予过多过于刻板的要求，这对于预防强迫症的发生有很大帮助，特别是父母有个性不良者更应注意。预防强迫症可以从以下几个方面进行：

(1) 参加集体性活动及文体活动，多从事有理想、有兴趣的工作，培养生活中的爱好，以建立新的兴奋点去抑制病态的兴奋点。

(2) 采取顺应自然的态度。有强迫思维时不要对抗或用相反的想法去"中和"，要带着"不安"去做应该做的事。有强迫动作时，要理解这是违背自然的过度反应形式，要逐步减少这类动作反应直到和正常人一样。坚持练习，必然有益。

(3) 注意心理卫生，努力学习应对各种压力的积极方法和技巧，增强自信，不回避困难，培养敢于承受艰苦和挫折的心理品质是预防的关键。

10. 拔掉心灵的杂草

友谊是人际吸引的重要形式，因此，它也是人际交往、人际关系研究中的重要课题。大学生的交往情况、友谊状况不仅影响着他们的学习生活质量，还是其身心健康发展的重要指标。对大学生友谊及友谊观的探讨不仅有利于大学生明确人生意义，而且有利于大学生友谊观教育实践。

——题记

案例分享

期末考试结束后，学生们大都急着回家过年去了。我记录完学生考试成绩后长舒了一口气。就在这时候，一个女学生推开我办公室的门，坐下来后，她的脸已经通红，过分的胆怯和羞涩使她几乎不敢抬头。

这是晶第一次出现在我咨询室时的表情。每次看到这样的女学生，我就知道她所遇到的问题肯定难以启齿，但她能够自愿走进咨询室，这反映出她强烈的求助愿望。

为了减轻她的不安，使她对我信任，我给她倒了一杯水，然后问她："你一定遇到很麻烦的事了，能对我说说吗？我一定会替你保密并且想办法帮你的！"

晶咬着下嘴唇，犹豫了片刻才开了口："老师，我没有朋友，一个都没有！"

"一个都没有！"晶特别强调了最后那句话。家人、老师、同学、老乡，二十年我们结识过多少人？一个朋友都没有的女孩，她的内心该是多么孤独寂寞呀！

我对她表达了极深的同情和理解，最重要的是要探究她背后深层次的心理因素。"你一定很难过，能说说怎么回事吗？"我一边点头一边往她跟前挪了挪，"老师愿意做你的朋友，可以吗？"我又加了一句。

晶还是不敢正眼看我，只是迅速朝我一瞥，然后低头看着她的脚尖。

这时候，我想晶的问题已经初露端倪了。从心理学的角度看，如果个性内向、自卑、孤僻，害怕面对他人，说话时不敢正视他人，那么他有可能属于社交恐惧症的一种——恐人症。

恐人症是害怕见人的一种心理障碍，是恐惧症中较为常见的一种形式，在青年学生中尤为多见。

看着晶痛苦且难为情的样子，我在脑子里快速搜索着应对问题的方法。

我走到她跟前，用右手轻轻地抓住她的左胳膊，眼神柔和地看着她说："抬起头，好吗？

你能来找老师，我很高兴又多了一个朋友！"

"真的吗？老师，你肯做我的朋友？"晶抬起头，有些不相信地问我。

"当然了，老师愿意做你真挚的朋友！老师愿意听你的故事！老师还特别想让你快乐起来！"我一连用了几个"老师愿意"。

晶的泪水夺眶而出，我很自然地用双手拥住她："没事，没事，只要找出你问题的症结，我们一起想办法，你一定会快乐起来的！"

我的安抚有了一定的效果，晶慢慢擦干眼泪抬起头说："真的吗？老师，我还能快乐起来？"

我点了点头，示意她讲一讲近期不快乐的原因。于是，晶谈起九月份她来例假的事。那次例假快结束时，她垫的卫生巾很薄，下课后她明显感觉裤子上湿了一片。本来她想等同学们都出去了再起来，但是她又急着上厕所，没办法，她只好站起来急匆匆地走出教室。

中午，她悄悄回教室擦干净自己的凳子，以为神不知鬼不觉。但是到了下午，她忽然听到旁边的男同学对另外一个男同学神神秘秘地说："有人'见红'了，你知道'见红'是怎么回事吗？"

那一刻，她脑子里轰的一声，羞愧又气愤的情绪使她不能在教室多待一分钟。从那以后，她就觉得周围同学看她的眼光充满了鄙视。她特别害怕进教室，更害怕与人打交道，她觉得没有一个人了解她，父母也是喜欢弟弟不喜欢她。所以，每到放假，别人都急着回家，她却宁愿呆在宿舍里，能拖一天算一天。

考虑到社交恐惧症是以焦虑、恐惧和自闭为主要特征的综合心理障碍，我提议给她做简单的催眠，让她放松一会儿。电脑里放着舒缓的轻音乐，晶跟着我的指导语慢慢闭上了眼睛，在这样的时刻，我让她什么也别想或者什么都可以想。

三十分钟后，晶慢慢睁开了眼睛，没有再低头而是仰着高高的头颅很坚决地告诉我："老师，我想起来了。在小学三年级的时候，我也发生过类似的事情。那时，我是在课堂上尿裤子了。回到家，妈妈狠狠地骂了我一顿，并且指着小我五岁的弟弟说：'你看看，弟弟这么小都不尿床、不尿裤，你十岁的人了还尿裤子，你丢不丢人？你害不害臊？'"

"所以，你一直恨妈妈，一直自闭，你一直害怕进教室，怕和同学接触，你都不愿意用眼睛去看他们，对不对？"我直逼她的软肋，这是要让她学会面对现实。

晶拼命地点头，泪水又溢满了她的眼眶。我再次走到她面前用双手拥住她的肩膀，告诉她："许多小学生有过上课尿裤子的经历，许多女生也曾有过例假尴尬的时候。老师觉得没什么大不了！这只是小失误，不算错误，更谈不上犯罪！你心里对妈妈的恨，对同学们的抗拒，这是你不快乐的主要原因。有恨的人，当然不会快乐！尝试着去爱人，去接触更多的人和物，才能拔掉你心灵的杂草。"

接下来，我和她共同商量了咨询目标：

(1) 认知疗法。改变认知，不要太注重他人对自己的议论和评价。

(2) 沟通和接纳法。回家和妈妈多沟通，接纳事实。

(3) 系统脱敏法。多接触亲人和家属成员，逐渐接触一些自己尊敬和信赖的人，最后和自己很惧怕的人交往。

(4) 积极暗示法。告诉自己谁都会有失误，多表扬自己的优点，多鼓励自己。

晶轻轻地打开门走出去，我在心里默默祝福她能很快拥有自己的朋友。

思政课堂

　　友谊是人际吸引的重要形式，因此，它也是人际交往、人际关系研究中的重要课题。大学生的交往情况、友谊状况不仅影响着他们的学习生活质量，还是其身心健康发展的重要指标。对大学生友谊及友谊观的探讨不仅有利于大学生明确生活及人生意义，而且有益于大学生的友谊观教育实践。

　　首先，要积极交往。友谊的形成是需要一定时间来保证的，还需要大量交往作为基础。理解、发展友谊需要大量的有益交往作为基础，须经过大浪淘沙，方得一友。因此需要大学生满怀信心、耐心地积极交往。

　　其次，真诚交往。高级阶段的友谊发展要经过双方许多次的试探、考验，尽管这种试探许多时候是无意识的。在友谊的寻求阶段、理解阶段，各方不断地释放善意，并看对方是否能按照角色或自己的期望去行事，以此来决定交往是否能进一步深入。这要求各方以诚待人。

　　最后，友谊成长。友谊发展的最高级阶段是成长。在此阶段，各方都为对方成长提供营养，刺激着对方的成长，各方也都因此而乐此不疲，也因能自我成长而兴奋。成长是友谊的魅力，也是友谊能长久不衰的必要动力。因此，大学生要努力去追求一种促使双方成长的友谊，这样才能享受友谊的美妙，才能使友谊之树长青。

相关知识链接

一、恐惧症

　　恐惧症是以恐惧症状为主要临床表现的一种神经症。患者对某些特定的对象或处境产生强烈和不必要的恐惧情绪，而且伴有明显的焦虑及自主神经症状，并主动采取回避的方式来解除这种不安。患者明知恐惧情绪不合理、不必要，但却无法控制，以致影响其正常活动。恐惧的对象可以是单一的或多种的，如动物、广场、闭室、登高或社交活动等。本病以青年期与老年期发病者居多，女性更多见。

二、社交恐惧症

　　社交恐惧症(social phobia)，又名社交焦虑(social anxiety)、见人恐惧症，是恐惧症中最常见的一种，患病者人数约占恐惧症病人的一半左右。社交恐惧症是以焦虑、恐惧和自闭为主要特征的综合心理障碍，主要表现为在社交场合下几乎不可控制地诱发即刻的焦虑发作，并对社交性场景持久地、明显地害怕和回避。具体表现为患者害怕在有人的场合或被人注意的场合做出表情尴尬、发抖，脸红、出汗或行为笨拙、手足无措等表现，而引起别人的注意，因此回避诱发焦虑的社交场景，如不敢在餐馆与别人对坐吃饭，害怕与人近距离相处，尤其回避与别人谈话。赤面恐怖是较常见的一种，患者只要在公共场合就感到害羞脸红、局促不安、尴尬、笨拙、迟钝，怕成为人们耻笑的对象。有的患者害怕看别人的眼睛，怕跟别人的视线相遇，称为对视恐怖，主要表现为自我封闭，不敢交友，害怕社交；有社交的欲望而得不到满足，由此而产生焦虑、孤独；不敢面对挫折，由此而逃避现实，觉得只有躲在没人的地方才安全。

社交恐惧症的表现形式不仅仅是面对陌生人手足无措，而且还表现为不能在公众场合打电话，不能在公众场合和人共饮，不能单独和陌生人见面，不能在有人注视下工作等较为极端的行为。当这种恐惧、焦虑的情绪出现时，还常伴心慌、颤抖、出汗、呼吸困难等症状。据统计，平均每 10 人中就有 1 人为社交恐惧症所苦，但就诊者寥寥无几。许多患者因长期处于人际关系障碍及社交能力丧失的情况下并发了酒瘾、毒瘾或抑郁症等精神疾病。

三、社交恐惧症的分类

社交恐惧症患者总是担心会在别人面前出丑，在参加任何社会聚会之前，他们都会感到极度的焦虑。他们会想象自己在别人面前出丑。当他们真的和别人在一起的时候，他们会感到更加不自然，甚至说不出一句话。当聚会结束以后，他们会一遍遍地在脑子里重温刚才的画面，回顾自己是如何处理每一个细节的，自己应该怎么做才正确。具体表现为以下几种情况：

1. 一般社交恐惧症

如果有人患了一般社交恐惧症，在任何地方、任何情境中，他都会害怕自己成了别人注意的中心。他会发现周围每个人都在看着他，观察他的每个小动作，害怕被介绍给陌生人，甚至害怕在公共场所进餐、喝饮料；尽可能回避去商场和进餐馆，也从不敢和老师、同学或任何人进行争论。

2. 特殊社交恐惧症

如果有人患了特殊社交恐惧症，他会对某些特殊的情境或场合特别恐惧，例如，害怕当众发言，当众表演，但在别的社交场合，他们却并不感到恐惧。推销员、演员、教师、音乐演奏家等经常都会有特殊社交恐惧症，他们在与别人的一般交往中并没有什么异常，可是当他们需要上台表演或者当众演讲时，他们会感到极度恐惧，常常变得结结巴巴甚至愣在当场。

这两类社交恐惧症都有类似的躯体症状，如口干、出汗、心跳剧烈、想上厕所。周围的人可能会看到他们的症状有红脸、口吃结巴、轻微颤抖。有时候，他们可能呼吸急促，手脚冰凉，甚至会进入惊恐状态。

社交恐惧症是非常痛苦且严重影响患者生活、工作的一种心理障碍。一般人能够轻而易举办到的事，社交恐惧症患者却望而生畏。患者可能会认为自己是个乏味的人，并认为别人也会那样想。于是就会变得过于敏感，从而感到更加焦虑和抑郁，使得社交恐惧的症状进一步恶化。许多患者改变他们的生活来适应自己的症状。他们(和他们的家人)不得不错过许多有意义的活动，如不能去逛商场买东西，不能建立正常的人际交往关系，甚至为了避免和人打交道，他们不得不放弃很好的工作机会。

四、社交恐惧症原因分析

对特殊物体的恐惧可能与父母的教育、环境的影响及亲身经历(如被狗咬过而怕狗)等有关。心理动力学派认为恐惧是被压抑的潜意识冲突的象征作用和置换作用的结果。条件反射和学习理论在解释社交恐惧症的原因时是较有说服力的。

1. 总是走不出过去重复的泥潭

社交恐惧症往往不是突然产生的，而是长期形成的。我们可以发现，这些来访者从小就有适应不良的表现，在社交上也有一些潜在的问题，这些问题并没有随着年龄的长大而自然解决，却总是一遍遍重复旧有的模式，令来访者十分痛苦。这是怎么回事呢？

可以用一个比喻来解答这个问题，比如，人口腔里有了溃疡，会用舌头一遍遍舔它，即使又疼一遍也还是这样做，为什么？是为了想要修复它。人的成长历程也是一样的。有社交问题的来访者之所以一遍遍重复旧有的模式，也是因为他们在想："再这样做一遍可能就会成功吧！"可是再这样做一遍往往还是失败。要走出过去重复的泥潭，需要通过心理咨询，对自己的生活模式逐渐有一个比较清晰的领悟，这样才可以使伤疤最终愈合。

2. 总是压抑

有一个比喻，说人的心理好像一座冰山，露在上面的只是一小部分，在水面以下的才是最大的部分。人把一些自己不愿接受的东西压抑到潜意识里，就好像水面以下那部分冰山一样。那么，压抑的是什么呢？压抑的是一些自己不愿面对，甚至根本意识不到的东西。这些东西被压抑到水面以下，在暗中对人的心理起着不可小看的作用，这也就是人们常说的潜意识。认识这些潜意识，它也就不会再以症状的形式来表现。对社交恐惧的来访者来说，了解自己的各个方面，使潜意识的东西浮上意识，社交恐惧就会相应地好转。

3. 家庭的影响

父母的教养方式、家庭的结构、兄弟姐妹情况，都对社交恐惧的发生、发展有一定的影响。在家里总是受到批评、得不到爱的孩子，长大了容易不信任别人，发生社交问题。

4. 社交恐惧来访者的认知和情绪

以人本主义为基础的精神分析治疗重视情绪，针对情绪做工作，由情绪涉及认知。社交恐惧的来访者往往有比较强烈的自罪感，往往认为自己这也不行，那也不好，总之没好的地方，从而感到消沉。但他们又会认为自己在某些重要方面比谁都强，非常优秀，别人都不如他。因为自卑，认为自己什么都不行；也因为自卑，就需要自傲来补偿。

五、如何克服社交恐惧症

心理治疗是治疗该病的重要方法，常用的有以下几种：

1. 行为治疗

行为治疗包括系统脱敏疗法、暴露疗法等，是治疗特定恐惧症最重要的方法。其原则包括：一是消除恐惧对象与焦虑恐惧反应之间的条件性联系，二是对抗回避反应。

2. 认知行为治疗

认知行为疗法是治疗恐惧症的首选方法。行为治疗方法强调可观察到的行为动作，长期疗效不甚满意。认知行为治疗在调整患者行为的同时，强调对患者不合理认知的调整，治疗效果更好。尤其对社交恐惧症患者，其歪曲的信念和信息处理过程使得症状持续存在，纠正歪曲的认知模式是治疗中非常关键的内容。

3. 社交技能训练

社交恐惧症患者常有社交技能缺陷或低估自己的社交技能，因此可以通过一定时间的训练来改善患者的症状，具体包括治疗师的示范作用、社交性强化、暴露的作业练习、自我肯定训练等。

一般的社交技能训练程序是通过逐步递增社交的情境而增加对恐惧的耐受性，从而达到消除社交恐惧反应的效果。首先，要不断地告诉自己，这种恐惧是可以消除的，并正确认识人与人交往的程序，了解与人交往的方法。其次，要找出自己产生社交恐惧的事物种类，并试图挖掘心灵深处的根源。然后在一个假想的空间里，不断地模拟发生社交恐惧症的场景，不断练习重复发生症状的情节，并不断地鼓励自己勇敢面对这种场景，以便从假想中适应这种产生焦虑紧张的环境。最后，采用强迫疗法，循序渐进地适应环境。如先站在车水马龙的大街上；待适应后减少人数，在商场里购物；接着再减少人数，参加一些大规模的聚会；然后参加小聚会，并试图发表观点；最后和自己很惧怕的人交往，并时刻给自己奖励。利用这种方法，经常不断地练习，就会使病症有很大的改观。

11. 大学生，请不要做"彩奴"

　　虚荣心是一种被扭曲了的自尊心，是自尊心的过分表现，是一种追求虚表的性格缺陷，是人们为了取得荣誉和引起普遍注意而表现出来的一种不正常的社会情感。虚荣不完全是心理上的问题，也包含道德上的偏差，是社会责任感和道德素养在心理上的畸形反映。

——题记

案例分享

　　某年年底，我收到一位匿名学生发来的信息："老师，我要完蛋了！！！我用父母辛辛苦苦挣来的钱买了一期又一期的彩票，可是我穷得都快吃不起饭了。我该怎么办？"

　　大大的三个惊叹号令我触目惊心，更让我意识到这个学生目前心理该有多么脆弱。我立刻回复他，请他一定要来找我坐一坐。十分钟后，一个头发长得过了脖子、脸上脏得好像有一个月没洗过的男孩子踟蹰着进了我的办公室。

　　我下意识地把身子往后缩了缩，因为我闻到了他身上的异味。但是，出于工作原则，我不能歧视我的求助者，我还是很快地往他跟前凑了凑。他可能感觉到了我下意识的举动，马上站起来："我还是走吧？"

　　"不，我非常愿意听你说说你的故事。"我表达了对他的尊重。

　　他低下头，长叹了一声："老师，我是不是没得救了？"

　　他叫翔，是我们学院某系的大二学生。从大二开始，翔经常在报纸和网络上看到各种中奖新闻，自己也开始去试买彩票。由于家庭情况并不富裕，所以他开始买彩票时的频率小、花钱少，每个月只花十元左右，根本没指望要中奖。但听朋友说家乡有个农民买彩票中了 500 万，从此便激起了他的欲望，心想买得多要是能中大奖就能解决家里的困难了。

　　于是，他开始研究彩票，每天想得最多的就是数字组合，上课总提不起精神。现在每天花 10 元左右买彩票，最多的一天买了 50 元，每月四分之三的生活费都用于买彩票，这样他的生活费就严重不足了。一个学期下来，没有中过一分钱，身体也因为严重营养不良而常常感到头晕恶心。脸也不想洗，头也没钱理，他觉得再这样下去他的生活肯定毁了。

　　看着翔痛苦的脸，我替他感到心痛。大学生本该刻苦学习、努力奋斗、汲取知识，而他却误入歧途，深陷"彩奴"的行列不能自拔。面对彩票中奖、股票飞涨，不少成年人都难以抵挡住金钱的诱惑，何况是在思想上和感情上都不成熟的大学生呢？

　　为什么大学生会加入彩民的行列？我认为实际上是大学生的虚荣心和攀比心理在作

崇。虚荣心是一种被扭曲了的自尊心，是自尊心的过分表现，是一种追求虚表的性格缺陷，是人们为了取得荣誉和引起普遍注意而表现出来的一种不正常的社会情感。

虚荣不完全是心理上的问题，也包含道德上的偏差，是社会责任感和道德素养在心理上的畸形反映。近年来，我院学生心理档案反映道德观念不佳人数占总人数比例 20.51%，道德观念一般人数占总人数比例 43.3%。

虚荣心使人的行为不是以服从于社会利益和行为规范为先，而是以获取自己的某种荣誉，博得周围人们的注意和欣赏为先，甚至会为了目的不择手段。当日常行为完全为显示个人的动机所左右时，虚荣心就成了个人的品质问题。

面对我的分析，翔承认他确实有虚荣和攀比心理，尤其是看到别的同学买新衣服、手提电脑的时候，他就觉得自己太寒酸，总想着要是能一夜暴富该多好。

于是，我和翔共同分析虚荣心和攀比心理可能带来的危害，并找出影响他正常生活的几个消极面：(1) 精力分散，影响到正常的学习；(2) 加重家庭的经济负担；(3) 养成并助长自己虚荣心及奢侈浪费的生活习惯；(4) 消费观念和消费行为走进误区；(5) 出现了情绪障碍等。

同时，我对他说攀比属于正常人心理，因为有比较才会有进步，有目标才会有努力。积极向上的攀比心理有益于健康，有益于学习和工作，但是攀比心理过重就会导致虚荣心加重，虚荣心有百害而无一益。

在不知不觉中过了两个小时，翔站起来走的时候，把手缩在身后并且告诉我："老师，谢谢您！我回去第一件事是理发洗澡。您看吧，从现在起会有一个崭新的我出现在大家面前的！"

思政课堂

大学生是民族、国家的希望和未来，是宝贵的人才资源。加强和改进大学生思想道德教育，提高大学生的思想政治素质，把大学生培养成中国特色社会主义事业的建设者和接班人具有重大意义。

拜金主义误导大学生的金钱观、价值观，严重影响大学生的思想道德水平。因此，学校应该加强思想道德教育，引导大学生树立正确的金钱观，纠正大学生对金钱的错误认识。具体有以下几种方法：

首先，不能把金钱作为衡量人生价值的唯一标准。考察一个人价值的大小，不能用这个人财富的多少来衡量，而是要看他对社会做出了多少贡献，贡献越多，他的价值就越大。

其次，摒除"金钱万能论"的错误观念。有人说："金钱买得到高级化妆品，却买不来妙龄青春；买得到贵重的药品，却买不到健康的身体；买得到豪华的住房，却买不到温馨的家庭；买得到高档的服装，却买不到高雅的气质；买得到人类生存的一切物质必需品，但永远也买不到真实的人生。"这句话告诉我们，生活中不能缺少钱，但如果把钱看得过重，就必然为金钱所累，成为金钱的奴隶、拜金主义的俘虏。

最后，不要把金钱和幸福画上等号。幸福离不开金钱，但并不等于钱越多越幸福。

◉ 相关知识链接

一、虚荣心

虚荣心是一种心理状态。古今中外，无论男女老少、贫富贵贱，人皆有自尊心，若自尊心扭曲，即为虚荣心。虚荣心是一个人追求一种表面上的荣耀、光彩的心理。虚荣心是一种心理缺陷，是一种不良心理反应，对人的危害是极大的。虚荣心是一种扭曲的自尊心，它是自尊心的过分表现，它是一种追求虚表的性格缺陷，是人们为了取得荣誉和引起普遍的注意而表现出来的一种不正常的社会情感和心理状态。虚荣心表现在行为上，主要是盲目攀比，好大喜功，过分看重别人的评价，自我表现欲太强，有强烈的嫉妒心等。虚荣心严重的人总是将名利作为支配自己的行动力，总是依据他人的评价而生存，一旦他人否定自己，自己便认为失去了所谓的自尊。

二、临床表现特征

虚荣心是自尊心的过分表现，是为了获得荣誉或引起公众的普遍关注而表现出的一种不正常的社会疾病。

1. 物质生活中的虚荣心理行为

物质生活中的虚荣心理行为主要表现为一种病态的攀比行为，总是想着你有我也有，你没有我也要有，就是要比你多。更有甚者明明知道自己没有那么多的积蓄，还要打肿脸充胖子，跟别人比吃、比喝、比穿等。有的人就是通过攀比、炫耀来吸引别人的羡慕和赞赏，以此来满足自己的虚荣心。

2. 社会生活中的虚荣心理行为

社会生活中的虚荣心理行为主要表现为一种病态的自我吹捧、说大话、吹牛等一系列过激的行为，有的人隐藏自己的缺点，有的人把别人的优点好处统统添加在自己的头上，例如，有人说自己家多有钱，父母多有权势，自己是某某著名大学出来的高才生等。他们通过给现实生活添加一层光环，使自己从中获得极大的满足感。

3. 精神生活中的虚荣心理行为

精神生活中的虚荣心理行为主要表现为一种病态的妒忌心理。虚荣心与自尊和脸面有很大的关系，自尊和脸面都是在社会活动中得以实现的。通过社会比较，个体精神世界中逐步建立起一种自我意识，这种自我意识又下意识地驱动自己与他人进行比较，以获得新的自尊。有虚荣心的人否定自己有错误，有嫉妒的冲动，因而排斥、挖苦、打击、为难比自己强的人。

虚荣心是为了满足自己对荣誉、社会地位的欲望而表现出的不正常的社会情感。有虚荣心的人通常夸大自己的实际能力水平，采取夸张、欺骗、攀比、嫉妒甚至犯罪的手段来满足自己的虚荣心。一般表现为两种：

(1) 不择手段，努力使自己比别人强，强过之后，在与别人的差距中获得快乐与满足；

(2) 当受条件所限，无法使自己比别人强时，就会在与别人的差距中感受折磨与痛苦。

虚荣心强的人生活在极度的自信和极度的自卑之间，"死要面子活受罪"这句老话很大程度上概括了这种人的心理和行为。

正如有人说："虚荣心很难说是一种恶行，然而一切恶行都围绕虚荣心而生，都不过是满足虚荣心的手段。"

三、虚荣心的形成原因

社会存在着不同的阶层，各阶层所占有的资源比重不同，这使许多人都想进入最高层，但由于种种原因达不到自己的目的时，个人的自尊就受到了伤害，从而通过虚荣心来达到自身的平衡。

爱虚荣的人多半为外向型、冲动型人格，具体表现为反复善变，具有浓烈的感情反应，装腔作势，缺乏真实的情感，待人接物突出自我，浮躁不安。

虚荣心背后掩盖着自卑的心理缺陷，竭力地追求时尚、追求浮华，只是为了掩饰自己的心理缺陷。

四、虚荣心的治疗方法

虚荣心的表现是多方面的，包括过高估计自己的能力、水平；处处炫耀自己的特长和成绩，喜欢听表扬，对批评恨之入骨；常在外人面前夸耀自己有点权势的亲友；对上级竭尽拍马奉承；不懂装懂，打肿脸充胖子；家境贫寒却大手大脚，摆阔气赶时髦；处处争强好胜，觉得处处比人强，自命不凡；将生活中的失误归咎于他人，从不找自身的原因；有了缺点，也寻找各种借口极力掩饰；嫉妒别人的才能，说长道短，搬弄是非等。那么，我们该如何对自己的虚荣心进行调整呢？

1. 认识虚荣的危害

虚荣心强的人在思想上会不自觉地渗入自私、虚伪、欺诈等因素，这与谦虚谨慎、光明磊落、不图虚名等美德是格格不入的。虚荣的人为了表扬才去做好事，对表扬和成功沾沾自喜，甚至不惜弄虚作假。他们对自己的不足想方设法遮掩，不喜欢也不善于取长补短。大学生正处在生理和心理的成熟期，这种虚荣的心态对迫切要求上进，正处于成长之中的大学生是十分有害的。虚荣的人外强中干，不敢袒露自己的心扉，有沉重的心理负担，在现实中只能满足一时的虚荣，长期的虚荣会导致非健康情感因素的滋生。

2. 认清虚荣与自尊

随着生理和心理上的成熟，人的社会认识能力与自我意识逐步提高，开始了个体社会化，自尊心也得以发展，虚荣心才开始介入人的情感领域。虚荣心实际上是一种扭曲的自尊心。自尊心强的人对自己的声誉、威望等比较关心，做了好事，心里高兴是荣誉感的表现，顾全面子是维持自尊心的正常要求。而为了表扬去做好事，甚至不惜弄虚作假，这就是虚荣心的表现。自尊在谦虚、进取、真实的努力中获得，有自尊的人不掩盖缺点，而是取长补短，不会通过有权势的亲友或压低别人来抬高自己；不会不懂装懂，夸夸其谈；也不会把失败和不如意归咎于他人，而是可以进行深刻的批评与自我批评来改进自己。

3. 摆脱从众

从众行为既有积极的一面，也有消极的另一面。对社会上的良好风尚，要大力宣传，使人们感到有一种无形的压力，从而得到众人的跟随。如果任社会上的一些歪风邪气、不正之风泛滥，也会造成一种压力，使一些意志薄弱者随波逐流。虚荣心理正是从众行为的消极作用的恶化和扩展。例如，不顾自己的客观实际，盲目任意奢侈，打肿脸充胖子，弄得负债累累，这完全是一种自欺欺人的做法。所以我们要有清醒的头脑，面对现实，实事求是，从自己的实际出发去处理问题，摆脱从众心理的负面效应。

4. 调整需要

需要是生理的和社会的要求在人脑中的反映，是人活动的基本动力。人有对饮食、休息、睡眠、性等维持有机体和延续种族相关的生理需要；有对交往、劳动、道德、美、认识等社会需要；有对空气、水、服装、书籍等的物质需要；有对认识、创造、交际的精神需要。人的一生就是在不断满足需要中度过的。可人毕竟不等同于动物，马克思指出，"饥饿总是饥饿，但是用刀叉吃熟肉来解除的饥饿不同于用手、指甲和牙齿啃生肉来解除的饥饿。"在某种时期或某种条件下，有些需要是合理的，有些需要是不合理的。对一大学生来说，对正常营养的需要是合理的，而不顾实际摆阔的需要就是不合理的。对干净整洁、符合学生身份的服装的需要是合理的，而为了赶时髦，浓妆艳抹、穿金戴银的需要就是不合理的。要学会知足常乐，多思所得，以实现自我的心理平衡。

5. 端正价值观与人生观

自我价值的实现不能脱离社会现实的需要，必须把对自身价值的认识建立在社会责任感上，正确理解权力、地位、荣誉的内涵和人格自尊的真实意义。大学阶段，学生开始为追求一定的价值目标而学习，学习成为自觉、主动而持久的活动。但是，受社会上某种消极因素的影响，不少学生过分追求外在的虚华，讲排场、摆阔气、大吃大喝，觉得攀比是时髦的象征，否则就会由于跟不上形势而遭讥讽，这都为虚荣心的滋长提供了土壤。只有着眼于现实，把自己的理想与国家、民族的前途结合起来，通过努力，克服前进道路上的困难和障碍，才有可能实现自己的远大理想和抱负。

大学生要重新树立对荣誉、地位、品位、得失等的正确认识。有自己的地位和荣誉是心理所需，每个人都应该好好地维护和保护自己和家人的荣誉与地位，但要与自己所扮演的社会角色一致。要学会面对失败，正确地看待失败和挫折，从失败中总结经验，从挫折中悟出真理，才能建立自尊、自爱、自立、自强、自信的自己。在社会生活中，把握好攀比尺度可以激励你的上进心，实现自我价值。社会比较的尺度与一个人的世界观、人生观、价值观有密不可分的关系，不断完善自我人格，提升自己的人生观、价值观、世界观，这是克服虚荣心理最好的办法。从伟人的传记里，从现实生活中，以那些脚踏实地、努力向上的优秀人物为榜样，努力地完善自我人格。

12.　网恋，虚幻的美丽

在网络迅速发展的今天，上网聊天成为每个大学生的"必修课"，两个互不相识的人在一个虚幻的世界中，将自己深藏的一面展现给对方，当觉得彼此很投机的时候，便会慢慢喜欢对方，从而形成网恋。

——题记

案例分享

暑假开始的第一天，芳给我发来短信，她说："老师，我是一名大二女生，在阶梯教室听过您的课。我恋爱了，是网恋。您相信网恋吗？"

我回复她："不相信哦！因为在网上是不可能真正了解一个人的！"

"那么，如果见面后我们感觉都很好呢？"她又问。

"网络是虚拟的，现实是真实的。如果从网络过渡到了现实，你们还能彼此吸引，互相欣赏，这不排除网恋成功的可能。"

"我在山西忻州，他在内蒙古呼和浩特。他让我去找他，我可以去吗？"她接着问。

"对不起！这超出了我的职责范围。但是，我以老师和长者的身份提醒你，这样做有很大的危险！"

"放假了，我想出去锻炼锻炼，顺便认识一下我这位网友。"芳坚持她的想法。

"你的父母知道吗？"我问她。

"我不敢告诉他们，怕他们阻拦我。"芳过了四五分钟后才回复我。

"如果你认为自己做得对，怎么还会怕父母阻拦呢？你不怕我阻拦你？"我不能让我的学生去做糊涂事，所以质问她。

"父母不但会阻拦我，而且会把这当作把柄来限制我。可是，我相信您不会。"她回答道。

"你能告诉老师心里话，而没有告诉父母，说明你是信任老师的。希望你三思而后行！"我完全站在为她着想的立场，希望能阻止她莽撞的行为。

"我不甘心，如果我不去试一试，又怎么知道我们的结果呢？"芳还在固执己见。"如果你去赴约，等待你的若是万劫不复的地狱呢？"我采用了心理情景咨询法，让芳设想可能遭遇的最恶劣情景，而她是主人公。

"好吧，我考虑考虑！"芳在我的劝说下承诺暂时不去内蒙古找网友。

"希望你查查网恋的一些新闻，然后再做决定。"我及时给她布置了一个作业，并且建议她走之前来找我。

没一会儿，芳走进了我的办公室并且回身把门锁上了。我还没来得及看清楚她的长相，芳已经坐在我对面用手捂着脸哭起来了，我赶忙走上去递给她一张纸巾。好半天，芳止住了抽泣但还是没有抬头，"老师，您不知道，在现实生活中，从来没有哪个男孩子喜欢过我。在网上，我才找到了一个男孩子肯对我好。我怎么能轻易放弃呢？"

"你怎么能确定他会对你好呢？"我盯着她，希望她抬起头来。

终于，她抬起了头，眼睛里含着泪水，我看到了一张长满青春痘的脸。

"您看见了吧？老师，我脸上长满了痘痘。谁会喜欢我这样一张脸？"芳又迅速低下了头。

我明白芳为什么在乎这场网恋了。当她在现实生活中无法满足爱的需求而且在情感上遭受挫折和创伤时，就会将这种需求转移，寻找其他补偿途径。网络的出现恰好迎合了她的这种需求。由于不能接纳自己的满脸痘痘，所以她感到自卑，她将现实生活中不能实现的愿望寄托在虚幻的网恋中，这是自卑心理的转化行为。

接下来，我把刚才在网上搜集的一些关于网恋引发的案件发给她看，还包括一些网友的评论，如"网恋的成功率到底有多少呢？几乎为零。两个人在网络上的交流仅限于语言上的沟通。如果在现实生活中，两个人能宽容对方的生活习惯吗？能容忍对方的缺点毛病吗？这些在网络上是看不出来的。"同时，我建议她去正规的医院好好检查一下，少男少女长青春痘是很正常的，尤其是她这种油性皮肤。对于爱美的少女来说，脸上长了许多小痘痘，无疑会成为一块心病，因此精神上背上了包袱也属正常。可是，企图通过寻找网恋来解决情绪问题是不可取的。最后，我建议她保持愉快的心情，因为愉快的心境是治愈青春痘的良方。

芳最后愉快地走出我的咨询室，答应我和这段网恋彻底地告别。

思政课堂

网恋在大学生中虽不具有普遍性，但社会影响比较大。对于有网恋行为的大学生来说，他们进行网恋的主要目的是"寻找精神慰藉"和"好玩"，而"真心找对象，谈朋友"的极少。由网恋发展到现实，最终成为现实的恋爱的可能性不大。但在有网恋行为的大学生中，有近三分之二的大学生与对方见过面，甚至有个别人还与网友有过所谓的"一夜情"，这些对大学生的性道德观念产生了严重的影响。

因此，大学生要意识到网恋的成因及其危害，从而杜绝此类情况的发生。

相关知识链接

一、网恋

随着社会的变迁，寻求爱情的成本与所承担的风险越来越高，人们一方面渴望爱情，另一方面又害怕爱情所带来的不安全感。随着网络的普及，由于网络与爱情之间的某种契合度，人们发现了在虚拟的网络空间可同时满足对爱以及安全感的需求——网恋。网恋是指以网络为媒介，借用聊天工具等互相聊天，人们之间互相了解，从而相恋。网恋是虚幻的，它看不见，摸不着，不过是望梅止渴，画饼充饥。但是，青春期的大学生正处于心猿意马的年龄段。在网络迅速发展的今天，上网聊天成为每个大学生的"必修课"，两个互不相识的人在一个虚幻的世界中，将自己深藏的一面展现给对方，当觉得彼此很投机的时候，便会慢慢喜欢对方，从而形成网恋。网恋和异地恋的区别在于，网恋完全依附网络，并未见过面。而异地恋虽然身隔两地，但是见过面，而且有时候会见面。网恋是现代人的童话，尤其是有浪漫情结的年轻人，谁不对爱情充满了憧憬与渴望？

二、网恋的心理分析

1. 好奇心

一项相关调查指出，超过40%的大学生相信网恋有成功的可能性，超过60%的大学生对网恋持中立态度。大学生具有强烈的求知欲望，对任何新奇事物都有好奇心和勇于探索的精神。

2. 爱的需要

按照马斯洛的需求理论，人的需求从低到高分为五个层次，即生理需求、安全需求、爱与隶属需求、尊重需求和自我实现需求。处于"爱与隶属需求"层次的大学生，更需要别人的接纳、关爱、欣赏和理解。当他们在现实生活中得不到爱或是在这方面遭受挫折和创伤时，就会将这种需求转移，寻找其他途径补偿。网络的出现恰好迎合了大学生的这种需求。

3. 从众的作用

从人际互动的角度上说，家庭背景、思想观念和兴趣爱好等方面具有较大相似性的同龄人之间，最容易彼此发生人际吸引和人际影响。大学生的学习能力强，在彼此朝夕相处中，受周围环境特别是同龄群体的影响会更加显著。看到自己周围的同学网恋，虽然主观上并没有刻意盲从，但网恋却占据了潜意识中的一定空间，一旦有机会，就更容易去尝试。正是这种同龄群体的示范作用，使得尝试网恋的大学生数量在不断增加。

三、大学生如何正确处理网恋问题

互联网的蓬勃发展结束了"从前车马很慢，一辈子只够爱一个人"的爱情状态，如今，只需一部手机，通过网络便可以结识天南海北的异性朋友，而面对虚拟而扑朔迷离的网络世界，大学生该如何处理网恋问题？

1. 面对现实，分清主次

在调查中，有 64.3%的大学生认为网恋比较虚幻，不值得相信。大学生更应该以学习为重，感情的事情应以不影响学习为前提。如果因感情的事而耽误学习，那就太不该了。

2. 不要为了恋爱而恋爱

大学生活毕竟短暂而简单，且工作没着落，经济不独立，并且毕业后可能会分开也是必须面对的现实问题。所以，盲目恋爱一定是空中楼阁，只能带来无尽的烦恼与惆怅。莎士比亚曾说："爱情不是花荫下的甜言，不是桃花源中的蜜语，不是轻绵的眼泪，更不是死硬的强迫，爱情是建立在共同语言的基础上的。"所以，不要为了摆脱孤独感而恋爱，更不要为了害怕别人的嘲笑而恋爱。

3. 认清网络的危害性

研究发现，如果上网时间过长，大脑神经中枢会持续处于高度亢奋状态，易引起血压升高，植物神经功能紊乱，体内激素水平失衡，这些症状将导致生理健康损害，并且影响心理健康。此外，长时间上网还会引发心血管疾病、胃肠神经官能症、紧张性头疼、焦虑、忧郁等，甚至可能导致死亡。更有甚者，一些犯罪分子利用网络犯罪，通过网上交友及其他方式骗取涉世未深的学生的信任，继而达到骗财、骗色的目的。

4. 正确认识和利用网络

互联网是 20 世纪最重大的科技发明之一，它是集报纸、广播、电视于一体的超级新兴媒体，拥有丰富的信息资源和灵活快捷的传播方式。由于网络聊天室里身份的隐蔽性和交往的间接性，人可以说最真心的话，也可以说最虚假的话，这就是它与现实生活的不同。人不可能永远生活在幻想之中，而需要面对真实的世界。人是需要和真实的人、真实的自然交流的，虽然现实生活不完美，但是对于不完美的接受和容忍，才是人逐渐成熟长大的表现。

5. 慎重对待网恋

爱情可能是甘露，给人以幸福与快乐；爱情也可能是苦水，给人以痛苦与烦恼。爱情是一把双刃剑，是一阵龙卷风。网恋增加了爱情中的不确定因素，为避免在感情上受到欺骗，应慎重对待网恋。在网聊时，应该注意以下内容：

(1) 初次相识就提出要约会，对方往往是心怀不轨，需要提防。

(2) 不要随便把自己的姓名、地址、联系方式等相关资料给对方，这可能会影响到个人的人身安全。

(3) 什么情况下适合见面？需要彼此的感情经过时间的考验，这段时间大约一个月以上，然后才考虑从网上向现实生活过渡。

(4) 见面前要先通过视频或照片确定对方的样貌，避免因真实误差而对彼此产生不愉快。

(5) 见面后双方要以诚相待，过于隐瞒会造成见面后的感情难以维持。

(6) 网恋忌分别生活在两地，在不同城市生活可能阻碍两人关系的进一步发展。

(7) 见面地点不要选择偏僻的场所，不管你多信任对方，都要有心理防范意识，选在公共场所见面更合适。

(8) 适当的矜持和谨慎可以保护自己。

13. 请说"不"，拒绝也是一种智慧

要学会说"不"，更要学会说"不"的技巧。拒绝是一种智慧，采取正确的方式说"不"，向朋友解释清楚问题所在，获得好友的理解。这样既能解决两人之间的矛盾，又能够增进和好友的友谊，一举两得。

——题记

案例分享

每年的心理健康活动月与平日总是有所不同，我发现在这个月，前来咨询的学生要比平日里多一些，几乎天天有学生来，有时候一天好几个。前来咨询的学生大多都很有礼貌，总是先短信预约。只要有时间，我就会一一回复并及时接待他们。

那天也是如此，刚刚送走一个学生还没过一分钟，我就接到了梅的短信："老师，我就在您办公室外边，看到一个同学刚出去，您还有时间吗？我能进去和您聊一聊吗？"

我立即回复她"可以"，于是听到了轻轻的敲门声。

梅看上去是个相当害羞的女孩，长得很秀气，只是眉宇间有着淡淡的忧伤和哀愁。我欢迎她坐下后，好半天她才开口："老师，我有个问题不知道该怎样解决，所以想问问您。"

我向她说明只要在我能力和职责范围内，我一定尽力。

梅又犹豫了一下后说道："老师，同学们都说我是老好人，可是我觉得自己活得太累、太虚伪，我不想继续这样下去了，我该怎么办？"

梅的连续几个"我"怎么样，说明梅是个非常重视自己内心感受的女孩，这样的人从心理学的角度讲在生活上比较追随自己的心声，让自己真正开心快乐才是重要的，如果自己觉得不开心、不快乐，即使别人觉得再好也没用。

"是啊，我们不是生活在别人的眼光和话语里，而应该生活在自己的内心感受里。如若不然，当然感觉累了。"我对她的话表示理解。

"可她们都那么自私，她们根本看不出我的不高兴！"梅话语一转道出了她的心声，她对自己的不满意实际上是对她周围人的不满意。

"她们都怎么自私了？"我问她。

她回答道："比如我们宿舍有个同学，只要我去打水，她就让我帮她，不止一次两次，也不止打水，有时候还让我给她捎饭、捎卫生用品等，我都快烦死了。"

"你嘴里答应得很爽快，心里却感觉到不痛快，是不是？"我再次向她表达了理解。

不好意思拒绝别人,这是社交中常见的心理现象。这种特点明显的人被称为"老好人",可是"老好人"未必真心愿意做这样的"老好人",梅无疑就是这样的一个女孩。

"就是,每次我答应了她们后都很后悔,可是下次她们提要求的时候我又会答应,所以觉得自己好累、好虚伪。"梅进一步说道。

"你为什么不告诉她们你心里真正的想法?"我帮她一起挖掘她不拒绝同学的深层原因。

"我怕,我怕她们说我自私,怕她们以后不理我。"梅委屈地回答,这说明了她特殊的需求和担心。

马斯洛需要层次理论把人的需求分成生理需要、安全需要、爱与隶属需要、尊重需要和自我实现需要五类,依次由较低层次到较高层次排序。大学生在特殊年龄段突出的是爱与隶属需要和尊重需要,爱与隶属需要包括对友谊、爱情以及隶属关系的需要;尊重需要既包括对成就或自我价值的个人感觉,也包括他人对自己的认可与尊重。

梅既渴望有朋辈的友情接纳又渴望被朋辈所尊重,可惜她没有勇气直抒胸臆,别人也就不能了解她真正的内心,所以她不痛快,只能一个人生闷气。

"如果你有怨言,总有一天你会流露出不满,你还是无法与她们建立起良好的人际关系。你说你该怎么做?"心理咨询重在启发求助者挖掘自己的潜力来解决问题,我不断地引导梅的思路,尽可能让她自己想办法。

"我是不是该坦诚地拒绝她们?"梅是个聪明的女孩,她慢慢想清楚了解决问题的具体方法。

于是,我和她一起商量拒绝他人和帮助他人的事件界定,一起探讨拒绝他人的方式和方法。最后,梅高兴地站起来,我也长长地伸了伸腰。

思政课堂

朋友是我们生活当中不可缺少的一部分,对于远离父母的大学生来说,他们的第一重要人慢慢由父母转向朋友,因此,朋友就显得尤其重要。当朋友的观点或者做法有错误的时候,为了维系朋友之间的友谊,普遍会由于怕失去好友而一味地迁就朋友。学会指出朋友的错误是人际交往的一种重要技巧。要学会说"不",更要学会说"不"的技巧,采取正确的方式说"不",解释清楚朋友的错误所在,获得好友的理解,既能解决两人之间的矛盾,又能够增进与好友的友谊,一举两得。

因此,引导大学生正确地与同学、朋友交往,也是心理健康课程的重要内容。

相关知识链接

《绝世好男人》这部影片的主角是一个兽医,他被认为是一个好男人,因为他把自己的房子让给前女友和男朋友居住，他帮重色轻友的外甥撒谎后每次都要流泪，他每周都去听无人照管的老伯的唠叨……兽医的表现就是不敢说"不"，当然，最后他突破了心理问题，敢于正确表达自己，最终获得了真爱。

现实生活中，的确有很多人感觉很累，例如，面对领导交代的任务从来不打马虎眼，要求额外加班时也毫无怨言；朋友、同事拜托的事，总是不忍拒绝；很难开口对别人说出半个"不"字。

一、不敢说"不"的原因

不敢说"不"，一是担心如果我拒绝了别人，别人会生气，会不再喜欢我，会和我发生冲突。这个担心并非全无道理，但是你不知道，不拒绝别人，别人固然高兴了，但你自己却心里不痛快，当你心里有了不满，会无意识地流露出来，这样你与他也就建立不起良好的关系。况且，除了你不能保护自己的利益，他还会轻视你，而人不会对自己轻视的人有真正的喜爱。拒绝是会引起冲突，但是冲突过后，你与他却有可能建立真正的友谊。他会尊重你，从而爱你，假如他是那种不允许你坚持自身利益的人，你也不必与他为友。

二是感到内疚，觉得不应该拒绝别人。这是一种错误的观念，每个人都有自己的需要、自己的权利，为什么要无条件接受别人的要求呢？有些人会利用你的内疚感控制你，你不按他的要求做，他就会表现出伤心、沮丧，还会批评你不关心朋友、不公平等，但你要相信，每个人都应该对自己负责，你有权决定是否为他的困难承担责任。

二、学会拒绝别人的技术

英国心理学家朱莉娅、贝里曼等人提出了"破唱片技术"，即当别人批评你时，你可以不加反驳，自信而温和地坚持己见，不和别人作复杂的争辩，而只是反复地重复自己的意见和要求，"像播放破损的唱片，总在一个地方一遍遍地重复那样，你要做的事就是以坚定的态度一遍又一遍地重复你的意见。"

(1) 谢绝法：对不起，谢谢，这样做可能不合适。

(2) 婉拒法：哦，是这样，可我还没想好，考虑一下再说吧！

(3) 幽默法：啊，对不起，今天还有事，只好当逃兵了！

(4) 无言法：运用摆手、微笑、摇头等身体语言表达自己拒绝的态度。

(5) 借力法：你问问他，他可以作证，我从来干不了这种事。

(6) 缓冲法：哦，我与朋友再商量一下，你也再想想，过几天再决定吧！

三、学会拒绝别人的方法

实际上，真正的友情不会因为你的一次拒绝就破裂，所以要调整好自己的心态，该拒绝时就拒绝，该说"不"时就说"不"。最好掌握一些拒绝的方法，具体如下：

(1) 不要立刻就拒绝。立刻拒绝，会让人觉得你是一个冷漠无情的人，甚至觉得你对他有成见。

(2) 不要轻易地拒绝。有时候轻易地拒绝别人，会失去许多帮助别人获得友谊的机会。

(3) 不要盛怒下拒绝。在盛怒之下拒绝别人，容易在语言上伤害别人，让人觉得你一点同情心都没有。

(4) 不要随便地拒绝。太随便地拒绝，别人会觉得你并不重视他，容易造成反感。

(5) 不要无情地拒绝。无情地拒绝就是表情冷漠，语气严峻，毫无通融的余地，会令人很难堪，甚至反目成仇。

(6) 不要傲慢地拒绝。一个盛气凌人、态度傲慢不恭的人，谁也不会喜欢亲近。何况当他有求于你，而你以傲慢的态度拒绝，别人更是不能接受。

(7) 要婉转地拒绝。真正有不得已的苦衷时，如能委婉地说明，以婉转的态度拒绝，别人还是会感动于你的诚恳。

(8) 要有笑容地拒绝。拒绝的时候，要能面带微笑，态度要庄重，让别人感受到你对他的尊重、礼貌，就算被你拒绝了，也能欣然接受。

(9) 要有代替地拒绝。如"你跟我要求的这一点我帮不上忙，我用另外一个方法来帮助你"，这样一来，他还是会很感谢你的。

(10) 要有出路地拒绝。在拒绝的同时，如果能提供其他的方法，帮他想出另外一条出路，实际上还是帮了他的忙。

(11) 要有帮助地拒绝。你虽然拒绝了，但却在其他方面给他一些帮助，这是一种慈悲而有智慧的拒绝。

14. 男人不坏女人不爱，不是真的

　　美国心理学家罗宾·诺伍德曾经描述过爱得过分的女人有些共同的特点：她们都来自一个不幸的家庭；在童年时，她们缺乏关爱，没有安全感，她们的内心都很自卑。在生活中，我们也常常听说一个女子爱着一个浪子，死都不会放弃的悲惨故事。

——题记

案例分享

　　静是个非常漂亮的女孩，还是学院的学生会干部，工作上，她极其认真和负责。有一次他们学院请我给学生们举办心理健康教育讲座，是静来和我预约并商定上课教室和时间的。

　　静给我的印象就像一朵含苞待放的白色郁金香——纯洁又亭亭玉立。可是，有一天这朵郁金香失去了光彩。她给我发来一条短信："老师，我遇到了麻烦事。您在办公室吗？您有空吗？我想马上见您，可能要耽误您很长时间！"

　　我想她一定遇到了大困惑，不然她不会这么着急地要见我。

　　果然，她一进门就眼泪汪汪了："老师，我该怎么办？我那么爱他，可是……"在慢慢平静下来后，她道出了事情的来龙去脉。

　　原来，静在高中时就喜欢上了同班同学栋。栋虽然学习成绩不好，但是长得酷似电影演员，这引得同班甚至年级里许多女孩子都想结识他，甚至要做他的女朋友，静也在其中。

　　由于曾经和栋是同桌，静可以说是近水楼台先得月，很快他们的关系要好起来。但是，栋却不断地与他周围的女同学们亲热，这几天送这个女同学回家，过几天送那个女同学回家。

　　每次静看着镜子里漂亮的脸蛋就觉得不甘心。于是，她增加了和栋的沟通和交流。她苦口婆心地规劝栋要好好学习，她甚至主动承担为栋补课的差事，为的也是多接触栋、感化栋进而增进他们的关系。

　　但是栋对静却忽冷忽热，高兴时约她看电影送她回家；不高兴时对她像陌生人一般，有时候甚至还骂她，让她滚得远远的。但是，静还是无怨无悔地关心栋、爱着栋，甚至因为栋，她的学习成绩也一落千丈，最后勉强上了大学。

　　两年了，静在这份爱里痛苦并快乐着，每次想到在家乡已经就业的栋，静还是忍不住要偷偷跑回去看他。这次回去，静没有见到日思夜想的栋，而是听说栋和一个网友已经同居了，这对静无疑是晴天霹雳，原本她想毕业后回去和栋结婚呢！

从静的叙说中，我已经了解，静是一个为情所困的痴情女孩，她死心塌地爱着一个无望的、并不珍惜她的男孩，明明知道他并不爱自己，却甘愿为他守候、为他牺牲。这无疑说明她爱得太过分了。

美国心理学家罗宾·诺伍德曾经描述过这种爱得过分的女人有一些共同的特点：她们都来自一个不幸的家庭；在童年时，她们缺乏关爱，也就没有安全感，她们的内心都很自卑。在生活中，我们也常常听说一个女子爱着一个浪子，死都不会放弃的悲惨故事。静生活在一个怎样的家庭呢？

我让她谈谈她的父母，静哭得更凶了。原来，在静不满周岁的时候，她的父母就因为两地分居离了婚。父亲在外地再婚后便不管她了，母亲因为一个人身在异地也无力管她，所以她和爷爷、奶奶以及叔叔、婶婶生活在一起。从小，看着叔叔家的孩子被父母宠着、爱着，静常常一个人悄悄掉眼泪，幼年时她最缺少最渴望的就是父母的疼爱。所以，静说："因为没有父母，我总觉得自己不够好、不够可爱，我努力学习为的是让父母觉得我优秀。可是，我太早遇到了栋。我希望我的爱能让栋喜欢我、接纳我，但是……"

于是，我从心理学的角度帮静分析，你爱的可能并不是栋这个人，有可能是你父母的化身，你是想感动父母来证明你的可爱和魅力。缺少父母的疼爱使你没有安全感，让你以为爱都是痛苦的，实际上你不相信有另外一种美好的爱的存在。因为没有父母爱你，你内心自卑的同时又羡慕那些强大的力量，你渴望拥有吸引女孩子的栋就是渴望拥有一种强大力量的表现。

静似懂非懂地点了点头，问我她该怎么办？

接下来，我和静商量着拟定了咨询目标。面对这种情况，静的关键是要从认知上改变：

(1) 不需要将男人当作父母的化身，极力讨好别人不是爱而是屈从；

(2) 要相信世界上有真爱，心心相印、彼此灵魂相依的爱是存在的；

(3) 努力完善自我，也许真爱就在身边。

同时，我希望静回去后写一份咨询心得。第三天，静拿着她写好的心得来找我，其中写道："也许离开他，我暂时会有痛苦。但我相信，这种痛苦一定会被我渐渐遗忘，最终我会找到属于自己的真正的幸福。"

这就是咨询的力量，年轻学生有很强的可塑性，关键时候只要得到正确的引导，他们都会有一个好前程。

静告别时握着我的手，看着她那双明亮的眼睛，我仿佛又看到一朵亭亭玉立的白色郁金香。

我不禁欣慰地笑了。

思政课堂

讨好型人格的人一般从小就缺乏自我价值感，或者被剥夺了自我价值感。"讨好"是他们唯一知道和掌握的获取自我价值感的渠道。为了获得这种自我价值感，他们会不惜自我牺牲、自我压抑、自我委屈、自我矮化，努力地去满足别人，以交换到别人对自己的满意和好评。

改变这些现象可以从以下几个方面出发：

首先，要敢于去除道德绑架。要认识到自己是一个独立的个体，需要被同等地尊重，在自我价值上，没有谁比谁更高贵。

其次，了解自己的需求。一个人的自我需求长期得不到满足是很可怕的，他的自我价值会逐渐降低，慢慢地会越来越自卑，自我控制越来越弱，奴性也会变强。你可以尝试做一些观想练习，如瑜伽或冥想，与自己对话。同时还可以做一些心理测试来了解自己。当然，障碍比较大的时候，去寻求专业的心理咨询师帮助也是一个很好的选择。

最后，要学习如何自我表达。克服讨好型障碍的最关键一点就是懂得把自己的需求表达出来。当讨好型人格的人能自由舒畅地表达自己时，也是他们能建立相互尊重关系的开始！

相关知识链接

一、真爱

爱情是人类永恒的话题，没有人不渴望爱情。在茫茫人海中，人们一直在寻找她(他)的"真爱"！谁能够说清楚"真爱"到底是什么呢？

二、真爱的心理分析

心理学大师荣格说，每个男人的灵魂中都有一个女性的成分；每个女人的灵魂中都有一个男性的成分。你灵魂中那个人的样子是固有的，它就是你心中对未来爱人活生生的画像。

心理学家弗洛伊德发现，儿童的心理发展过程中普遍存在一种现象，即孩子在3岁左右开始从与母亲的一体关系中分裂开来，把较大一部分情感投向与父亲的关系上。只不过男孩更爱母亲，而排斥和嫉恨父亲；女孩除爱母亲外，还会把爱转向父亲，甚至要与母亲竞争而独占父亲，对母亲的爱又加进了恨的成分。这就是所谓的"俄狄浦斯情结"和"埃勒克特拉情结"，也就是我们常听说的"恋父情结"和"恋母情结"。

恋母情结来源于古希腊神话。传说底比斯国王拉伊俄斯受到神谕警告：如果他让新生儿长大，他的王位与生命就会发生危险。于是，国王让猎人把儿子带走并杀死。但猎人动了恻隐之心，只将婴儿丢弃。丢弃的婴儿被一个农民发现并送给其主人养大。多年以后，国王拉伊俄斯去朝圣，路遇一个青年并发生争执，他被青年杀死，这位青年就是俄狄浦斯。俄狄浦斯破解了斯芬克斯之谜，被人民推举为王，并娶了王后，即他的母亲伊俄卡斯特。

恋父情结也来源于古希腊神话。传说埃勒克特拉公主因母亲与其情人谋杀了她的父亲，故决心替父报仇,她与兄弟一起最后杀死了自己的母亲。弗洛伊德借此来说明儿童性心理的特征,他认为小女孩对父亲的深情专注,潜意识中有一种取代母亲位置的愿望,特别是到了性器期,女孩发现自己没有男性生殖器,故埋怨并嫉妒母亲占有父亲的爱。

如果一个女孩在成长的过程中始终无法与父亲实现心理分离,就会导致她与母亲的关系疏远,与同龄男性的正常交往乃至婚恋也会受到严重影响。这样的女孩总在有意无意寻找父亲式的恋人,但即使找到了,相处也会成为问题,因为恋父的女孩性格大多内向、娇气、任性,而且往往出现性的阻抗。同样,一个男孩在成长的过程中,如果无法实现与母亲的心理分离,会出现恋母情结。一般人度过一生也不知道自己的身上有这种感觉。他会下意识地避免认知这些感觉,因为这种认知对一般人的打击太大,常会使他不知所措。所以当这些感觉出现时,它们都早已被伪装过了。

过早失去父(母)爱的女(男)孩,常常会将对于父(母)亲的感情转移到现实中某个人的身上,这个人便会成为父(母)亲的替代品,但他(她)又不同于父(母)亲。在父(母)亲的光环效应下,"他(她)"的形象往往更加高大,成为无可替代的"情圣",盘踞在女(男)孩记忆的深处。因为"他(她)"与特定的时期联系紧密,而那个时期对女(男)孩子来说是刻骨铭心的,所以无形之中,后来者便始终会让女(男)孩觉得缺少共鸣。在童年期失去双亲中的任何一方,都会严重破坏儿童内心的安全感。不安全感导致的最直接的反应是防御心理加重,常常拒绝或者回避一切不确定的因素。

三、如何寻找真爱

懵懂的女(男)孩分不清什么是真爱,所以,青春期里的特殊情感就变成了"沧海水"或者"巫山云",令之后的感情黯然失色。正如一位心理学家所说:"他们并不是真的想固着在单身的状态里,但是爱情似乎打了结,总理不顺,更不消说婚姻"。要想"破茧而出",只有先解开情结。

首先,要明白"恋父(母)"并非一件见不得人的事情,它只是说明我们在心理上依恋父(母)亲的时间比一般人更长一些、程度比一般人更深一些罢了。要让这种依恋不影响自己的正常生活,我们就必须让自己成长起来,明白家庭之间不同角色的分工和定位,然后,从一个成熟女儿(儿子)的角度来看父母。实际上,家庭中最基本的关系是夫妻关系而不是父女(母子)关系,相对于父母而言,我们是配角,不是主角,所以我们必须"心理断乳",不能再像个小女(男)孩那样将父(母)亲当作神话来依附。

其次,要清楚青春期的女孩子"爱"上老师是常有的事,因为身心的发育需要一个寄托"异性崇拜"的对象,而年轻的男老师自然是"近水楼台"。青春期过去之后,大多数人会赧然一笑,然后释怀,继而开始真正的恋爱,但也有人会将这段经历越来越完美化、绝对化,以此来逃避真爱的繁琐。其实,我们始终看不到好风景的原因是我们不肯前行,放下孩子气的迷恋,才能得到爱情。

最后,要学会积极面对生活。爱情和其他任何事物一样,从来都不会是完美的,都可能经历磕磕碰碰。能够领略爱的美妙的人,首先一定是一个接受不完美、愿意冒险并且能够为爱负责的人。恋爱之前,他或者她会做的第一件事情,是解开自己心中的"情结",然后让爱引领自己的身心。有了这样的认识,我们每一个人都有可能找到自己的真爱。

15. 我爱你，与你无关

马斯洛的需要层次理论认为：爱的需要越是得不到满足，长大后对爱的渴求就会越强烈，在恋爱过程也就越容易表现出依恋性强而不独立的特点。

——题记

案例分享

珊是我们学校的大三学生，在心理学协会文宣部就职。临近大学毕业的一天，她来借了一本席慕蓉诗歌集。

借了书，珊并不着急走，而是把书展开，充满感情地给我朗诵了那首经典名诗——《一棵开花的树》：

"如何让你遇见我/在我最美丽的时刻/为这/我已在佛前求了五百年/求佛让我们结一段尘缘/佛于是把我化作一棵树/长在你必经的路旁/阳光下/慎重地开满了花/朵朵都是我前世的盼望/当你走近/请你细听/那颤抖的叶/是我等待的热情/而当你/终于无视地/走过/在你身后/落了一地的/朋友啊/那不是花瓣/是我凋零的心。"

珊一开始朗诵，我就听出了她的激动。后来，眼泪慢慢溢满她眼眶，她也早已不是朗诵而是背诵了。

我没有阻止她，一直听她背诵完，然后给她递了一张纸巾。

珊接过纸巾，擦过眼泪后低着头羞涩地说："老师，我知道自己不对，也知道不应该这样，可我就是不能控制自己。"

我明白，席慕蓉的这首诗描述了一个少女深切期盼与心上人相逢的忧伤，这首诗被许多少女喜欢和吟诵。

我也知道，年轻的时候，我们喜欢一个人是很自然的事，因为懵懂和轻狂，我们渴望与爱人相濡以沫、长相厮守。但是，也正因为年轻，所以又很难达到相濡以沫的境界，大多是一种"相忘于江湖"的结果。

诗中说，"世界上最远的距离/不是/生与死的距离/而是/我站在你面前/你却不知道我爱你。"我想珊一定是喜欢上某个人了，于是，我问她："他是一个怎样的人？你喜欢他多久了？"

"老师，您一定要替我保密！他是咱们学校的一个老师。"珊轻轻说出口后又急切地叮嘱我。

于是，珊讲起了她的故事。早在三年前刚入学，珊就喜欢上了一位老师。在她眼里，虽然这位老师长相普通、个子不高，但是他知识渊博、讲课风趣。每次上他的课，她就特别兴奋；每次看见他走进教室，她的心跳就莫名加快；每次看到他的眼神，她的脸颊就会泛起绯红；就连每晚睡觉前，她都得在心里跟他道声晚安才能安然入睡。

为了给这位老师留下好印象，三年里珊刻苦学习，几乎每次考试她都名列前茅，年年拿奖学金。即使后来他不再给他们上课了，她仍然喜欢他，偷偷地向别的老师打听他的个人情况。

可是，就快毕业了，珊知道这个老师早已成家，老师的婚姻很美满、很幸福，珊也知道这只是她一厢情愿的单相思，但是，她止不住地想他。尤其在最近半个月，她常算准了他去食堂吃饭的时间，总是站在他去食堂的小路上等他，为的是多看他一眼。

她等待他值班的夜晚，这样她就可以悄悄站在他的窗外，想象他在办公室读书、备课的情景。有几次，她甚至想冲进他的办公室哭诉衷肠。但是，年龄的差距和道德的约束使她一忍再忍。每次一想到他，珊就会吟诵席慕蓉的这首诗，一吟诵这首诗就会止不住地泪流满面。

"我是怎么啦？老师，我该怎么办？我能不能去找他？"珊害羞地问我。

我感受到了珊内心深处的疼痛和无奈。从心理学的角度分析，珊无疑有明显的恋父情结。珊的父亲是一名高中老师，深得学生们的爱戴，可惜在珊初二时，她的父亲因突发心脏病离世。而这个老师和她的父亲有很多相似之处，于是她把对父亲的感情转移在老师的身上，并错以为这是爱情。

马斯洛的需要层次理论认为，爱的需要越是得不到满足，长大后对爱的渴求就会越强烈，在恋爱过程也就越容易表现出依恋性强而不独立的特点。珊对老师的单相思正是这样一种表现。

面对珊的困惑，我有必要让她清楚下列几个问题：

(1) 暗恋老师不可怕，可怕的是深陷下去，影响到将来的择偶和婚姻。

(2) 每个成年人都会对异性有好感，但是喜欢和爱是有区别的。二者的本质在于占有欲的强或弱，占有欲强说明是爱，占有欲弱说明只是喜欢，而学生喜欢自己敬爱的老师很正常。

(3) 珊并不想破坏老师的家庭，只是三年来把这位老师作为偶像来崇拜，作为航标来指引她前进。

(4) 珊能够把对老师的感情隐忍三年而不发，说明她心理力量很强，咨询的效果也会更好一些。

珊最后承认，这三年，老师在她的心里是陪伴她长大的一位师友、一个指向灯。不管她心里有喜还是有悲，她都会在日记里向他倾吐。由于有他在灵魂上的相伴，她觉得才有了自己这三年健康快乐的生活。面临毕业的分离，她只是暂时焦虑，经过倾诉以及对问题的分析，她已经明白自己对这位老师并不是真的爱情了，也没有什么可羞耻的。相反，珊更多的是感谢在大学时光里，有这样一位优秀的老师在她心中以楷模的形象指引她。

我相信，经过这次心理咨询，珊一定会有一个美好的未来。

⬤ 思政课堂

　　在大学校园里，谈恋爱成了一门很重要的"必修课"。大学生正处于青春发育期，随着大学生们生理上的成熟和心理上的进步，刚刚进入恋爱阶段的大学生对爱情有着美好的向往和热烈的追求，还有着强烈想与异性交往的渴求。因此爱情悄悄地在大学阶段萌生。恋爱中出现的许多心理问题常困扰着大学生们，影响他们的学习和生活。对大学生进行合理的恋爱教育已经是高校管理中不可忽视的问题了。大学生们应该树立良好的恋爱观，及时摆脱恋爱带来的各种困扰。

⬤ 相关知识链接

一、暗恋

　　暗恋其实是一种很普遍的心理现象，是大多数人都经历过的一种心理状态。暗恋通常指一个人对某个心上人的情感依附，它可能表现为一种执着，也可能表现为一种幻想。暗恋通常是一种没有回报的爱，甚至不要求付出。就心理学来说，暗恋指的是个人的亲切感，它是一种间接的、虚幻的、一厢情愿式的情感交流，具有非对等性、非接触性和非互惠性等特点。正是有了这些特点，才构成了暗恋。

二、暗恋的心理分析

　　暗恋多是一场情感误会，是青少年"爱情错觉"的产物。"爱情错觉"是指因受对方言谈举止的迷惑，或自身的各种主观体验的影响而错误地主动涉入爱河，或因自以为某个异性对自己有意而产生的主观感受。"爱情错觉"导致一厢情愿式的暗恋，有点像单相思。青少年的心理尚未完全成熟，暗恋现象比较常见，且较多地出现在内向、敏感、富于幻想、自卑感强的人身上。首先是自己爱上了对方，于是也希望得到对方的爱，在这种具有弥散作用的心理支配下，暗恋者就会把对方的亲切和蔼、热情大方当作是爱的表示，并坚信不已，从而陷入暗恋的深渊不能自拔。暗恋者固然会体验到一种深刻的快乐，但更多的是痛苦，因为他们无法正常地向自己所钟爱的异性倾诉柔情，更不能感受到对方爱意的温馨。

　　特别是在青少年时期，人要从自我的迷茫状态中走出来，往往需要通过对某些突出人物的暗恋来确认自我的情感发展与定向。在此当中，亲切感的确立可以给青少年带来一种近似童话世界的精神满足；而青少年的自我成长也需要同样的精神体验来幻想自己未来的情感生活和婚姻生活。从这层意义上来讲，对昨日星辰的暗恋可以说是个人自我成长中的一个里程碑。尽管被暗恋者一无所知，但对于当事人来讲，这是青春无悔的事！这便是暗恋所能产生的能量。

三、暗恋的特点

暗恋因人而异，但也有一些规律可查。

1. 暗恋大多以单相思为开端

单相思常是初恋的触发点。我们知道，儿童也常有单相思，但那属于稚恋，并不会引起很严重的心理失调症状。青春期发育的初始阶段，男女少年情窦初开，他们常常选择生活中或影视中的异性杰出人物作为自己仰慕、追求的偶像。在这个阶段的暗恋可以说是少有顾忌的，并带有很大的盲目性，也容易产生心理问题。

茨威格在他的名著《一个陌生女人的来信》中便记录了一则悲剧式的暗恋故事。故事主人翁、著名小说家 R 接到了一个陌生女人的来信，信中的陌生女人向他诉说了在 13 岁时就开始的对他的爱情。信里写道："我亲爱的，那一天，那一刻，我整个地、永远地爱上你的那一天，那一刻，现在我还记得清清楚楚……从那刻起，从我感到了那柔和的、脉脉含情的目光以后，我就属于你了……你使我整个生活变了样。原先我在学校里学习并不太认真，成绩也是中等，现在突然成了第一名，我读了上千本书……因为我知道，你是喜欢书的……我以近乎顽固的劲头坚持不懈地练起钢琴来……因为我想，你是喜欢音乐的……"

这个 13 岁的女孩忽然坠入了情网，死心塌地要把自己的一切全部献给作家 R。这种感情无疑是很真诚的，但也是非理性的。从那女子的信中获知，如果引导得好，这种力量能使单相思者的行为发生很大变化，如学习成绩不断提高。从这个意义上说，认为单相思是一种罪，或一口咬定单相思定然会使人堕落，这些观点是不正确的。

2. 暗恋的非理性

上述故事的结局是：这个女子为了获得爱情，不惜以假身份与作家 R 度过了三个夜晚，最终为了这场无望而纯洁的爱情自杀了。可直到她死，作家都蒙在鼓里，酿成一场非理性的悲剧。

暗恋者总是一厢情愿，全然不顾对方的感受，颇像自恋型人格的某些特征。

米切尔的《飘》描述了美丽少女赫思嘉的暗恋。赫思嘉爱上了艾希礼，可她从未向艾希礼主动表示过，而只是迷醉在自己的幻想中，等待艾希礼来向她求婚。从艾希礼的一言一行中，她主观地推断艾希礼是爱她的，可事实上这个推断完全错了。赫思嘉的单相思在这错误的推断下愈演愈烈，直至艾希礼即将与梅兰妮结婚，赫思嘉仍想入非非地认为，自己有权把艾希礼抢过来。

暗恋的非理性特征在赫思嘉身上是以进攻性手段来表现的，而《一个陌生女人的来信》中的那位女子则采取了委曲求全的方法来表现。此后赫思嘉对艾希礼的追求还持续了数年，直至梅兰妮死去，她才明白艾希礼爱的的确是梅兰妮。待她回头寻找真正属于自己的爱时，已追悔莫及。《一个陌生女人的来信》中的女子最后竟采取了自杀的方法来了结暗恋的痛苦，更是大错特错，这种极端行为正是暗恋的非理性造成的。

3. 暗恋的苦恼来自怯懦与幻想

每个人在恋爱之前总有那么一段单相思的过程，实际上就是在暗恋中挣扎。可大多数人要么直接求爱，要么认识到这种爱的不切实际而转移方向，而暗恋成疾病的人却把自己淹没在苦海里不能自拔。《飘》中艾希礼对女方的暗恋几乎毫无察觉，这便是酿成悲剧的真正原因。如果早一点表白的话，好多暗恋者会有猛然清醒的机会，而不至于走上绝路。

暗恋者喜欢沉迷于幻想之中，他们在恋爱中较少采取切实有效的行动。他们的幻想中有夸大对方、贬低自我的倾向，这是不良的思维方式。

四、如何解决暗恋的问题

年轻人一般会为暗恋感到害羞。其实同龄人差不多都有可能正在暗恋。如果你是处在一种淡淡的、甜甜的暗恋中，这是很正常的，并不是一种病。这里需要改变的是被暗恋搅得天翻地覆的情况。我们最后要达到的目标并不是要你完全断绝暗恋，而是要把暗恋控制在一个适度的范围内。

1. 爱欲分流、外化法

暗恋主要是在初恋期出现。在十六七岁的豆蔻年华，少男少女追求异性的欲望急剧振荡，可此时的少年思想还不成熟，充满稚气。这种情绪与理智的不合拍便自然导致了少年们暗恋的非理性化。荣格认为，一个人的生命能量"力比多"(力比多是一种力量、本能，有时表现为性本能，饥饿时则为营养本能)是不断流动着的。青春期急剧增长的"力比多"在体内找不到合适的通道，便会淤积在体内的某一处泛滥、外流。暗恋便是"力比多"在体内集中投注于某一个人的结果。很自然，这种爱欲的淤积会导致心理的不平衡。当你把爱欲投注于一个人的时候，这个人的光环就越艳丽灿烂，甚至他或她的缺点也成了魅力所在。如把这种淤积的爱欲分流、外化，从而导致新的心理平衡，暗恋者就能渐渐从暗恋的泥沼中走出来。

如果你已被暗恋折磨得万分痛苦，最简洁和安全的选择就是，将心事告诉你的密友或老师。你会发现你的朋友会帮你出谋划策，甚至告诉你他的暗恋故事。这样，你会感到自己在情感路上并不寂寞。不管你朋友的建议对你的"爱情"有没有帮助，能倾吐一下心中所淤积的爱意，找个人分担自己的焦虑和忧愁，你会感到轻松。朋友或老师的劝导、安慰会在你的内心自然地构建起一个新的兴奋点，你的感情也会向这新的兴奋点分流。

2. 暗恋的人应多参加感兴趣的运动

运动能够消耗部分淤积于内心的能量，从而使人意气风发、情绪高昂，获得自信与自尊。

3. 改变错误认知，重构正确认知

认知重构法是指你对周围的人和事件的解释，而不是人和事件本身会影响你的情绪和你作出的反应。当人在烦躁不安的时候，往往坚信事情非常糟糕，结果非常可怕。心理学家认为，这一思维过程是对事情的"恶化"或"灾难化"，这是大多数人都可能有的非理性思维。当然，这里的非理性只是"不切实际"的意思。非理性思维可以概括为以下几种：

(1) 指责：没有理由地责备他人；

(2) 非此即彼型思维：把生活看得要么阳光灿烂，要么漆黑一片；

(3) 诅咒(消极否定)：对自己、他人及社会过分苛求；

(4) 情绪化推理：认为自己的情绪状态就是社会现实的反应；

(5) 极低的挫折耐受力：当自己的需求没有得到满足时极容易灰心丧气；

(6) 仓促下结论：缺乏必要的证据就对人和事下结论；

(7) 扩大化(强调消极面，使之"灾难化")：过分夸大形势的消极面；

(8) 心理过滤：过分注意某些细节，却忽略同一事件中的其他重要细节；

(9) 猜测他人的想法：以为自己知道他人的想法、感受和计划；

(10) 缩小化(忽略积极因素)：不适当地轻视自己的优点或成就；

(11) 过分概括：使用"从来不""总是"这类词语，把一个人的特点泛化为所有人的特点；

(12) 完美主义：要求世界上所有人和事都完美无缺，这只能使人过多地消耗能量，产生疲劳；

(13) 归罪于个人：因为一些消极事件责备自己。

非理性思维的另一种形式是认知阻碍，它的表现形式是常使用"要是……我该怎么办？""我绝不能……""要是……那可糟透了""哎呀不行！"这些想法常被不同的医生或作者冠以不同的名称，包括非理性思维、认知扭曲、疯狂制造者、消极想法等。但也有共同点，这些想法都会阻碍你实现自己的目标，也经不起理智地思考。这些想法也会让你更紧张、更焦虑，还会引起抑郁、愤怒、内疚以及羞愧等消极情感。

4. 坚持正确的思维方式

一个人一旦陷入暗恋，便像吃了迷魂药一般，整日恍恍惚惚，行为不再受理性思维的支配，而受制于潜意识的幻想中。而这种幻想又往往与现实相混淆，这便是问题的症结所在。现在你必须静下心来分析一下自己的思维，你可能会这样想：

(1) 他(她)太完美了，他(她)的一举一动都像在施魔法似的；我太丑陋了，我的一举一动根本吸引不了他(她)。

(2) 如果能和他(她)相爱结婚，我便是这世上最幸福的人；如果办不到，我便是这世上最痛苦的人。

(3) 为了他(她)，我愿意赴汤蹈火；为了他，我愿做他的奴隶。

我们可以发现，在前一句话的背后还有一层隐意，那就是分号后的话。你常给自己念叨第一句话，并不知蕴藏在心底的第二句话，而第二句话恰恰说明你严重缺乏自信。现在我们要做的是，把第二句话从暗处提到明处，这是你恢复理智与自信的关键。应该这样想：

(1) 他(她)很优秀，对我具有魔法般的吸引力；但我也不错，我要努力赶上他(她)。

(2) 如果我能和他(她)相爱结婚，我可能是十分幸运的人；如果办不到，我也有可能找到比他(她)更好的人。

(3) 为了他(她)，我愿意尽己所能，但我没必要为他(她)忍受过多的折磨；我是一个独立的人，我不能失去自尊。

16. 敞开心扉，拥抱阳光

　　美国心理学家罗特曾提出控制点的理论，他认为每个人都有自己的归因倾向，个体对自己生活中发生的事情及其结果的控制源有不同的解释。对某些人来说，个人生活中多数事情的结果取决于个体在做这些事情时的努力程度，所以他相信自己能够对事情发展轨迹进行控制。这类人的控制点在个人的内部，称为内控者。

——题记

案例分享

　　每日上班，我做的第一件事就是打开自己的邮箱。

　　这天，我收到一个自称是娜的女孩子的邮件："老师，这段时间我几乎不能呼吸，心情特别沉闷。我看见人们都有朋友相伴，我却总是形影相吊，我感觉好累好孤独。我真的不知道怎样才能与人友好相处？您能帮帮我吗？"

　　娜的字里行间透露出她是一个比较孤僻且非常痛苦的女孩子，没有朋友、不自信、自闭，这些是她的典型特征。

　　我们曾给新生做过一次自我效能感的测试，有 457 人的自我效能感低，占新生总人数比 68.5%；第二年给同批测试者做同一测试，有 395 人的自我效能感低，占总人数比 55.6%。

　　大学校园内自卑的女学生占多数，我经手的案例中大概有一半女孩子有自卑倾向，自卑使得她们对学习、交友等失去信心。

　　我立刻给她回复了信件，建议她尽快来咨询室。

　　两天后，我坐在咨询室整理资料，一个怯怯的声音传进我的耳朵："老师，您好！"

　　抬起头，我看到一张忧伤和无助的脸。

　　我冲她笑了笑，赶紧欢迎她坐下来。

　　正如娜的信给我的感觉一样，她是个性格内向、不善言辞的女孩，坐下来后她一句话都不说，而是等我发言。

　　为了打破沉默的僵局，我问她来自哪里，家里有几口人。

　　慢慢地，她的话才多了起来。

　　原来，娜在初中时学习成绩很好，各方面的表现也不错。但是自从上了重点高中以后，她总是习惯于把自己和班上其他优秀的学生比，结果竟然觉得自己一无是处，认为自己的学习不行、交际不行、思维不行，也没有特长等。渐渐地，她发现任何一个人都有比她强的项目，觉得世界是这么不公平。

从此，她就郁郁寡欢，学习没有劲头，更不敢与同学们多来往，班里的活动也不敢参与。三年后她果真像她预料的那样，是班里考得最差的学生。

来到我们学校后，她本来想拥有一个崭新的开始，起初也热情地联络同学，也强迫自己静下心来好好学习。但是一个学期下来，她发现同学们并不是很喜欢她，而她的学习成绩也很一般，因此，她觉得自己活着没意思了。

我一边仔细听她的陈述，一边细细思量：作为一个本来学习成绩很不错的学生，她为什么总是与他人作比较？为什么她会有这么深的自责和羞愧？这后面应该隐藏着其他更重要的原因吧。

于是，我进一步询问："在刚考上重点高中的时候，你心里有些什么想法？有没有哪件事对你影响特别深刻的？"

"不记得了，这和我现在的问题有关联吗？"娜不解地问我。

"应该有，心理上的困惑只有找到深层次的原因，才有可能彻底改变。就像庄稼人除草，如果只除去表面的草叶却没除掉草的根茎，那么迟早有一天杂草还会卷土重来，酿成'野火烧不尽，春风吹又生'的局面。"我耐心地向她解释。

娜沉默了一会儿，说道："让我想想。"

我静静地等她，直到她再次开口："刚考上重点高中时，我也想更努力地学习，争取毕业时以优异的成绩考上重点大学。令我难过的是第一次摸底考试，班里一共有45个学生，而我竟然排到了30名以后，要知道我在初中从来都是班里前5名的学生。尤其让我伤心的是我们班有个男同学，除了在课堂上，我几乎没见他怎么学习，他的考试成绩却是全班第一名。"

提到她们班的这名男同学，我发现娜的脸上飞起了一片红云。我问她："这个同学后来考到了什么学校？你们有联系吗？"

娜摇了摇头，"我根本没和他说过话，他是那样一个充满自信、阳光、快乐的男孩子，在他面前我太渺小了。后来我听老师说他上了北京一所法学院。"

"三年里，你都没和他说过一句话？"对于娜的描述，我觉得她可能隐瞒了些什么。

娜忽然哭了，好半天她抹了把眼泪说道："老师，我对你说实话吧！我给他写过一张小纸条，内容是我想和他做朋友，希望他能在各方面帮助我。可是，他根本不理我。每次我走过他身边时，我甚至能感觉到他骨子里对我的蔑视。从那以后，我就更加自卑了。老师，这些和我现在的问题是不是也有关？"

美国心理学家罗特曾提出控制点的理论，他认为每个人都有自己的归因倾向，个体对自己生活中发生的事情及其结果的控制源有不同的解释。对某些人来说，个人生活中多数事情的结果取决于个体在做这些事情时的努力程度，所以他相信自己能够对事情的发展轨迹进行控制。这类人的控制点在个人的内部，称为内控者。另一些人认为，个体生活中多数事情的结果是个人不能控制的各种外部力量作用的结果，他们相信社会的安排、相信命运和机遇等因素决定了自己的状况，而个人的努力无济于事。这类人倾向于放弃对自己生活的责任，控制点在个人的外部，成为外控者。

"老师，我是外控者，对不对？"娜的脸上竟然有了兴奋。

是的，由于内控者与外控者理解的控制源不同，因而对待事物的态度与行为方式也不同。内控者相信自己能发挥作用，面对失败也相信未来可能会有所改善，对困难情景能付出更大努力，加大投入力量。

而外控者看不到个人努力与行为结果的积极关系，面对失败与困难往往会推卸责任，不去寻找解决问题的方法，而是企图寻求救援或是赌博式地碰运气，他们倾向于无主、被动地面对生活。

显然，我们赞成内控者的生活态度，而对外控者的态度进行批评和指正。

明白了这些，娜的眼神中有了豁然开朗的明亮。

思政课堂

大学生的心理问题是当今教育不可忽视的一个重要问题。自卑是一种消极的自我评价或自我意识，自卑心理实际上是一种性格缺陷，是一种轻视自己，看不起自己，认为自己不如别人，无法赶上别人的心理状态。有些大学生的自尊心受到过伤害，自信心不同程度地受到过挫折，从而产生了自卑心理。我们必须帮助这些学生克服自卑心理，振作起来，重新树立自信心。

相关知识链接

一、自卑

自卑是指自我评价偏低、自愧无能而丧失自信，并常常伴有自怨自艾、悲观失望等消极情绪体验的一种心理倾向，是一种自我意识的消极表现。自卑的人往往不切实际，会情不自禁地过分夸大自己的缺陷，甚至毫无根据地臆造出许多弱点，还总爱拿自己的短处与别人的长处比较，不能冷静地分析自己所受的挫折，不能正确地对待自己的过失，不能认真地思考别人对自己的期望，也不能客观地理解别人对自己的评价，以致把自己看得一无是处，失去自信心，对那些稍加努力完全能够完成的任务也轻易放弃。

二、自卑者的特点

个体心理学的创始人、人本主义心理学的先驱、现代自我心理学之父阿德勒说过："自卑感起因于一个人感觉生活中有些方面不完善，有缺陷。"自卑感使人努力克服缺陷。现实生活中每个人都有那么一点自卑，无论高官巨贾，还是市井贫民，概莫能外。阿德勒指出，人正是因为自卑感所以要求自我超越，才推动了整个人类社会的发展。因此，适度的合理的自卑也是有一定益处的，但过分自卑则使人离成功越来越远。那么，过度的自卑有哪些表现呢？

(1) 不喜欢自己，不能悦纳自己。自卑的人总是觉得自己处处不如人，对自己百般挑剔。他们悲观失望，不敢接受任何挑战。

(2) 常把自己定格在"我不行"的范围内。自卑的人怀疑自己的目标和能力，确信自己最终会失败。长此下去，使自己的才能越来越受限制，得不到积极发挥，进而陷入恶性循环中不能自拔。

(3) 心态和行为消极、灰暗。自卑的人动作迟缓，走路低头，溜着墙根走路，甚至不敢与人打招呼；不敢当众发言，怕引人注意；不敢正视别人的眼光；说话声音低，表情木然，愁眉苦脸等。

(4) 习惯独处，自带枷锁。自卑的人敏感多疑，总觉得别人不喜欢自己，别人在说自己的坏话，因此不敢与人正常交往，人际关系极差。

三、自卑者的心理分析

自卑感并非一日形成，其通常产生于失败的体验之后。尤其是经历过多次失败后，自卑者往往就会怀疑自己的能力，会对这种失败耿耿于怀，难以自拔，失去自信，从而把失败归咎于自己的无能。许多曾经自卑过的人都试图摆脱自卑的困扰，但是结果往往不尽如人意，反而使自己越陷越深。造成自卑的原因有很多，主要有下面几点：

(1) 自我评价低，胆怯封闭。有位心理学家说过："一个人认为自己是怎样的一个人比他真正是怎样的一个人重要。"自卑者不能全面、客观地评价自己。一些人由于深感自己不如别人，于是把自己封闭起来，不参与竞争，不干有风险的事，坚信"安全第一"，越是封闭自己，就越对自己没有自信，形成恶性循环。

(2) 过分自尊，隐瞒内心。人们常说的过分自卑有时候以过分的自尊的形式表现出来，尤其当屈从的方式不能减轻其自卑之苦时，就采用好斗的方式。有自卑感的人比任何人更注意隐藏自己内心的真实想法，因此当他认为别人可能会发现时，便采用这种好斗的方式阻止别人的了解。人们常发现这种人动辄就会为一件微不足道的事寻找借口滋事。其实，这种矫枉过正的做法反而暴露出自己真实的内心世界。

(3) 内向，性格懦弱。内向者易多愁善感，且不善于交往，经常用消极悲观的眼光看待事物，所以事事退缩，回避交往。自卑者在做某一件事之前会想：别人是不是这样的看法？我这样做会让人笑话吗？会不会被认为是出风头？在做了事之后，又想会不会得罪人？如果刚才不这样做就会更好等。总而言之，他们总觉得别人看不起自己。

(4) 生理上的原因。一个人的相貌、身材、体重、肤色等都可能导致自卑感的产生。有些男孩子为自己个子矮小、不够结实而自卑，有些女孩为自己不够白净、没有好身材而苦恼。

(5) 家庭条件的原因。家庭的经济状况、父母的职业等也是学生产生自卑的主要原因。

四、驱散自卑阴影，拥抱阳光

通过以上分析，我们了解了自卑心理现象的内涵和外延以及产生的主客观原因，那么作为学生如何让自卑从心灵上走开呢？

(1) 改变认知，用补偿心理超越自卑。补偿心理是一种心理适应机制。从心理学上看，这种补偿其实就是一种"移位"，即克服自己生理上的缺陷或心理上的自卑，发展自己其他方面的优势，赶上或超过他人的一种心理适应机制。正是这一心理机制的作用，自卑感就成了许多成功人士的动力，成了他们超越自我的涡轮增压器。生理缺陷愈大的人，他们的自卑感也愈强，寻求补偿的愿望就愈大，成就大业的本钱就愈多。

(2) 培养坚强的性格。在补偿心理的作用下，自卑感具有使人前进的反弹力。由于自卑，人们会清楚甚至过分地意识到自己的不足，这就促使其努力学习别人的长处，弥补自己的不足，从而使其性格受到磨砺，而坚强的性格正是获取成功的心理基础。自卑能促使人走向成功。人道主义者威特·波库指出，在每个人的内心深处都有一种灵性，凭借这一灵性，人们得以完成许多丰功伟业。这种灵性是潜藏于每个人内心深处的一股力量，即维持个性，对抗外来侵犯的力量，它就是人的尊严和人格。人们为了维护自己的尊严和人格，就要克服自卑，战胜自我。强者不是天生的，强者也并非没有软弱的时候，强者之所以成为强者，在于他善于战胜自己的软弱。

(3) 用乐观态度面对失败。在自我补偿的过程中，须正确面对失败。人生之路，一帆风顺者少，曲折坎坷者多，成功是由无数次失败构成的，正如美国通用电气公司创始人沃特所说："通向成功的路是把你失败的次数增加一倍。"面对挫折和失败，唯有乐观积极的心态，才是正确的选择。做到坚韧不拔，不因挫折而放弃追求；注意调整、降低原先脱离实际的"目标"，及时改变策略；用"局部成功"来激励自己；采用自我心理调适法，提高心理承受能力。

(4) 用实际行动建立自信。作为一个现代人，应具有迎接失败的心理准备。世界充满了成功的机遇，也充满了失败的可能。所以要不断提高自我应对挫折与干扰的能力，调整自己，增强社会适应力，坚信失败乃成功之母。若每次失败之后都能有所领悟，并把每一次失败当作成功的前奏，那么就能化消极为积极，变自卑为自信。征服畏惧、战胜自卑不能夸夸其谈，止于幻想，而必须付诸实践，见于行动。建立自信最快、最有效的方法就是去做自己害怕的事，直到获得成功。

五、改变自卑的具体实施方法

恰当的自卑感其实是奋发和前进的动力，但过度的自卑感危害重重。如何走出自卑？

(1) 突出自己，挑前面的位置坐。在各种形式的聚会中、课堂上，后面的座位总是先被人坐满，大部分占据后排座位的人都希望自己不要太显眼，而他们怕受人注目的原因就是缺乏信心。坐在前面能建立信心，因为敢为人先，敢上人前，敢于将自己置于众目睽睽之下，就必须有足够的勇气和胆量。久而久之，这种行为就成了习惯，自卑也就在潜移默化中变为自信。另外，坐在显眼的位置会放大自己在领导及老师视野中的比例，增强反复出现的频率，起到强化自己的作用。试试看，从现在开始就尽量往前坐。虽然坐前面会比较显眼，但要记住，有关成功的一切都是显眼的。

(2) 睁大眼睛，正视别人。眼睛是心灵的窗口，一个人的眼神可以折射出性格，透露出情感，传递出微妙的信息。不敢正视别人，意味着自卑、胆怯、恐惧；躲避别人的眼神，则折射出阴暗、不坦荡心态。正视别人等于告诉对方："我是诚实的，光明正大的，我非常尊重你，喜欢你。"因此，正视别人是积极心态的反映，是自信的象征，更是个人魅力的展示。

(3) 昂首挺胸，快步行走。许多心理学家认为，人们行走的姿势、步伐与其心理状态有一定关系。懒散的姿势、缓慢的步伐是情绪低落的表现，是对自己、对工作以及对别人不愉快感受的反映。倘若仔细观察就会发现，身体的动作是心灵活动的结果。那些遭受打击、被排斥的人，走路都拖拖拉拉，缺乏自信。改变行走的姿势与速度有助于调整心境。步伐轻快敏捷，身姿昂首挺胸，会给人带来明朗的心境，会使自卑逃遁，自信重生。

(4) 练习当众发言。面对大庭广众讲话，需要巨大的勇气和胆量，这是培养和锻炼自信的重要途径。有很多思路敏锐、天资颇高的人，却无法发挥他们的长处参与讨论。并不是他们不想参与，而是缺乏信心。在公众场合，沉默寡言的人会认为："我的意见可能没有价值，如果说出来，别人可能会觉得很愚蠢，我最好什么也别说，而且其他人可能都比我懂得多，我并不想让他们知道我是这么无知。"这些人常常会对自己许下渺茫的诺言："等下一次再发言。"可是他们很清楚自己是不会实现这个诺言的。

当众发言是信心的"维他命"。不论是参加什么性质的会议，每次都要主动发言。有许多原本木讷或有口吃的人，都是通过练习当众讲话而变得自信起来的，如萧伯纳、田中角荣、德谟斯梯尼等。

(5) 学会微笑。大部分人都知道笑能给人自信，它是医治信心不足的良药。但是仍有许多人不相信这一理论，因为在他们恐惧时，从不试着笑一下。真正的笑不但能治愈自己的不良情绪，还能马上化解别人的敌对情绪。如果你真诚地向一个人展颜微笑，他就会对你产生好感，这种好感足以使你充满自信。

正如一首诗所说："微笑是疲倦者的休息，沮丧者的白天，悲伤者的阳光，大自然的最佳营养。"

17. 面对金钱，你受诱惑了吗

在社会主义市场经济环境下，教育大学生树立正确的金钱观是高校思想政治工作的重要课题。教育、引导大学生树立正确的金钱观是一个系统工程，必须由教师、学校、社会三方面齐心协力、齐抓共管。

——题记

案例分享

一天中午，我还在食堂吃午饭，有个学生给我发来短信："老师，您在学校吗？我必须马上去找您！"我赶回办公室等她。

艳坐到我对面，喘着粗气，由于情绪激动，她说话有些语无伦次，眼睛里也泪水涟涟。

"老师，我几乎不能呼吸了！这几天，我不敢回宿舍！我怕看见她们，她们的猜忌、恐吓的眼神几乎要杀了我！"

我尽量用委婉的语气安抚她，使她慢慢平静。

这段时间，全院师生议论最多的话题就是助学金的发放：由各班推荐、各系筛选，结合学生的纪律和成绩，最后上报助学金(助学金分为 3000 元、2000 元、1000 元三档)、国家奖学金(8000 元)、国家励志奖学金(5000 元)的学生名单。

艳是班里获得 3000 元助学金的学生，她们宿舍还有另外一个女生获得 2000 元的助学金。本来这是让她非常高兴的事，因为父亲过早去世，为了让她和妹妹上学，母亲已经欠亲戚、朋友上万元的债务。她的妹妹在大学期间获得了 5000 元的励志奖学金，这样她们姊妹二人就可以帮妈妈减轻很大的经济负担了。

但是，他们班有几个学生扬言，谁拿到助学金就必须给同宿舍同学分三分之二出来，不然的话就有可能遭到打击报复。和她同宿舍拿到 2000 元助学金的那个女生虽然心里不甘，但已经承诺把三分之二的助学金分给同宿舍没拿到助学金的舍友。

艳认为这是国家资助贫困生的助学金，她没有理由把三分之二的助学金拿出来分给没有获助学金的同学。

"老师，您说，我应不应该分给她们？"艳愤愤不平地问我。

"当然不该分给她们！"我对艳表示了深切的理解和支持。

"可是，我不分给她们，她们会把我怎么样？现在，钱还没到手，她们已经对我不理不睬了。就连我最好的朋友也说，'你拿一部分出来分给大家吧，假如国家一分钱也不给你呢？你好歹还落 1000 元呢！'"艳用痛苦的眼神看着我。

不得不承认，艳的问题也令我很为难。面对金钱，我们的学生有多少人能以平常心看待？有多少人不受其诱惑？随着助学金额度的提高，这样一大笔钱一股脑地发到金钱观尚未成熟的大学生手中，助学金遭遇请客吃饭等消费式滥用难以避免，如今遭遇同伴的眼红乃至要求平分，这更是大学生的悲哀。

"因为新的资助政策刚实行，还存在一些不规范的地方，同学们认识得不够清楚。我会向学院领导及时反映这种情况，相信学校一定会想办法解决。"我知道，这样的安慰对艳无疑只是隔靴搔痒，而我也只能向学生处领导反映，希望杜绝学院这种不良现象的发生。

艳走时情绪稍好一些了，起码她向我倾诉了她的苦恼，得到了我的理解和支持。

我想不只是我们学院有这种现象，希望各高校应该切实加强管理，认真做好国家助学金的评审和发放工作，在评选操作的过程中，各个院系助学金的比例和评选过程如果能由国家和学校制定相应的制度加以规范，会取得更好的效果。更希望大学生们正确认识国家助学金政策的真正用意。

思政课堂

在社会主义市场经济环境下，教育大学生树立正确的金钱观是高校思想政治工作的重要课题。教育、引导大学生树立正确的金钱观是一个系统工程，必须由教师、学校、社会三方面齐心协力、齐抓共管。就教师而言，必须加强和改进思想政治理论课教学，发挥大学生金钱观教育的主渠道、主阵地作用；就学校而言，必须加强人文知识教育，为大学生金钱观教育提供道德支撑；就社会而言，必须优化社会环境，为大学生金钱观教育提供良好的外部条件。

相关知识链接

一、大学生的金钱观

近年来，随着人们物质生活水平的不断提高，大学生消费水平也在不断提升，消费支出一再攀升。"一月五百贫困户，千儿八百中农户，两三千元才算酷，四千五千真大户！"这个流行于大学校园的顺口溜，是很多大学生金钱观的真实写照。

教育专家指出，大学生过早的"富有"和过度奢侈的生活，对他们的成长和未来发展有着极其不利的影响，而一些大学生在"人前显贵"的同时，也让其家庭背上了沉重的负担，更有甚者，一些大学生年花费 4 万元之多。

"老同学聚餐 150 元，请室友吃饭 200 元，买礼品送给女朋友 200 多元，给自己新添一个手机 1500 元……"这是一名大二学生 7 月份额外开销的一笔明细账。从中我们能够发现，饮食、日常用品在学生的每月支出中已不是大头，所占比例不到一半。许多大学生穿衣要名牌、吃饭要高档；手机、电脑一个都不能少；生日会、老乡会、欢送会、庆祝会，要参加就得付钱；添置衣服、请客喝酒等所谓的交际、应酬费用占了相当一部分；购置电脑、手机、数码相机及旅游等，更是学生消费的"大头儿"。女生的花费在衣服、化妆品方面所占的比重比较大，而男生则侧重于联络朋友、抽烟喝酒。

二、不良金钱观导致攀比心理严重

一样的生命，不一样的生活。俗语说：人比人，气死人。事实上，"人比人"并不要紧，"人比人"而生气的人，往往是因为自身的性格、能力、经济上的不足而产生心理上的缺陷，使自己有了自卑心态。生活的差别无处不在，而攀比之心又是如此难以克服，这往往给大学生的快乐打了不少折扣。

理性地分析生活，人们就会发现，生活对每一个人都是公平公正的，没有偏袒。人生是一个由起点到终点、短暂而漫长的过程，在这个过程中每个人所拥有和承受的喜怒哀乐、爱恨情仇都是一样的。这既是自然赋予生命的规律，也是生活赋予人生的规律，只不过每个人享用的方式不同，而不同的方式演绎出不同的人生。

由于社会分工的不同，人们所处的社会地位客观上存在着各种差别，而物质上的差别则直接打开了人们攀比的空间。攀比心理和行为作为一种客观存在，其本身并无过错，问题在于攀比的指导思想、出发点和内容都是不良金钱观惹的祸。

三、不良金钱观导致心理扭曲

在家庭方面，不良金钱观撕下了家庭关系那层温情的面纱，使得学生认钱不认人，亲情没有了，只剩下纯粹的金钱关系，这也加重了某些家庭，尤其是低收入家庭的负担。

在社会交往方面，不良金钱观使学生一切向"钱"看，唯利是图。它使人们之间除了赤裸裸的利害关系，除了冷酷无情的现金交易，就再没有任何联系了，它把人们之间相互救助的高尚情感，淹没在利己主义的冰水之中，使人把自己也当成了商品，为了获得金钱，不惜把自己的肉体、灵魂、良心、尊严、人格都作为商品来兜售。

最后，不良金钱观使部分学生把金钱看得高于一切，重于一切，不利于学生自身的发展。盲目向"钱"看会使人丧失自我，也不利于形成健康的生命观和价值观。这种物质至上、享乐至上的价值观能在校园出现本身就是一种不正常的现象。在大学期间，大学生应以增长知识、提高修养为奋斗目标，把眼光放长远，不应过早贪图享乐，玩物丧志。

四、如何克服不良金钱观

改变不良金钱观应做到以下几点：

首先，不要老拿自己与物质条件好的学生比，也不要不顾自己的实际能力而过高地要求自己，凡事要量力而行。

其次，要对自己的理想进行调整，降低期望值，了解自己的弱点。对自己的付出能换来什么样的享受应做到心里有数，保持心理平衡。面对现实，要有通过自己的努力实现愿望的决心，没有条件的要等待时机，遇到挫折要保持平稳的心态。

此外，心理调适的最好办法就是做到知足常乐，"知足"便不会有非分之想，"常乐"也能保持心理平衡。

18. 学会选择，懂得放弃

从心理学的角度上来说，喜欢只是一种对人或事物产生了好感和兴趣的浅层次心理感受；而爱情却是两情相悦并且愿意无条件付出自己全部而有着厮守终身的深层次情感的心理反应。

——题记

案例分享

月是一名大三学生，有一天她给我发来短信："老师，我同时爱上了两个男孩，放弃他们任何一个我都不忍心，我该怎么办？"我和她约好见面时间，她如约前来。

一见面，月就不好意思地笑了，来我这儿咨询的学生中微笑的人确实不多见，她让我感到很舒服。

月长着一张娃娃脸，个子不高，但是她明亮的大眼睛透出一股机灵劲儿。这样的女孩无疑是招人喜欢的，而她同时"爱上"两个人我表示很理解。只是，月能够分清楚爱与喜欢之间的界线吗？

落座后，我建议她谈谈自己对这两个男生的感受。

月喜欢的第一个男孩是她的老乡，两人相识于新生联谊会上。联谊会上，男孩唱的一首《发如雪》让她听得如痴如醉，他长得高高大大，看上去干净帅气，虽然不是每个人都说他很帅，但是月喜欢他的那种长相，喜欢他唱歌时脸上那种专注的神情，从此她留心他的一举一动。

每到寒暑假回家和返校时，月总是找各种理由和男孩相伴，而且月发现他很会关心女孩子，比如帮拿东西，买饮料，送她回家等。但是，男孩并没有向她表白过，也没有主动约过她，总是对她若即若离，这是月苦恼的地方。

月喜欢的第二个男孩是她的同班同学，第一学期他们曾经是同桌。这位男同学和第一个男孩子不同的地方是，他长得很普通，个子不高，眼睛小，但很吸引人。他邀请月看电影、游公园、爬山等，他能够让月时时刻刻感觉到他喜欢她、在乎她。在他面前，月可以撒娇，可以使坏，可以很自然地做任何事。

但是，月常常在心里对他们进行比较。和第一个男孩子在一起时，她希望他像第二个男孩子一样给她那种被呵护、被欣赏的感受；和第二个男孩子在一起时，她希望他能像第一个男孩子那样给她一种去仰慕、去追求的快乐。

所以，月同时喜欢他们两个，有一种被分裂的疼痛。临近毕业，她特别希望确定自己的感情到底倾向谁。于是，她来找我咨询。

"我该选择他们中的哪一个？"月的困惑就在这里。

说真的，月给我出了一个难题。因为，我赞成男女生互相交往，希望他们在大学里建立良好的同学和朋友关系，但我并不赞成他们谈恋爱。原因有三个：一是他们的思想并没有完全成熟；二是他们的经济不独立；三是他们毕业后的去向不明朗。最重要的是，作为心理咨询师，我没有权力为她作出任何选择。思考片刻后，我对月说："我只能帮你分析，至于下一步该怎么做，还需由你自己来决定。"

从心理学的角度上来说，喜欢只是一种对人或事物产生了好感和兴趣的浅层次心理感受；而爱情却是两情相悦并且愿意无条件付出自己全部而有着厮守终身的深层次情感的心理反应。

月对第一个男生的感受实际上是喜欢，而且是一厢情愿的喜欢。这是因为他的长相和歌声使月产生了好感和兴趣，进而月想多与他在一起、多了解他；月对第二个男生的感受也是喜欢，这是被动的喜欢。这是因为他欣赏她，能给她带来一种自尊的满足。至于爱情，月对二者都没有达到愿意为他们厮守终生的深层次情感。

月听了后再次笑了："是啊，我没想过要和他们之中的谁厮守终生，我就是觉得大学中不谈一场恋爱挺失败的。既然有人那么令我着迷，也有人那么欣赏自己，我为什么不能投入地去爱一次呢？工作还没有着落，用爱情填补心灵的空虚不是也很好吗？"

这就是月的真实想法，我想这也是许多大学生的真实想法。曾经有学者调查过大学生恋爱的成功率，发现大学生恋爱成功率不到3%。我认为，不少大学生只是因为需要爱和被爱，所以才恋爱。

学生时代的爱情比较单纯，交友圈子也比较狭小，而毕业之后人的思想更新了，圈子广阔了，面临的问题就多了，爱与不爱已经不再是两个人的问题了。家庭、社会、物质条件、精神寄托等问题处理好了，感情就能够延续，而且能幸福一辈子；否则结局就是分离。所以校园恋情的成功率是比较低的。

有一首歌唱得很好："当你同时爱上两个人/怎么相信你能够都认真/一个人的责任已让你够艰辛/两个灵魂会占去你的多少心？"

月的脸色已慢慢凝重。是的，恋爱不是儿戏，奉献是爱情的基本倾向。当你对异性并没有发自内心地想帮助所爱的人做期待的所有事情时，当你觉得被爱只是一种填补空虚的需要时，你就不能说你们之间是真正的爱情。

月慢慢地站起来，然后又慢慢地笑了："老师，我知道自己该怎么做了！谢谢您！"

是的，月并没有详细地说出她下一步的具体做法，但是，我相信她会对自己的幸福负责的。

思政课堂

爱情是一个古老而常新的话题。事业成功往往与美满的婚姻家庭密切相关。从恋爱到缔结婚姻和建立家庭是人生需要经历的阶段。大学生正值青春韶华，树立正确的恋爱婚姻家庭观，处理好复杂的感情和人际关系，有利于大学生的健康成长，顺利成才。

相关知识链接

一、什么是爱情

爱情是人际吸引最强烈的形式，它是心理成熟到一定程度的个体对异性个体产生浪漫色彩的高级情感。成熟的爱情有下列特点：

(1) 爱情是在男人和女人之间产生的；

(2) 爱情是在个体心理发展到相对成熟时产生的，幼儿和少儿没有爱情；

(3) 爱情是一种高级情感，不是低级情绪；

(4) 爱情有其生理基础，包括性爱因素，不是纯粹的精神之恋；

(5) 爱情的基本倾向是奉献。衡量一个人对异性有无爱情、强度如何，可通过"是否发自内心帮助所爱的人做所期待的所有事情"这个指标来衡量。

二、爱情发展的阶段

社会交换论者把求爱者视为理性主义者，他们选择能给自己带来更多幸福的人作伴侣；而所有导致爱情的因素均可归结为利益和价值。两者既有物质因素、经济因素，也包括社会因素和心理因素。据此理论，爱情发展大致经历四个阶段：

(1) 取样与评估。互不相识的双方在某一群体中选择愿意交往的对象所考虑的主要因素是交往的利益与成本及其相互抵消后的盈余。如果受益及盈余超过自己的期待价值，则对方成为追求的目标。

(2) 互惠。在此阶段，双方尽可能交换收益，即为对方提供收益，也从对方那里获益，同时力求降低成本，如一起聊天，互赠礼品，共同讨论感兴趣的问题等，但避免进入对方私密性领域。在交换中，双方互惠，两个人亲密感增强。

(3) 承诺。双方认为从对方那里得到的收益大于从其他异性那里得到的，因此停止与其他异性的交往，双方关系相对固定，开始实行一对一的频繁交往。

(4) 制度化。亲密感的加强，使双方都觉得离不开对方，又担心对方离开自己，希望通过契约形式将双方的关系制度化，如订婚、办理结婚手续。契约使双方关系具有排他性，彼此忠实。

三、大学生的恋爱特点

步入大学，许多同学都步入了恋爱阶段。大学恋爱已不再是一种现象，而成为了一种潮流。就像许多同学说的那样，在大学恋爱是正常的，不恋爱才是不正常的，因此，大学生恋爱是一个值得社会关注的热点话题。大学生恋爱，除具有一般青年恋爱的特性外，还具有其他独有的特点：

(1) 注重恋爱过程，轻视恋爱结果。恋爱向来被看作是为了寻觅生活伴侣，是婚姻的前奏。但是，当代大学生注重的是恋爱过程本身，至于恋爱的结果已经不太在意。注重恋爱过程有利于双方相互了解、加深认识，也有利于培养感情、增加心理相容度，同时也反映出大学生着意追求爱的真谛。但是，只注重恋爱过程，强调爱的"现在进行时"，把恋爱与婚姻相分离，不考虑爱的"将来完成时"，未免有失偏颇。在大学生中流传的一句顺口溜"不求天长地久，只求曾经拥有"正是现代大学生恋爱观的真实写照。

一些大学生把恋爱当作一种感情体验，及时行乐，借以寻求刺激，满足精神享受；还有一些大学生谈恋爱是为了充实课余生活，解除寂寞，填补空虚，把恋爱当作一种消遣文化。注重恋爱过程，轻视恋爱结果，实质上是只强调爱的权利，而否认了爱的责任。

(2) 主观学业第一，客观爱情至上。大多数大学生能够正确看待学业与爱情的关系。他们赞成学习是学生的天职，大学阶段应以学习为主，爱情应当服从学业；或者希望学业和爱情双丰收，既渴求学业有成，又向往爱情幸福。但是，上述这些仅仅是大学生主观上、思想上的愿望而已，真正在客观上、行为上能够正确处理好学业与爱情关系的大学生，虽然也有，但为数不多。更多的大学生则是一旦坠入情网就不能自拔，其学习受到严重影响。有的大学生整天如痴如醉、想入非非，沉浸在卿卿我我的甜言蜜语中；有的大学生中午、晚上不休息，加班加点谈恋爱，致使上课时倦意甚浓，无精打采；有的大学生干脆逃课，一心一意谈恋爱，成为恋爱"专业户"。可见，摆正学业与爱情的关系是大学生难以控制而又必须正确处理的问题。

(3) 恋爱观念开放，传统道德淡化。中国传统文化及伦理道德观虽对大学生影响较深，但国外"试婚"等婚姻观逐渐影响到大学生，使他们不愿再受传统观念的束缚，甚至一些大学生在公共场所、大庭广众之下，竟旁若无人作出过分亲密的举动。

(4) 失恋态度宽容，承受能力较弱。大学生中"有情人"虽多，但"终成眷属"者少。感情遇到挫折后出现一段时期的心理阴暗期是正常的，绝大多数大学生通过向朋友诉说或理性思考，可以宽容的态度对待失恋。但仍有一部分学生摆脱不了"情感危机"，有的失去信心，放弃对爱情的追求；有的一蹶不振，沉沦自弃，认为一切都失去了意义；有的视对方如仇人，肆意诽谤，甚至作出极端行为。因失恋而失志、失德者虽属少数，但影响很大。

(5) 不成熟性与不稳定性。当前大学生的恋爱呈现低龄化的趋势。大一就开始谈恋爱的已不是个别现象，由于社会阅历浅，思想单纯，很多学生对于自己的人生目标还没有一个清晰的概念，易产生在恋爱问题上思想简单、幼稚和不成熟，在择偶标准上过于重外表、轻内在，在恋爱方式上重形式、轻内容，在恋爱行为中重过程、轻结果，重享乐、轻责任的问题。因为大学生在恋爱问题上的不成熟性，经济的不独立，感情和思想的易变，并缺乏妥善处理恋爱中情感纠葛的能力，所以大学生极易造成恋爱的周期性中断，或对恋爱对象的选择犹疑不定，恋爱的成功率很低。

(6) 恋爱动机不端正。有些大学生的恋爱动机不是出于爱情本身，而是为了弥补内心的空虚、孤独或随大流，有从众心理。这类学生在择偶时很少把恋爱行为与婚姻结合起来考虑，缺乏责任感。还有极少数的学生为了显示自己的魅力，同时和几位异性同学交往、周旋，和谁都不确定恋爱关系。不道德的多角恋爱易引起纷争、不幸和灾难，也极易发生冲突，酿造悲剧，最终可能对所有当事人都产生不良后果。

四、培养健康的恋爱心理与行为

爱情这种特殊的人际关系是人类独有的强烈而美好的一种感情，是一对男女基于一定的客观物质条件和共同的人生理想，在各自心中形成的真挚爱慕，并渴望对方成为自己终身伴侣的一种最强烈的情感。作为当代的青年大学生，应该从下面几个方面努力，培养健康的恋爱心理与行为。

1. 树立正确的恋爱观

(1) 提倡志同道合的爱情。选择恋人最重要的条件应该是志同道合，双方的思想品德、事业理想和生活情趣等大体一致，是理想、道德、义务、事业和性爱的有机结合。一般情况下，异性感情是沿着熟人—朋友—好朋友—知己—恋人这一线索发展的，当一个异性成为心中任何人都不能代替的角色时，爱情就可能降临。两人在分享快乐、分担痛苦、共同成长的过程中，爱情就会产生和发展。

(2) 摆正爱情与事业的关系。大学生应该把学业放在首位，摆正爱情与学业的关系，学业是大学生价值感的主要支柱，不能把宝贵的时间都用于谈情说爱而放松了学习。当把爱情视为生命的唯一时，爱情就是一株温室中的花朵，娇弱美丽却经不起任何的打击。当爱情成为人生唯一的存在价值时，本人就会失去人格的独立和魅力，很容易失去被爱的理由。

(3) 懂得爱情是一份责任和奉献。理解对方，为对方营造一种轻松和快乐的氛围，没有人追逐爱情只是为了被约束；相互信任是自信的表现，自己都认为不值得被爱，别人当然不会全心全意爱你；责任和奉献意味着个人道德的修养，它是获得崇高爱情的基础。

2. 发展健康的恋爱行为

(1) 恋爱言谈要文雅，讲究语言美。交谈中要诚恳坦率自然，不要为了显示自己而装腔作势，矫揉造作；不能出言不逊，污言秽语，举止粗鲁；要相互了解，不要无休止地盘问对方，使对方自尊心受损，伤害感情。

(2) 恋爱行为要大方。一般来说，男女双方初次恋爱，在开始时会感到羞涩与紧张，随着交往的增加双方会逐渐自然与大方。这个时期要注意行为举止，如有的人易感情冲动，过早地做出亲昵动作，使对方反感，影响感情的正常发展。

(3) 亲昵动作要高雅，避免粗俗化。高雅的亲昵动作能带来爱情的愉悦感和积极的心理效应，而粗俗的亲昵动作往往引起情感分离的消极心理效果，有损于爱情的纯洁与尊严，有损于大学生的形象，同时对旁人也是一种不良的心理刺激。

(4) 恋爱过程中要平等相待，相敬如宾。不要拿自身的优点去比较对方的不足，以此炫耀抬高自己，戏弄贬低对方。也不宜想方设法地考验对方或摆架子，这些都可能挫伤对方的自尊心，影响双方的感情。

(5) 善于控制感情，理智行事。恋爱中引起的性冲动，一方面要注意克制和调节，另一方面要注意转移和升华，如参加各种文娱活动，与恋人多谈谈学习和工作，把恋爱行为限制在社会规范内，不致越轨，要使爱情沿着健康的道路发展。

3. 培养爱的能力与责任

(1) 迎接爱的能力。爱的能力包括施爱的能力和接受爱的能力。一个人心中有了爱，在理智分析之后，要敢于表达、善于表达，这是一种爱的能力。一个没有爱心的人是自私自利的。一个人面对别人的施爱能及时准确地对爱做出判断，并做出接受、谢绝或再观察的选择，这也是一种爱的能力。大学生要具有迎接爱的能力，就应有健康的恋爱价值观，知道自己喜欢什么，需要什么，适合什么。对自己、对他人、对万事保持敏感和热情，主动关心他人，热爱他人。

(2) 拒绝爱的能力。自己不愿接受的爱应有勇气拒绝。拒绝爱要注意两个方面：一是在并不希望得到的爱情到来时，要果断、勇敢地说"不"，因为爱情来不得半点勉强和将就。如果优柔寡断或屈服于对方的穷追不舍，发展下去对双方都是不利的。二是要掌握恰当的拒绝方式，虽然每个人都有拒绝爱的权利，但是珍重每一份真挚的感情是对他人的尊重，也是一种自重，同时是对一个人道德情操的检验。不顾情面地拒绝，甚至恶语相加，这类简单轻率的处理方法会使对方的感情和自尊心受到伤害，是很不妥当的。

(3) 发展爱的能力，培养爱的责任。著名教育家马卡连柯说："爱的力量只能在人类非性欲的爱情素养中存在。他的非性欲的爱情范围愈广，他的性爱也就愈为高尚。"发展爱的能力，并不是非要具体到对某一异性的爱，也可以是更广泛意义上的爱。我们的亲人、同学、朋友祖国都值得我们去热爱。发展爱的能力就是要培养无私的品格和奉献精神，要培养善于处理矛盾的能力，有效地化解恋爱和家庭生活中的矛盾纠纷，对恋人负责，对社会负责，才能创造出幸福美满的婚恋。

4. 提高恋爱挫折承受能力

大学生的恋爱受多种因素的制约，因而在追求爱情的过程中遇到各种波折是在所难免的。如果承受能力较强，就能较好地应对挫折，否则就有可能造成不良后果。因此，提高恋爱挫折承受能力对大学生的心理健康是非常重要的。提高大学生恋爱挫折承受能力有以下方法。

(1) 当爱情受挫后，要用理智来驾驭感情，分析原因，总结经验教训，寻找解决问题的方法和途径，在新的追求中确认和实现自己的价值，从而提高自己的心理承受能力和思想水平。

(2) 通过适当的情绪调节、宣泄和转移等方式来减轻痛苦。

19. 白天不懂夜的黑

心理学释梦大师认为，一个人总是梦到被人或动物追赶，在这种时候，追赶你的人或动物可能是你的良心或你的价值观，或是你自己的回忆、忧虑和痛苦。因为这个追赶者实际上就在你自己的头脑中，你当然不可能藏得让他找不到你，因为你不可能欺骗你自己。

——题记

案例分享

莹是一个长相端正、文静的姑娘，我曾经是她的班主任。毕业前夕，莹走进我的咨询室。她看上去很疲惫也很憔悴，似乎有满腹心事。我问她："你怎么了？"

莹很苦恼："烦死了！老做梦，而且是老做同一个梦。"

"一个怎样的梦呢？"

"就是有人追杀我，我使劲地跑啊跑啊，就是跑不动。然后着急，急着急着就哭醒了。"莹还是满面愁容："您说，这是怎么回事？"

"老师也有过与你类似的梦境。我曾经参加过三次高考，第三次才考上大学。十几年过去了，现在只要我一紧张，我还是经常会梦到在高考考场上，试卷里的题都不会。"我笑着回答她，并且解释人在紧张、焦虑时做梦多一些或者梦境变得恐怖一些都有可能，因为构成梦境的一切内容都是做梦者经历过的事情，梦是对客观现实的反映。

"哦。"莹却还是没有笑容，继而说道："老师，我就是担心。我总是害怕这梦会成为现实，这种害怕已经严重影响到我的睡眠。最近一个月我已经梦见过四五次被追杀了。"

看着莹痛苦的表情，我终于明白：一定有些什么重要事件在她身上发生过，但是她非常抗拒这个事件的发生。心理学释梦大师认为，一个人总是做梦被人或动物追赶，在这种时候，追赶你的人或动物就是你的良心或你的价值观，或是你自己的回忆、忧虑和痛苦。因为这个追赶者实际上就在你自己的头脑中，你当然不可能藏得让他找不到你，因为你不可能欺骗你自己。

"是担心毕业后的就业问题吗？"想到她即将毕业，可能会面临许多毕业生在毕业前夕都有的焦虑情绪，我试着问道。

莹摇了摇头："我已与一家信用社签好工作合同了。"

"那近几个月有没有令你特别苦恼的事？"我尽可能地引导她找出这个在梦中困扰她的"追赶物"。

通过梦的解析，我们可以知道内心中什么在"追赶"自己，然后再具体分析我们该如何做。是服从追赶者，还是战胜它或是说服它？因为这个"追赶物"可能就是我们潜意识中的本能，而本能是不考虑社会规范、伦理道德的一股冲动，常表现为性冲动和攻击冲动，它不可避免地与人的自我相冲突。

莹低下头陷入了沉思，我也在琢磨引起莹的心理问题的原因究竟是什么。心理咨询很重要的一点是启发求助者寻找自我，莹真正想要解决她的心理问题就必然要面对最真实的自己。

终于，莹从沉思中抬起头，眼睛有些湿润："老师，我想我是失恋了，我很痛苦！"

"你爱他，他不爱你？"我想搞清楚他们分手的原因。

"不是！实际上我很爱他，他对我也非常好。但是，就在上个月，他知道我确定工作单位后，忽然像变了一个人。"莹咬了一下下嘴唇，有些犹豫。

我朝莹点点头，示意她说下去。

"有一天晚自习后，他非要我跟他出去。我们去了一家旅馆，我忽然有些兴奋，但也非常害怕。兴奋是因为以前除了在电影院，我们从来没有单独在一起待过；害怕的是万一他要对我不规矩……"我示意她继续说下去，莹又迟疑了一会儿，"我们一起坐在床边看电视，边看边聊天，不知不觉我们就拥抱在一起，他的手就伸向我的衣服……这时候，我就开始害怕了，想到爸妈的嘱咐，想到那么多没有结局的爱情故事，我猛地推开他……"讲到这里，莹已经不能自己。

此刻，我完全能够体会莹内心的感受：父母对她的要求非常严格，一直以来他们强烈反对她在大学谈恋爱，更不允许她在大学做越轨的事，而莹的男朋友为了拴住她的人竟然在离校之前强行要与她发生性关系。对父母的爱和对男朋友的爱不能两全，这就是她内心最大的痛苦和不安。

那个反反复复出现在她梦中的"追赶物"就是她内心的冲突。听到我的解释，莹激动的情绪慢慢得到释怀，但还是不明白下一步自己该怎么办。

我认为大学生同居和提前过性生活是一种不负责任的、太关注"自我"却对真正的"爱情"含义一无所知的盲从行为。我多次向学生们谈到大学生"性"的话题，他们应该坦然面对性冲动，但不是以身试"性"。作为心理咨询师，我只能帮莹分析她的心理和提出一些建设性意见，至于莹到底该怎样解决她的恋爱问题，还得她自己拿主意。

又过了十来天，莹给我发来短信："老师，谢谢您！经过您的咨询，我和我男朋友进行了一次长谈，我们都很冷静。他向我道歉了，但是由于分隔两地和性格上的一些原因，我们还是友好分手了。我也没有再做被追杀的噩梦，谢谢您！"

看完短信，我心里溢满了阳光。

思政课堂

在大学校园里，常常能见到一对对"有情人"手拉着手，肩并着肩，亲密无间地走在宽阔的校道上，大学生情侣已成为大学校园里一道靓丽的风景线。然而，爱情不是大学生活的主要内容，爱情始终是纯洁高尚的代名词，并不是呼之而来、挥之即去的玩具。对于青年人特别是大学生来说，培养健康的爱情观与恋爱行为是十分重要的。

相关知识链接

一、精神分析理论

精神分析理论属于心理动力学理论，由奥地利精神科医生弗洛伊德于19世纪末20世纪初创立。精神分析理论是现代心理学的奠基石，它对于整个心理科学乃至西方人文科学的各个领域均有深远的影响，它的影响可与达尔文的进化论相提并论。

1. 分区观点

分区观点阐述人的精神活动，包括欲望、冲动、思维、幻想、判断、决定、情感等会在不同的意识层次里发生和进行。不同意识层次包括意识、潜意识和无意识三个层次，好像深浅不同的地壳层次而存在，故称之为精神层次，又叫分区理论。意识包括个人在任何时刻觉察到的感觉和体验；无意识是人的心理活动的深层结构，包括个体没有觉察到的需要和动机，虽然它在意识之外，但仍然存在于个人的思想和行动中。潜意识是介于意识与无意识之间的一部分，可以说是二者之间的桥梁，潜意识的作用常常是不允许无意识的本能冲动到达意识中去的。在心理咨询中，把无意识中的东西转入到意识中去是一个主要的治疗任务，通过对梦的解析能够做到这一点。释梦时，梦中的形象就可能代表各种无意识的需要、愿望或冲突。

2. 结构观点

结构观点是弗洛伊德的人格理论。弗洛伊德把人格分为"本我""自我"和"超我"。"本我"代表生物的本能愿望，即遵循快乐原则而满足基本的生物需要，如果"本我"受到压抑，就会出现焦虑。"自我"追随现实原则，是在现实环境中，通过后天学习获得发展的。"自我"是"本我"与外界的调节员，决定对"本我"的各种要求是否允许其满足。而"超我"代表社会的标准，代表良心和道德的力量。"超我"抑制"本我"和"自我"，一旦"超我"形成，"自我"就要同时协调"本我"和"超我"以及现实三方面的要求。一个人要保持心理正常，这三者就必须协调好。如果这三者协调不好，"本我"太强或者"超我"太强，都容易引发心理疾病，导致心理失常。

3. 动力观点

动力观点强调心理活动驱力是一种心理能量，它出自先天的本能，包括同"自我"保护有关的、有饥渴以及其他与生存有关的生理需要，与性欲望和种系的繁衍有关的性爱的驱力。这个观点把性的能量源泉看成是驱使人寻求各种感官快乐的心理能量。把个体保存、种系的延续这两种驱力都叫"生本能"，把攻击、侵略等行为称之为"死本能"。这就是所谓的心理动力。

4. 发展观点

发展观点是弗洛伊德的心理性欲发展学说。他将人的性心理发展划分为 5 个阶段：

(1) 口欲期：刚生下来的婴儿就懂得吸乳，乳头摩擦口唇黏膜引起快感，叫作口欲期性欲。

(2) 肛门期：1 岁半以后学会自己大小便，粪块摩擦直肠肛门黏膜产生快感，叫作肛门期性欲。

(3) 性蕾欲期：儿童到 3 岁以后懂得了两性的区别，开始对异性父母眷恋，对同性父母嫉恨，这一阶段叫性蕾欲期，其间充满复杂的矛盾和冲突，儿童会体验到恋父情结和恋母情结，这种感情更具性的意义，不过还只是心理上的性爱而非生理上的性爱。

(4) 潜伏期：儿童兴趣转向外部，进入初等教育的时期。

(5) 生殖期：只有经过潜伏期到达青春期性腺成熟才有成年的性欲。成年人成熟的性欲以生殖器性交为最高满足形式，以生育繁衍后代为目的，这就进入了生殖期。

弗洛伊德认为成人的基本组成部分在前三个发展阶段已基本形成，所以儿童的早年环境、早期经历对其成年后的人格形成起着重要的作用，许多成人的变态心理、心理冲突都可追溯到早年创伤性经历和压抑的情结。

5. 释梦理论

弗洛伊德是一个心理决定论者，他认为人类的心理活动有着严格的因果关系，没有一件事是偶然的，梦也不例外，绝不是偶然形成的联想，而是欲望的满足。在睡眠时，"超我"的检查松懈，潜意识中的欲望绕过抵抗，并以伪装的方式乘机闯入意识而形成梦。可见梦是那些清醒时被压抑到潜意识中的欲望的一种委婉表达。梦是通向潜意识的一条秘密通道，通过对梦的分析可以窥见人的内部心理，探究其潜意识中的欲望和冲突。

二、精神分析理论的防御机制

所谓防御机制是指自我的一种防卫功能，很多时候，"超我"与"本我"之间，"本我"与现实之间，经常会有矛盾和冲突，人此时就会感到痛苦和焦虑，这时"自我"可以在不知不觉之中以某种方式调整双方的关系，使"超我"的监察可以接受，同时"本我"的欲望又可以得到某种形式的满足，从而缓和焦虑，消除痛苦。人类在正常和病态情况下都在不自觉地运用防御机制，运用得当，可减轻痛苦，帮助度过心理难关，防止精神崩溃；运用过度就会表现出焦虑、抑郁等病态心理症状。自我防御机制主要有下列几种：

(1) 否认：指有意或无意地拒绝承认那些不愉快的现实以保护自我的心理防御机制。

(2) 投射：指个体将自己不能容忍的冲动、欲望转移到他人的身上，以免除自责的痛苦。例如，一个人性张力过大，做梦时会梦见另一个人与异性在发生性行为，这是自我为了逃避超我的责难，又要满足自我的需要，将自己的欲望投射到别人身上从而得到一种解脱的心理机制。

(3) 退行：当人受到挫折无法应对时，放弃已经学会的成熟态度和行为模式，使用以往较幼稚的方式来满足自己的欲望，这叫退行。例如，某些性变态病人就是如此，成年人遇到性的挫折无法满足时就用幼年性欲的方式来表达非常态的满足。

(4) 隔离：将一些不快的事实或情感分隔于意识之外，以免引起精神上的不愉快，这种机制叫隔离。如女性来月经，很多人都说成"来例假"；人死了叫"仙逝"或"归天"，这样说起来可以避免尴尬或悲哀。

(5) 抵消：以象征性的行为来抵消已往发生的痛苦事件，如强迫症病人的固定仪式动作常是用来抵消无意识中的其他痛苦体验。

(6) 转化：指精神上的痛苦、焦虑转化为躯体症状表现出来，从而避开了心理焦虑和痛苦。一些歇斯底里病人的内心焦虑或心理冲突往往以躯体化的症状表现出来，如瘫痪。

(7) 补偿：是指个体利用某种方法来弥补其生理或心理上的缺陷，从而掩盖自己的自卑感和不安全感，所谓"失之东隅，收之桑榆"就是这种作用。

(8) 合理化：是个体遭受挫折时用有利于自己的理由来为自己辩解，将面临的窘境加以掩饰，以隐瞒自己的真实动机，从而为自己进行解脱的一种心理防御机制，如狐狸吃不到葡萄就说葡萄是酸的。

(9) 升华：指被压抑的不符合社会规范的原始冲动或欲望用符合社会要求的建设性方式表达出来的一种心理防御机制，如用跳舞、绘画、文学等形式来替代性本能冲动的发泄。

(10) 幽默：指以幽默的语言或行为来应对紧张的情境或表达潜意识的欲望。通过幽默来表达攻击性或性欲望，可以不必担心"自我"或"超我"的抵制。在人类的幽默中关于性爱、死亡、淘汰、攻击等话题是最受人欢迎的，它们包含着大量的受压抑的思想。

三、精神分析理论的咨询技术

精神分析的几种理论是针对改变一个人的人格或个性的构造而设计的，在这一过程中，病人要努力解决他们自身内部无意识的冲突，并发展更多令人满意的方式来解决他们的问题。精神分析学派旨在协助求助者去发现当前行为的潜意识，并且认为其行为是受到过去的因素(潜意识)所支配的，帮助他们了解过去、了解现在，从而解决问题。

1. 自由联想

让人们在一个舒适的环境自由联想，可以借助投射测验，把当事人内心的念头和潜意识中的东西投射出来，以了解当事人现在的行为，也就是使无意识的心理过程转变为有意识的心理过程，了解症状的真实意义，使症状消失。自由联想也可以说是"意识化"治疗。

自由联想的内容可能是身体的感觉、情绪、幻想、记忆、近来的大事件等。让病人睡在躺椅上使自由联想更多更流畅，应用自由联想推测出无意识的东西可影响行为，并通过自由表达把潜意识的东西引入到有意义的意识状态中。在可能的时候，咨询师对此作出解析，如果合适，可与病人共同参与联想。

2. 投射测验

投射测验是指向求助者提供一些未经组织刺激的情境，让他在不受限制的情境下，自由地表现出他的反应，并分析反应的结果，由此推断出他的人格结构。投射法作为一种测验，主要探讨个体隐蔽的行为或潜意识的、深层的态度、冲动与动机。投射技术包括联想法(根据单词、墨迹说出自己的联想)、构造法(根据图画编故事)、表露法(通过绘画、游戏或表演)、完成法(自由补充不完整句子)。

3 移情

移情是指求助者把对父母或过去生活中重要人物的情感、态度和属性转移到了咨询师身上，并相应地对咨询师做出反应的过程。移情在精神分析理论中是十分重要的，它再现了病人以前的生活尤其是病人在儿童时期生活的某种情感，这种情感长期被压抑着无处释放，甚至成了心理问题的一个"情结"。在精神分析中，咨询师以移情的方法体会病人的经历和情感，理解病人的情感，并鼓励他们自由联想而不是直接对病人的情感做出反应。有经验的咨询师善于利用移情现象，采取反移情技巧，即把自己扮成移情的对象，鼓励求助者发泄自己压抑的情绪，充分表达自己的思想感情和内心活动，咨询师再从中进行深入的分析，探求求助者深层的心理。求助者在充分发泄后，心理上会感到放松，再经过思考咨询师的分析并得以领悟后，其心理症状会逐渐化解。

4. 阻抗

弗洛伊德将阻抗定义为患者在自由联想中对于使人产生焦虑的记忆与认识的压抑。因此，阻抗的意义在于增强个体的自我防御。弗洛伊德强调了潜意识对于个体自由联想活动的能动作用。后来，罗杰斯将阻抗看作是个体对于自我暴露及其情绪体验的抵抗，其目的在于不使个体的自我认识与自尊受到威胁。

这些理论表明，人们只有积极地认识与控制阻抗，才能达到预期的心理咨询效果。反之，如果对于阻抗不加理会，或处理不当，则心理咨询的进展与效果将会受到阻碍。

20. 走出自卑，寻找自信

认知领悟疗法就是要找出一个人不现实的、不合理的或非理性的、不合逻辑的思维特点，并帮助他建立较为现实的认知问题的思维方法，来消除各种不良的心理障碍。

——题记

案例分享

我曾经给选修"心理健康教育与咨询"课程的学生做过一个心灵游戏，游戏的名字叫"我是谁？"。

下课后没几分钟，我坐在办公室写课后笔记，忽然听见一个怯怯的声音："老师，我能进来吗？"

抬起头，我看见一张流露出万般无奈表情的脸和一双非常感伤的眼睛。

这就是菲。她的衣服色调暗淡，款式陈旧，她的目光接触到我的时候立马就躲开了。她说话的声音给我一种感觉，这是一个非常内向的女孩。

我站起来，笑着欢迎她坐下。她看了看我，很快低下了头并且把椅子又往后挪了挪。为了消除她的紧张和阻抗心理，我笑着问她："是不是有什么不开心的事？"

她继续低着头，咬着嘴唇脸憋得通红，没有回答我的问题。

我耐心地等着她，并且承诺不管她有什么问题，我一定替她保密并且会努力地帮助她。

好半晌，她才抬起头说道："老师，刚才您让我们做的那个游戏——'我是谁'，我觉得有句话说得真好，'一个最幸福的人就是知道他是什么样的人，想做什么样的事。'可是，老师，我真的不知道我是谁，我是什么样的人，我该做什么？"

说到这些时，菲的眼睛湿润了。

我说："这很正常，每一个年轻人都有这样那样的困惑。老师像你这么大的时候，也常常觉得不知道自己是谁，不知道自己该干什么呢！"

"真的吗？老师，您也这样过？"菲睁大了眼睛，把椅子往我跟前挪了几步。

听着我肯定的回答和我关于自己青春期迷茫的诉说，菲向我慢慢打开了话匣子。

菲来自农村，家庭贫困，自幼身体多病，凭着自己的刻苦努力，在一个从事金融工作的亲戚建议下考上了学校的金融学院。本来，她应该充满希望地学习和生活，可是入学一段时间后，她开始变得悲观。

　　原来，与周围众多来自城市的同学相比，她感到自己在许多方面与同学们相差悬殊。比如，城市的同学善于交际，而她的交际方式单一，很少与别人交往，她常常感到孤独；城市的学生多才多艺，各方面都比她强，尤其是经济上的差距。

　　刚才做心灵游戏时，菲觉得真实的她、理想的她与别人眼中的她很不相同，而且这一情况几乎是没办法改变的。

　　面对这样的三个自己，她有一种被分裂的疼痛。她不知道如何努力改变自己，也不知道改变的代价能否承担得起，更不知道对那些不可改变的事情，今后能否真正坦然笑纳。

　　菲能做这样的思考，说明她还是有一种积极向上、努力求善的欲望。只是她的认知有问题，她认为自己永远没法与别人相比，没有能力在各方面令自己满意，无论怎样努力也难以获得成功。所以，重新寻找自信和自尊对她来讲是目前咨询首先要解决的问题。

　　接下来，我为她读了一封信。

　　这是十六岁的琼瑶写给妈妈的绝笔："亲爱的母亲，我抱歉来到了这个世界，不能带给你骄傲，只能带给你烦恼。但是，我却无力改善我自己，我真不知道怎么办才好！但是，母亲，我从混沌无知中来，在我未曾要求生命之前，我就这样糊里糊涂地存在了，今天这个'不够好'的'我'，是由先天后天的许多因素，加上童年的点点滴滴堆积而成的。我无法将这个'我'拆散，重新拼凑，变成一个完美的'我'。因而，我充满挫败感，充满对你的歉意，所以，让这个'不够好'的我，从此消失吧！"

　　这个悲凉的例子也许能说明，如果没有办法把"真实的我""理想的我"和"别人眼中的我"高度统一起来，悲剧的幕布就从此拉开了。反过来，如果能及时正确处理好青春期的这些矛盾，日后对生活的信心会增强。

　　通过我进一步的解释，菲明白了，成长中的痛苦是一种感觉，是可以被分析的，被分析后不再把它当作痛苦，就不会那么痛。而且要对症下药，面对痛苦寻找出路。

思政课堂

　　心理学家埃里克森提出，人的自我意识发展持续一生，但要经历不同的发展阶段，每个阶段都有一个核心课题，每个阶段都不可逾越，但时间早晚因人而异。自我在人生经历中不断获得或失去力量，保证个人适应环境、健康成长。青少年时期的主要发展课题是"自我同一性"，大学生自我的建立和统合是青年期心理发展的主要任务。

相关知识链接

一、认知领悟疗法

　　认知领悟疗法是通过解释使求治者改变认识、得到领悟而使症状得以减轻或消失，从而达到治病目的的一种心理治疗方法。它由中国心理治疗专家钟友彬先生首创，是依据心理动力学疗法的原理与中国实情及人们的生活习惯而设计的。认知领悟疗法又称为中国式心理分析，也称为"钟氏领悟治疗法"。

认知领悟疗法就是要找出一个人不现实的、不合理的或非理性的、不合逻辑的思维特点，并帮助他建立较为现实的认知问题的思维方法，来消除各种不良的心理障碍。在生活中，有时我们的主观愿望和现实往往不能相符，关键是要善于不断调整自己的愿望，如果明白这一点，就可以减少不必要的困扰。

另外，当遇到一些与自己有较大关系的问题时，可能会产生焦虑、紧张、困惑，这时必须要识别不正确的自动思维，了解其认知的错误之处，然后进行检验，这是纠正不良信念的关键所在。要锻炼自己的意志力，学会难行能行，难忍能忍；要学会忍，忍是意志力的表现。心理创伤会诱发躯体上、心理上的疾病，关键是要正确对待，及时排遣。所以，正确地认知事物是防止产生心理上、身体上病态的一个重要方面。

二、认知领悟疗法的治疗原理

认知领悟疗法的治疗原理是把无意识的心理活动变成有意识的，使求治者真正认识到症状的意义，得到领悟后症状即可消失，这也是心理分析和心理动力学疗法的治疗原理。钟友彬先生认为，中国人至少有以下两方面的生活习惯与传统认识、心理动力学的原理相近：

(1) 相信幼年经历或遭遇对人的个性及日后心理健康有重大影响，即幼年和成年心理特征有连续关系。

(2) 可以从成年人的观念、作风和行为中看出他幼年时期受到的影响。例如，一个人一向不知节俭，随意抛弃食物而不觉心疼，就可推想他幼年时期多半没有经历过"锄禾日当午，汗滴禾下土"的艰苦劳动，没有受过苦，挨过饿。成年人的其他观念作风也莫不如此，都可从他的日常行为中看到幼年时期留下的痕迹，尽管他自己不一定能意识到。

综合上述情况，钟先生提出了认知领悟疗法的心理病理学说，即"'病症的根源'在于儿童时代受过的精神创伤，这些创伤引起的恐惧在脑内留下的痕迹，在成年期遇到挫折后就会再现出来影响人的心理，以致必须用儿童的态度去对待本来不值得恐惧的事物。"由于症状都是幼年时经历的恐惧在成人身上的再现，因此症状的表现必然带有幼稚性，具有不成熟的儿童式的心理表现。

三、认知领悟疗法的治疗方案

"师傅领进门，修行在个人"，认知领悟疗法从始至终强调求治者的主动性。所以每次治疗后，都要求求治者写出自己的体会。还有一种作业是要求求治者暗中调查一下其他成年人对自己恐惧的事物、认为有意义事物的看法，以消除他们某些不正确的观念。认知领悟疗法还强调"要下决心不做儿童心理的奴隶"。这是要求求治者自己有一个消化、吸收的过程，使治疗师的信念变为求治者的信念，这样才能放弃其病态行为，达到治疗目的。

钟先生认为，治疗的目的是要消除求治者的症状，而症状的消除就需要求治者对施治者解释的领悟。求治者的领悟是在施治者引导下达到的，因此疗效的取得不在于揭示了幼年的创伤，而在于求治者对施治者解释的信任，这就是领悟的本质。领悟的内容是施治者灌输给求治者的，当求治者自感以前的想法及行为可笑时，自己也就抛弃了原有的态度、行为，使症状得以消除。因此，治疗的过程不仅是一个施治者与求治者交互作用的过程，也是极需求治者主观努力的过程。

认知领悟疗法实施时要注意以下几点：

(1) 治疗方法。采取直接会面交谈的方式，在病人的同意下，可让有关的家属(1 人)参加，每次会见的时间为 60～90 分钟。疗程和间隔时间可以是固定的也可是不固定的，具体由病人自己决定或病人与医生协商决定。间隔时间从几天到几个月不等。每次会见后都要求病人写出对医生解释的意见以及对自己病情的体会，并提出问题。

(2) 谈话内容。让病人及家属全面叙述症状产生和发展的历史及其具体表现，尽可能在一小时内说完。同时进行精神检查和必要的躯体检查，以确定诊断。如为适应症，则进行初步的解释，讲明所患疾病是可治的，但病人不是被动地接受治疗，而是要与心理医生合作。对心理医生的提示、解释，患者要认真考虑，采取主动态度。疗效的好坏与病人的自我努力有很大的关系，心理医生只起向导的作用，具体的"路"要靠病人自己去走。

(3) 注意了解病人的经历。在掌握了病人病情后的会见中，心理医生要主动询问病人的生活史和容易回忆起的有关经验。对于病人谈到的梦，不要做过多的分析，偶尔可谈及。

(4) 和病人一起分析症状的性质。心理医生要注意掌握时机，分析症状的幼稚性和症状不符合成年人逻辑规律的感情或行为，使病人认识到其有些想法近似于儿童的幻想，在健康的成年人看来是完全没有意义的，不值得恐惧甚至是可笑的。

(5) 深挖病的根源。当病人对上述的解释和分析有了初步认识和体会以后，心理医生即向病人进一步解释病的根源在过去，甚至在幼年期。对于强迫症和恐惧症病人，要指出其根源在于幼年期的精神创伤。这些创伤引起的恐惧情绪在脑内留下痕迹，在成年期遇到挫折时会再现出来影响人的心理，以致用儿童的态度对待成年人看来不值得恐怖的事物。对于性变态的病人，要结合回忆其儿童时期的性游戏行为，讲明他的表现是用幼年方式来对待成年人的性欲或心理困难，是幼稚和愚蠢可笑的。

(6) 正确回答病人的疑问。在治疗过程中，病人可能会提出许多不理解的问题，心理医生可在与病人的会见中共同讨论和解答，直到他完全理解，有了新认识为止。这种认识上的提高应是心理和感情上的转变，而不仅仅是知识上的丰富。

21. 学生会干部，你图什么

　　大学校园里，许多学生干部是班级或者系里的骨干力量，也是高校辅导员的主要帮手，他们平日既要抓好自己的学习，又要做好班里与系里的工作，确实辛苦。但作为一个有理想、有志向的大学生，想要加入中国共产党，不仅需要在行动上入党，更要在思想上入党。

——题记

案例分享

　　11 月初的一天，浩一脸沮丧走进我的办公室："老师，我觉得世道真不公平！"
说完，他一屁股坐在我对面椅子上。
　　"为什么这么说？有什么不顺心的事发生吗？"我对他的问题表示出极大的关注。
　　浩情绪激动地说："我在系学生会工作已经一年了，功劳不说，苦劳总有吧？系里有什么活动我都积极参与并且出谋划策，组织同学们配合系领导方方面面的工作。比如迎接新生、教师节联欢会节目排练、运动会方阵的训练、元旦活动、文化艺术节等，我都带头冲到最前方。可是，评选优秀学生干部等事从来都只轮到那些在领导面前溜须拍马的人而没有我的份，尤其最近学生入党各系报送候选人，仍然没有我。老师，您说，这公平吗？"浩满脸委屈地问我。
　　"的确不公平！"我采用了共情的技术。
　　"那我干这还有什么意义？"浩更不满了。
　　"你当初进学生会的时候怎么想的？"这一次，我没有正面回答他，而是想挖掘他入学生会背后的真正动机。心理学上讲动机是推动人从事某种行为的念头，人的行动是受一定思想支配的，要求入学生会，浩总有一定的原因和预期的目的。
　　他想了想，说道："当初入学生会倒也没想什么，就是想锻炼锻炼自己。"
　　"那你觉得你得到锻炼了吗？你在哪些方面得到了提高？哪些方面还有不足？"我尽量帮助他理清头绪。
　　浩开始沉思起来，我给浩布置了心理作业，就是写一写他这一年当学生会干部的心得，最主要的是他要通过这次整理找到自己的优势和不足，以及写出自己入党的动机。
　　第二天，浩拿着他写好的心得来找我，脸上的沮丧淡了很多。
　　在浩的心得中，有这样一段话："一年前，我多么想入学生会。入了学生会，我的管理、交际、组织等各方面能力就能得到提高和锻炼。一年后，我自觉进步不少，但是在工作中，我可能过于强调个人的力量，而忽略了与组织上和其他合作伙伴的关系。党是个强有力的、团结的、思想先进的组织。而我入党的动机是希望入了党，容易受重用，提拔快，或者大学毕业后可以找个好工作，我这是把入党当作了一种政治资本，这种动机是极其错误的，错误的动机必定导致错误的行为。其他同学能够很好地处理个人、集体与领导的关系，这是一门学问，我的交际能力还需要学习。最主要的是我在锻炼的同时及时发现了自己的不足，我愿努力改正！"

看得出，经过认真思考，浩找出了自己的问题所在。我及时鼓励他："对党的深厚感情和对入党的执着追求，体现了你不断完善自我、积极开拓未来的美好愿望。由于这一愿望暂时实现不了而带来的失落感，对你来讲是一个困扰，更是一个考验和锻炼的机会。只有树立了正确的入党动机，才能在工作、学习、挫折面前不动摇，朝既定目标前进。"

接下来，我们共同确立了他以后努力的方向，分析了他在大学入党的一些主客观因素，并且建议他再学习一下党章，认真体会党的宗旨、目标以及党员标准的含义。

希望浩为了美好愿望的实现，去搏击生命的浪花，去体验奋斗的无限风光！相信浩以后在争取入党的征途上会坚定信念和信心，在生活上更会严格要求自己，努力完善自己！

思政课堂

大学校园里，许多学生干部作为班级或者系里的骨干力量，作为高校辅导员的左膀右臂和主要帮手，平日既要抓好自己的学习，又要做好班里与系里的工作，确实辛苦。但作为一个有理想、有志向的大学生，想要加入中国共产党，不仅需要在行动上入党，更要在思想上入党。

相关知识链接

一、什么是动机

动机是能引起、维持一个人活动，并将该活动导向某一目标，以满足个体某种需要的念头、愿望、理想等。简而言之，动机是为实现一定目的而行动的原因。动机是个体的内在过程，行为是这种内在过程的表现。引起动机的内在条件是需要，引起动机的外在条件是诱因。需要是个体和社会的客观要求在人脑中的反映，是对有机体内部不平衡状态的反映；驱使有机体产生一定行为的外部因素称为诱因。凡是个体趋向诱因而得到满足时，这种诱因称为正诱因；凡是个体因逃离或躲避诱因而得到满足时，这种诱因称为负诱因。

二、动机的功能

动机的功能是指人类动机对活动具有引发、指引和激励的功能。

(1) 引发功能是指动机能激发个体产生某种活动。人类各种各样的活动总是由一定的动机所引起的，没有动机就没有活动。动机是活动的原动力，它对活动起着引发、始动的作用。

(2) 指引功能是指动机使个体的活动针对一定的目标或对象。动机像指南针一样指引着活动的方向，它使活动朝着预定目标前进。

(3) 激励功能是指活动产生后，动机维持着这种活动指向一定的目标，并调节活动的强度和持续时间。动机对活动具有维持和加强的作用，强化活动以达到目的。

三、动机的分类

人的动机是多种多样的，可以根据不同的标准对它们进行分类。

(1) 根据动机的起源可以把动机分为生理性动机和社会性动机。

生理性动机源于生理需要，如饥、渴、性、睡眠、母性等动机。社会性动机又称心理性动机，它源于社会性需要。社会性动机是和人的社会性需要相联系的。它包括两个层次：

① 比较原始的三种驱动力，即好奇心、探索与操作；

② 人类特有的成就动机、学习动机、权利动机和社会交往动机。

(2) 根据学习在动机形成和发展中的作用可以把动机分为原始动机和习得动机。

① 原始动机指生而具有，以人的本能为基础的动机，一般生理性的动机都是原始动机。

② 习得动机是指通过学习产生和发展起来的动机，即后天获得的动机。

(3) 根据动机的意识水平分为有意识动机和无意识动机。

① 有意识动机是指能意识到自己行为活动动机，即能意识到自己活动的目的的动机。

② 无意识动机是指没有意识到或没有清楚地意识到的动机。无意识动机在自我意识没有发展起来的婴幼儿身上存在着，在成人身上也存在着，例如定势的作用人们往往是意识不到的。

(4) 根据动机的来源分为外在动机和内在动机。

① 人在外部环境影响下所产生的动机叫外在动机。

② 由个体内在需要引起的动机叫内在动机。

(5) 根据动机的性质和社会价值，可以把动机分为高尚动机和低级动机。

① 高尚动机是符合社会发展规律和人民利益的，它能持久地调动人的积极性，促使人为社会发展做出贡献。例如，助人为乐、克己奉公、为政清廉等都是由高尚动机所驱动的。

② 低级动机是违背社会发展规律与人民利益的，它不利于社会向前发展。例如，假公济私、损人利己、贪污受贿等都是由低级动机所驱使的。

(6) 根据动机持续作用的时间，可以把动机分为长远的间接动机和短暂的直接动机。

① 长远的间接动机持续作用的时间长，比较稳定，影响的范围大。这种动机一般来自对活动意义的深刻认识。例如，一位师范生想成为一名优秀教师，这个动机促使他努力学习、刻苦锻炼，这就是长远的间接动机。

② 短暂的直接动机只对个别具体行动起作用，并且作用的时间短，不够稳定，往往受到个人情绪的影响。例如，仅仅是为了某次考试得高分而努力学习，就是一种短暂的直接动机。

四、动机理论

动机理论是指心理学家对动机概念所作的理论性与系统的解释，用以解释行为动机的本质及其产生机制的理论和学说。早期的动机理论实质上都是关于人性论的引申。

1. 本能理论

所谓本能，是指有机体生而具有的、程序化的行为模式或行为倾向。

美国心理学家詹姆斯提出，人类的行为是在本能的指引下进行的。美国心理学家麦独孤认为，本能是人类一切思想和行为的动力和源泉，个人和民族的性格与意志也都是由本能逐渐发展而成的。他提出人类有 18 种本能，如逃避、争斗、好奇、繁殖、乐群等。弗洛伊德也认为本能是人类一切行为的原动力，提出人类最基本的本能是"生的本能"和"死的本能"。

本能说过分强调先天遗传的作用，忽视了人的社会性。目前人们普遍认为，人类行为是遗传与环境交互作用的结果。

2. 驱力—诱因理论

伍德沃斯提出了驱力的概念，即由机体的生理需要所唤起的一种紧张状态，它能激发个体采取行动，恢复体内的平衡。心理学家赫尔是驱力理论的主要支持者，他认为驱力是一种动机结构，它能为机体的活动提供动力，促使机体采取行动，以消除需要唤起的紧张状态。

驱力理论强调个体活动的内在动力，却忽略了外在环境对行为的诱发作用。为此，一些心理学家提出诱因的概念。诱因是指能满足个体需要的刺激物，它具有激发或诱使个体活动的作用。赫尔接受了这一概念，并将诱因加入自己的行为公式

$$P = D \times H \times K - I$$

其中，P 表示个体有效行为的潜能，D 表示驱力，H 表示习惯强度，K 表示诱因，I 表示抑制。

3. 归因论

当人们进行某种活动取得成功或失败时，都有对行为结果的原因进行探究的愿望。这种对导致自己或他人行为结果的原因的知觉和判断，称为归因。最早进行归因研究的心理学家是海德。后来人使其更加系统化。

一般来说，把行为成败的原因归结为外部的、不可控的因素，会降低个体的行为动机；而把行为结果归结为内部的、可控的因素，会增强个体的行为动机。在社会心理学研究人知觉时，根据归因论可以对"某人为什么会有那样的行为"之类的问题，得到合理的解释。心理学家温纳认为，动机并非个人的性格，动机只是在刺激事件(如工作情境)与个人处理该事件所表现的行为之间起到中介作用而已。刺激事件的性质改变一定会影响到个人处理该事物行为后果的改变，此一行为后果自然会影响到个人以后对同样刺激事件的动机。

4. 需要动机理论

20世纪50年代以后，人本心理学兴起，马斯洛的动机理论受到心理学界的普遍重视。马斯洛认为，动机产生主要有两个原因：一个是需要(need)，另一个是刺激(stimulation)。需要即个体缺乏某种东西的状态。缺乏是一种心理状态，所缺乏的可能是个体内在的维持生理平衡的物质要素(水、食物等)，也可能是外界社会环境中的心理因素(社会赞许、相爱等)。马斯洛以追求自我实现作为人性本质的理念，将人类追求自我实现的动机分为由低而高逐级而上的五个层次，并以不同类别的需求来命名。马斯洛的动机理论是重要的人格理论之一。

5. 期望价值理论

期望价值理论是动机心理学最有影响的理论之一。该理论认为，个体完成各种任务的动机是由他对这一任务成功的期待以及对这一任务所赋予的价值决定的。个体自认为达到目标的可能性越大，从这一目标中获取的激励值就越大，个体完成这一任务的动机也越强。美国心理学家弗洛姆尤其强调期望的作用，认为个体从事某种行为的能力取决于行为目标的价值以及他对达到该目标可能性的期望。他认为，完成各种任务的动机来自两个关键因素：个人对特定任务成功的期望以及人赋予任务成功的价值。可见的成功可能性越大、目标的激励价值越高，个人的正面动机的程度就越高。也就是说，期望和价值之间成正比。学生对某一项任务有较高的期望，对任务价值的估计就越高；相反，如果学生对任务没有什么期望，对任务价值的估计就会降低，完成任务的动机就低。

6. 自我效能论

1982年，社会学习论的创始人班杜拉从社会学习的观点，提出自我效能论，用以解释在特殊情境下动机产生的原因。所谓自我效能论(self-efficacy theory)，是指个人在目标追求中面临一项特殊工作时，对该项特殊工作动机之强弱，将决定于个人对其自我效能的评估。班杜拉认为，个体从事某项活动的动机在很大程度上与个体对自己从事该项活动能胜任与否的判断有关。他把这种个体对自己是否能胜任某种任务的判断和知觉称为"自我效能感"。通俗地说，自我效能感就是个体根据以往成败的经验，相信自己对于处理某一方面的任务具有较高的能力或水平。自我效能感对个体完成挑战性的任务具有重要影响。

自我效能与自信(self-confidence)有关，但二者并不相同。自信指个人对自己的所作所为具有信心，是指个人处理一般事务时的一种积极态度。自我效能是指根据自己以往经验，对某一特殊工作或事务，经过多次成败的历练后，确认自己对处理该项工作具有高度的效能。因此，某人在面对某项具有挑战性的工作(如参加围棋挑战赛)时，影响他接受与否，以及接受后是否全力以赴(动机)的因素有两个：一是了解工作的性质(如果是比赛则包括对手强弱)，二是根据经验衡量自己的实力，即自我效能。

班杜拉的动机自我效能论比较适用于解释具有挑战性行为的动机。曾有学者研究戒烟者发现：戒烟看似是轻而易举的行为，但能维持长期戒烟行为却非常困难。戒烟成败的关键因素完全决定于当事人的自我效能；只有他自己认为他有戒烟的能力，他才能达到戒烟的目的。

22. 大学生，请学做社会人

大学是人际关系走向社会化的一个重要转折时期。踏入大学，就会遇到各种人际关系，如师生之间、同学之间、同乡之间以及个人与班级、个人与学校之间的关系等。面对众多的人际关系，有的同学因为处理不当而整日郁郁寡欢，心情沮丧；有的同学因为人际关系紧张，导致产生不同程度的心理病症；有的同学由于不知如何处理复杂的人际关系而经常被苦闷、烦恼的情绪所困扰。

——题记

案例分享

又是一个阴雨天，打开熟悉的音乐软件，歌手甜甜的声音传进我的耳朵，让我的心情豁然开朗，咨询室弥漫着醉人的音乐。

就在这样的时刻，茜推门进来，一身牛仔服上雨点斑斑，脸和头发都湿漉漉的，我忙把衣架上的毛巾递给她。

"老师，我再也不想住那个宿舍了！"茜坐下来，语气中充满了怨恨，眼睛里是雨水还是泪水已无从分辨。

我凭经验判断，她是个快人快语、个性外向的女孩，一定是和宿舍里的同学合不来，闹意见了。

茜是大一学生，自从去年秋季入学后，她和宿舍里的同学们一直相处得不好。用她自己的话说："她们太自私！我打水时帮她们，值日时也帮她们，可是轮到我需要她们的时候，她们不是这个有事就是那个有事，反正就是不帮你。尤其有一个女生，她俨然是我们宿舍的老大，从来没见她打过水。每次看见别人打水她就装出一副可怜相：'老姐不舒服，帮帮忙吧！'最可恨的是，她总在背后说别人的坏话，谁不在就说谁。"

今天中午，茜在老乡宿舍待了一会儿，一进门就听见她说茜："她那是自作多情！谁会喜欢她呀？"茜进去就质问她："你说谁呢？"她反应还挺快："讲笑话呢，怎么啦？"茜真想扇她两个耳光。

我只是一直朝她点头，没有说一句话。

茜发了半天牢骚后，语气也就慢慢平稳下来，最后说："老师，你评评理，我怎么能和她们继续相处下去？"

从我院近两年的学生心理档案能够看出，高等院校的学生心理适应能力一般。心理适应能力一般的学生人数占比 65.1%，心理适应能力较强的学生人数占比 20.2%，心理适应能力很强的学生只有 4 人，占比仅 0.51%，其余近 15%的学生心理适应能力很差。

怎么解决茜的问题？我一边回想着这两年的学生档案，一边思考应对方案。心理咨询的重点是要尊重求助者，任何提问都是为了帮助求助者体会和感悟其本身最关切的问题。茜现在最主要的问题是她不愿意、不想在她的宿舍继续住下去了。

生活处处有矛盾，我们生活的目的是解决矛盾，而不是逃避矛盾。想到这里，我开始有了办法，便引导她思考："在家里，你和父母有过矛盾没有？"答案不言而喻，谁能没有过一点矛盾呢？

"当然啦，长这么大，怎么会没有矛盾？我们很多方面都没法沟通呢！"茜毫不犹豫地回答，声音很高。

"那么，当你和父母有了矛盾，你想过换掉自己的父母吗？"我接着问。

"那倒没有。"茜的语调放低了很多。

"那么现在，假如你不在这个宿舍住，去了别的宿舍，你能保证和别的舍友就没有矛盾吗？"我继续问。

茜并不笨，很快明白了我对她的启发。

"老师，谢谢您！人和人之间都会有矛盾和分歧，我们不再是小孩子了，彼此应该学会理解、宽容和信任，我知道该怎么做了。"

当天晚上，已经是十一点钟了，茜给我发来信息："老师，您知道吗？我在我们宿舍发起了一个自我检讨会议，大家开诚布公，反省了自己的缺点，我们好几个人都流泪了，我们发誓要做三年的好姐妹、好同学。太谢谢您了！"

这样的短信使我心潮澎湃，激动不已。我们的学生不笨也不坏，关键是缺乏正确的有效方法来引导他们。希望有更多的老师愿意做他们灵魂上的引路人，愿意陪他们一同健康快乐地成长！

思政课堂

宿舍是大学生交流的"主阵地"。在这里，大学生吃住在一起的时间占据一天的一半时间以上。在这里，大学生可以畅所欲言谈天说地，也可以彼此讲述身边的故事、分享心路历程、交流学习经验……不同于在报告厅举办的讲坛或其他分享会，宿舍随时都可以由一位学生作为发起人，确定一个讨论主题，吸引舍友积极参与到"小家庭"生活中。

相关知识链接

一、社会化

人与动物的根本区别在于人具有社会性。社会化是个体由自然人成长、发展为社会人的过程。所以，社会化涉及社会和个体两个方面。从社会视角看，社会化即社会对个体进行教化的过程；从个体视角看，社会化即个体通过与其他社会成员互动，成为合格的社会成员的过程。也就是说，社会化是指个体在与他人交往过程中，不断学习并掌握知识、技能和社会规范，逐渐形成与社会一致又有自己特色的社会态度、价值观、信念、行为模式及人格特点，成长为符合社会需要的社会成员的过程。

一般来讲，社会化具有以下几大特征：

(1) 社会强制性。个体自出生就生活在复杂的社会环境之中，不得不受社会政治、经济、文化等社会关系和人际关系的制约。

(2) 个体能动性。个体社会化是个体之间相互作用及主动积极、有选择地实现社会化的结果。

(3) 终身持续性。传统观点认为社会化过程到成人期即告结束；而现代观点则主张社会化伴随人的一生，即个体社会化是一个不断发展、贯穿终生的过程。

(4) 共性化与个性化的统一。个体社会化是按照一定时期的社会规范、民族风俗、团体要求、职业取向等因素来塑造个体的过程，既是共性化过程，同时也是个性化过程。

二、大学生人际关系的重要性

人际关系是人与人之间在活动过程中直接的心理上的关系或心理上的距离，其特点主要有以下几个方面：

(1) 个体性。人际关系中，对方是不是自己喜欢或愿意亲近的人成为主体问题。

(2) 直接性。没有直接的接触和交往不会产生人际关系，人际关系一经建立，一定会被人们直接体验到。

(3) 情感性。情感活动是人际关系的基础，情感因素是人际关系的主要成分。情感主要分两类，一类是彼此接近和相互吸引的情感，另一类是互相排斥分离的情感。

大学是人际关系走向社会化的一个重要转折时期。踏入大学，就会遇到各方面的人际关系，如师生之间、同学之间、同乡之间以及个人与班级、个人与学校之间的关系等。面对众多的人际关系，有的同学因为处理不当而整日郁郁寡欢，心情沮丧；有的同学因为人际关系紧张，导致精神压力很大，产生不同程度的心理病症；有的同学由于不知如何处理复杂的人际关系而经常被苦闷、烦恼的情绪所困扰。

人毕竟在各种各样的圈子里生存，把自己包裹得太严，结果是别人伤害不了你，但也亲近不了你。平时不向邻里朋友伸出友好的手，在困难时就没有人伸出手来拉你一把。几个不同的心理学研究得出了几乎相同的结论：对生活的满意程度与钱财、头衔甚至健康关系不大，影响最大的因素是人际关系的和谐。可见，处理好人际关系，对于大学生活和未来事业的成就是至关重要的。

三、大学生社会化的内容

社会化是一个贯穿于人生命始终的过程。大学生在与社会互动的过程中，要逐渐养成独特的个性和人格，并通过社会文化的内化和角色知识的学习，逐渐适应社会生活。

在此过程中，社会文化得以积累和延续，社会结构得以维持和发展，人的个性得以健全和完善。

1. 掌握生活知识和劳动技能

大学生应从培养生活自理能力开始，继而在学习中掌握知识与技能。当今社会是知识经济时代，科技、教育的水平和社会成员素质已成为社会现代化的基础。大学生肩负建设祖国的重任，学习和掌握现代科技知识、现代化生产技能是他们社会化的重要内容。

2. 树立生活目标

个体是有理想的，社会通过多种途径指导其成员树立正确的生活目标和理想，以达到社会需要的目的。大学生的生活目标的确定关系到其以后的发展与生存以及创造社会财富，有利于为己为国做贡献。

3. 培养社会角色

社会化的目的是培养合格的社会成员，使每个社会成员都获得适合自己身份、地位的社会角色。每一个角色都有其权利、义务以及行为规范，大学生社会化的内容之一是使大学生按其角色的要求行事。身份是由个体的社会地位及处境地位决定的自我认同；社会角色是个体与其社会地位、身份相一致的行为方式及相应的心理状态。大学生是一种地位和身份，大学生角色就是家长、教师和公众对他们行为的要求和期待。

4. 遵守社会行为规范

社会规范是现代社会保持有序发展的重要手段之一。社会通过教育和舆论力量使其成员掌握并形成信念、习惯和传统，以约束个体行为，调解各种社会关系。

四、大学生对人际关系的渴望

处于青年期的大学生，思想活跃，精力充沛，兴趣广泛，人际交往的需要极为强烈。他们力图通过人际交往去认识世界，获得友谊，满足自己物质上和精神上的需要。因此，青年期的大学生希望被人接受、理解的心情尤为迫切。

然而，如今的大学生对人际关系的追求往往带有较多的理想化色彩，无论是对同龄朋友，还是对师长，他们希望交往不带任何杂质，也常常以理想的标准要求对方，一旦发现对方某些不好的品质就深感失望。实际上，学生们都渴望友谊，但有一些人还是不愿意向周围的同学说，而是选择将对友谊的渴望深深埋在心底，这容易导致长期积郁，再加上学业负担的压力，其人际适应力下降。和其他人群相比，如果大学生人际关系的挫折感较强，就容易引发心理障碍。

五、大学生改善人际关系，促进社会化的几点建议

1. 相互性原则

人际关系的基础是彼此之间相互重视、相互支持，任何人都不会无缘无故地接纳他人。喜欢是有前提的，相互性就是前提——我们喜欢那些也喜欢我们的人。人际交往中的接近与疏远、喜欢与不喜欢是相互的。

2. 交换性原则

人际交往是一个社会交换过程，交换性原则是个体期待人际交往对自己是有价值的，也就是在交往过程中得大于失，至少等于失。人际交往是双方根据自己的价值观进行选择的结果。

3. 自我价值保护原则

自我价值是个体对于自身价值的意识和评价。自我价值保护原则是一种自我支持倾向的心理活动，其目的是防止自我价值受到否定和贬低。由于自我价值是通过他人的评价而确立的，所以个体对他人评价极其敏感。对肯定自我价值的他人，个体对其认同和接纳，并以肯定与支持来回报；而对否定自我价值的他人则予以疏离。

23. 团队精神永远不能丢

一个优秀的集体，它要具备如下几个优点：成绩优秀、心理健康、勤学文明、活泼向上、团结友善。其中，最重要的就是要团结。集体是一个大家庭，我们每个人都是其中的一分子。团结、互助、友爱是人生必不可少的道德品质，只有拥有这种优秀的品质，我们才能团结起来，担当起建设祖国的重任，社会才能和谐发展。

——题记

案例分享

在学校，我有四五个好朋友，因为她们的家距离学校很远，中午我们就在办公室休息。我们的办公室可供休息的不过是一张长沙发和两个小沙发。我们中午经常不午睡，而是一起聊天消磨时间。心理学协会的孩子们大都知道我中午不接待学生，其他学生就不太清楚这一点。

有一天，在我和朋友聊得正欢时，有位女学生来敲门。

这位女学生是敏，我曾经给他们班讲授营销心理学的课程。敏进来后很坚决、很执着地看着我，她一定要跟我谈一谈她目前遇到的麻烦。

于是，我的伙伴们知趣地离开了办公室。我有些不好意思，收拾了茶几给敏倒了杯水。

敏握着水杯感慨地说："老师，真羡慕你们，我们宿舍的同学要能像你们一样热热闹闹地在一起玩呀、说呀、笑呀，该多好啊！"

我没想到敏竟然说了这样一句话，"怎么？你们宿舍的人不在一起玩吗？那你们休息的时候、周末都做什么？"敏的话引起了我的兴趣。

"这就是我的苦恼！原本，我以为大学生活是五彩斑斓的。一个宿舍的姐妹们在一起亲亲热热地学习、郊游、玩闹。但是，我们宿舍死气沉沉，各忙各的。总共就8个人，竟然还分了三帮五派，昨天晚上有两个女生还差点打起来。"敏的话匣子打开了，"作为舍长，我好害怕她们就这样僵下去，也害怕她们哪一天真的打起来。老师，您说我该怎样调解她们呢？"

这时，我想起了旁边的团体咨询室。几年来，在学院领导的大力支持下，根据学生们咨询工作的需要，心理健康指导中心得以扩建。我们在原来只有一间办公室兼咨询室的情况下，又增添了团体咨询室、个体咨询室。

敏宿舍内部有矛盾，人际关系不良正适合做团体心理咨询。因为团体心理咨询与个体心理咨询最大的区别在于求助者对自己问题的认识和解决,是通过团体成员间的相互作用、相互影响来实现的。

我给敏进行了简单的介绍后,敏很感兴趣,并答应下午没课的时候争取把她的舍友们集中在一起来做团体咨询。

在她们来之前,我为这次咨询准备了两根长 13 米的绳子,计划带她们做一个名字叫"变形虫"的心理游戏。游戏的目的是让同学们体验沟通的必要性;感悟人际交往中理解、合作、认同的重要性;使同学们在体验和分享中学习人际交往技巧,提高人际交往的能力。

下午,敏和她的舍友们来到团体咨询室。我看见她们的表情各异,有好奇、兴奋,还有茫然、不屑一顾。我把她们 8 个人分成两组,每 4 个人拥有一根绳子,并且把绳子的两头挽上绳圈。

然后,我提出游戏的要求:

(1) 在合作"变形"的过程中,不允许用语言交流,只能用眼神和动作。

(2) 在"变形"过程中,要求绳子充分展开,不可以收缩部分绳子,减短边长,降低难度。

(3) 当 4 个人之间的角色关系确定后,对变形要求可做出规律性的变化。明确一个人可以是一个点,一只手也可以是一个点,一个人也可以代表两个点,两个点可以形成一条线。假如要变出一个正三角形,4 个人中只需要三个点,必然出现两人重叠的情况。假如要变出一个六边形,需要 4 个人中有 2 人出一个点,2 人出两个点,共六个点构成,调整六条边为等长即可。

(4) 根据"变形"指令,如变为正三角形、正四边形、正五边形等,4 名参与者通过合作完成,用时最少的组为胜。

在我的引领下,敏和她的同学积极地展开了比赛。由于整个游戏要求参与者不用语言交流,所以一个组要顺利完成变形过程,需要产生"领导者"。通过自发产生的"领导者"进行统一管理,才能从无序逐步到有序。在游戏中存在"领导"与"服从"两种角色。学员之间需要有一个协调、服从、合作的过程,我有充分的耐心等待她们"变形"过程的完成。当一个个"变形"成功时,我带头鼓掌给予她们激励。

之后,我反复打乱她们的分组,进行了三次重组游戏。通过这次活动,敏和同学们反映:通过沟通,我们学会了主动;通过交流,我们学会了真诚;通过合作,我们学会了放弃;通过理解,我们学会了宽容;通过认同,我们学会了赞美;通过思考,我们学会了变通。

我相信,在探索中,学生们都可以找到默契和信任感,在信任中都能获得合作和成功。

思政课堂

生活就像一首美妙的乐曲,独奏、合奏各展风采,飞扬出美妙的旋律。

一位心理学家说:"如果你能够使别人乐意与你合作,不论做任何事情,你都可以无往而不胜。"要弹奏好生活的乐章就要善于与人合作。我们的学习必须与人合作,才能更加富有成果。古人说："独学而无友，则孤陋而寡闻。"

　　一个优秀的集体，它要具备成绩优秀、心理健康、勤学文明、活泼向上、团结友善等优点，然而最重要的就是要团结。集体是一个大家庭，我们每个人都是其中一分子。团结、互助、友爱是人生必不可少的道德品质，只有拥有这种优秀的品质，我们才能有机结合起来，担当起建设祖国的重任，社会才能和谐发展。

相关知识链接

一、团体

　　团体是指两个人及两个人以上彼此之间有互动关系的组合。社会团体一般具有以下四个特征：

　　(1) 团体内各成员间彼此觉知其存在，由于成员间的交感互动而生隶属感与依赖心。

　　(2) 团体虽集个体而成，但其本身仍为实在体。

　　(3) 团体的维护赖于团体规范与成员们的共同利益与兴趣。

　　(4) 团体是一种组织，组织有其追求的目标，团体之维系有赖于团体目标与个人目标一致。

二、团体心理咨询

　　团体心理咨询是相对一对一的个体心理咨询而言的。顾名思义，它是在团体情境下提供心理帮助与指导的一种咨询形式，以团体为对象，由咨询员根据求询者问题的相似性或求询者自发组成课题小组，运用适当的辅导策略或方法，通过团体成员的互动，共同商讨、训练、引导，来解决成员共同的发展或共有的心理问题。

　　团体的规模因咨询目标的不同而不等，少则3～5人，多则十几人，甚至几十人。通过几次或十几次团体聚会、活动，参加成员互相交流，共同讨论大家关心的问题，彼此启发，相互支持，鼓励分享，使成员了解自己的心理，了解他人的心理，以便改善人际关系，增加社会适应性，促进人格成长。实践证明，团体咨询既是一种有效的心理治疗，也是一种有效的教育活动。

三、团体心理咨询的作用

　　团体心理咨询是在团体情境中提供心理帮助与指导的一种心理咨询形式。它是通过团体内的人际交互作用，促使个体在交往中进行观察、学习、体验，从而认识自我、探讨自我、接纳自我，调整和改善与他人的关系，学习新的态度与行为方式以发展良好的生活适应能力的助人过程。

　　团体心理咨询有以下几个作用：

(1) 团体为个人提供了一面镜子；

(2) 成员可以从其他参加者和指导者的反馈中获得益处；

(3) 成员接受其他参加者的协助，也给予他人协助；

(4) 团体情景鼓励成员做出承诺并用实际行动来改善生活；

(5) 团体的结构方式可以使成员得到归属感。

四、团体心理咨询的目标

团体心理咨询的终极目标是自我实现、自我认识和促进自我成长。一般可概括为六条目标：

(1) 通过自我探索的过程帮助成员认识自己、了解自己、接纳自己，使成员能够对自我有更适当的看法。

(2) 通过与其他成员的沟通交流，学习社交技巧和发展人际关系的能力，学会信任他人。

(3) 帮助成员培养责任感，敏锐地察觉和关心他人的感受和需要，以及更善于理解他人。

(4) 培养成员的归属感与被接纳感，使成员更有安全感，更有信心去面对生活中的挑战。

(5) 增进成员独立自主、自己解决问题的能力，帮助他们探索和发现一些有效的方法来处理生活中的一般发展性问题，解决冲突矛盾。

(6) 帮助成员澄清个人的价值观，协助他们作出评估，并进行修正和改进。

五、团体心理咨询的功能

团体心理咨询之所以被广泛应用是因为它具有积极的功能。一般而言，团体心理咨询具有如下四大功能。

1. 教育功能

团体咨询的过程被认为是一种通过成员间的相互作用，来协助他们增进自我了解、自我抉择、自我发展，进而自我实现的学习过程。咨询学家本耐特(M.E.Bennett)指出，学生在团体咨询中的学习内容有以下十项：

(1) 学习如何真正地了解问题，并且能够面对它；

(2) 学习分析问题的技术；

(3) 学习在问题的研究和解决上如何充分利用资源；

(4) 学习了解内心，并改进行为；

(5) 学习了解别人以及与人共处的方法；

(6) 学习拟定长期的人生计划；

(7) 学习维持当前目标和长期目标的均衡；

(8) 学习选择经验的标准；

(9) 学习将知识、计划付诸实施；

(10) 学习评鉴进步情形及修正目标与计划等。

从本耐特的表述中可以看出，团体咨询十分重视成员的主动学习、自我评估、自我改进。团体心理咨询不仅有助于学生自我教育，团体心理咨询的过程还有助于培养学生的社会性，如学习社会规范，适应社会生活的态度与习惯，以及领悟互相尊重、互相了解、少数服从多数和民主作风的团队精神，以促进学生德智体全面发展。

2. 发展功能

咨询心理学强调发展的模式，它试图帮助咨询对象得到充分的发展，扫除其正常成长过程中的障碍。团体方式的活动不但可以为成员提供必要的资料，改进其不成熟的偏差态度与行为，而且能促进其良好的发展与心理成熟，有助于培养成员健全的人格及协调的人际关系。应该说，团体咨询最大的功能在于它有益于正常人的健康发展。

在学校里，理想的咨询工作不应该只是关心问题学生的咨询，更要注意对正常学生的引导。团体咨询能给正常学生以启发和引导，满足他们的基本需要、社会需要与自我需要，促进他们了解自我，改善人际关系，掌握建立充满信任的人际关系所需要的技巧和方法，养成积极面对问题的态度，对自己充满信任，对生活充满信心，对未来充满希望。

3. 预防功能

团体咨询是预防问题的最佳策略，可以预防心理问题的发生或减少心理问题发生的概率。通过团体咨询，成员对自己能有更多的了解，懂得什么是适应行为，什么是不适应行为。团体咨询提供了更多的机会，让成员之间彼此交换意见、互诉心声，研讨以后可能遇到的难题及可行的解决办法，增强处理问题的能力。

同时，团体咨询中，咨询师不仅能发现那些需要进行单独咨询的人，及时予以援助，还能使所有成员对心理咨询有正确的认识，这也起到了预防心理问题的发生与发展的作用。

4. 治疗功能

治疗是指减轻或消除已经表现在外的不正常行为。许多心理治疗专家强调人类行为的社会相互作用。在团体方式下，由于治疗的情境比较接近日常生活与现实状况，以此处理情绪困扰与心理偏差行为，易收到效果。

目前在学校心理咨询中，许多团体治疗技术已经得到应用。尽管学校中心理疾病患者人数很少，但情绪不稳、适应不良、有心理困扰的学生却为数不少。这些有心理困扰的学生经过团体咨询，其问题不再恶化甚至减轻，这既是预防，也是治疗。因此，团体咨询的治疗功效是显而易见的。

24. 爸爸妈妈，我要你们爱我

将饱含着爱的教育给予孩子，孩子们才能理解爱，自然而然地，他们也一定会明白如何去爱。

——题记

案例分享

伟是被班主任介绍来咨询室的。

前几天，伟的班主任向我介绍过他的情况，并且强调伟是个特别难管教的学生，说他纪律上自由散漫，学习上不思进取，劳动也不积极，最可恨的是总当着学生们的面和班主任对着干。

我让他们班主任建议伟来这儿咨询一下，但绝对不可以强迫他。

一天中午，我正准备午睡，迷迷糊糊地听到一句有气无力的声音："老师，我能进去吗？"

打开门，我看到了一张桀骜不驯的脸，还有高挑着的眉毛，歪着的脑袋，伟正斜靠在我门口对面的墙壁上。我笑了笑说："欢迎，请进！"

一进来，伟迫不及待地说："老师，你可不能把我给你说的话告诉我们班主任啊！心理咨询的起码原则，你给我们讲过的。"

我一听就笑了，看来伟听过我的心理健康教育与咨询课。

我答应他后，问他："你有什么事来咨询？"

"说实话，老师，我并不想做咨询，因为对我来说都没用。"面对我的提问，伟的脸色沉了下来。

"你还没有做咨询，怎么就知道没用呢？"凭经验，我知道伟不容易开导，但凭直觉，我断定，伟是一个缺乏关爱的孩子。

"我当然知道，我们老师找我谈了无数次话了，管用吗？不管用，我还是想干啥干啥，我根本不需要他们管我！他们算啥呀？"

"他们？除了你们老师，还包括谁？"我从伟别样的语气中听出了他的生气，而生气的对象很有可能是他提到的"他们"。

伟没有正面回答我的问题，而是反过来问我："老师，你能给我讲讲你们大人为什么要生小孩吗？"

伟的提问就像"人为什么要活着"一样，虽然简单，但异常难回答。仅仅从"社会要前进和发展，就必须要有新生命来推动，如果人类不繁衍后代，世界就没有进化了"来回答他，我认为不足以让伟满意，他来咨询也绝不是要咨询这样一个话题。

我问他："你问过你父母这个问题吗？"

"他们？他们除了赚钱什么也不懂。"谈到他的父母，伟几乎是鄙视的口吻。

"你父母做什么生意？"我顺着他的话题往下走。

伟的父母从事服装生意已经多年了，伟还有个弟弟。从小，伟与奶奶生活在一起。用伟的话来说，只有过年的时候，他才能和奶奶、爸爸和妈妈亲亲热热地吃顿饭，其他时间，他几乎忘了自己还有父母。也正因为这样，伟看到别的小孩在父母跟前撒娇亲热时就常常想哭。在学校，别的同学一捣乱，老师就会说："叫你家长来学校一趟！"家长也就真来了。伟为了让父母能去学校看他，他故意惹祸，可是他的父母忙于生意从来没去过学校。只有奶奶处处维护他、爱他，可对他的学习等其他方面的发展又无能为力。

伟说着说着，眼泪已经在眼眶里转了好久。都说男儿有泪不轻弹，我却希望伟能哭出来，把心中多年的郁结发泄掉。可怜的伟，在他幼小的年纪，他就在反复思考下列问题："我的爸爸妈妈爱不爱我？不爱我为什么生下我？爱我为什么不管我？"

古人语："兽有舐犊之情，鸟有反哺之恩。"父母爱子，纯属天性，可是父母呕心沥血，孩子毫不领情，因而人们惊呼："现在的孩子怎么了？"爱之以道，爱之以法，爱才有回报，孩子才会感动，爱才有效果。所以还应该问问天下父母："你是如何爱孩子的？"

意大利作家亚米契斯《爱的教育》一书风行全球，脍炙人口。无论哪一章哪一节，都把"爱"表现得淋漓尽致，大至国家、社会、民族的大我之爱，小至父母、师长、朋友间的小我之爱，处处扣人心弦，感人肺腑，使得全世界各国都公认此书为最富爱心及教育性的读物。

将饱含着爱的教育给予孩子，孩子们得到的这种教育才能转化为对爱的理解，自然而然地，他们也一定会明白如何去付出爱。这是多么美好的一种循环啊！

可是，在中国，有多少父母只顾埋头挣钱，还打着"一切为了孩子有个好环境"的幌子，而忘记了"爱"的真正内涵和实质。当然，面对伟，我不能过分地指责他的父母，我只能说伟还没有长大到足以理解父母的"苦心"。

但是，伟发展到今天这种状况，他的父母具有不可推卸的责任，而我们咨询的目的不是要评判谁的罪过，只是找出问题的症结来对症下药。伟的问题是缺失父母的爱，从而导致他哗众取宠的幼稚行为。

伟的智商绝对没问题，他是个相当聪明的男孩子，意识到自己这么多年处理问题的方式是错误的，他决定改善与老师和同学们的关系，并且再三要求我给他的妈妈打个电话。

伟走后，我略加考虑后拨通了他妈妈的电话。伟的妈妈听了我关于伟的叙述后作了深刻检讨，答应以后多给伟打电话，并且承诺尽快来学校看看伟。

此后，伟的父母经常诚恳地向我请教和孩子沟通的方法。经过一段时间的努力，伟与父母的关系渐渐融洽，伟也高兴地告诉我他准备报考助理会计师。

我知道，伟的天空已经晴朗了。

思政课堂

尊老爱幼，妻贤夫安，母慈子孝，兄友弟恭，耕读传家，勤俭持家，知书达礼，遵纪守法，家和万事兴等中华民族传统家庭美德铭记在中国人的心灵中，融入中国人的血脉中，是支撑中华民族生生不息、薪火相传的重要精神力量，是家庭文明建设的宝贵精神财富。家长要时时处处给孩子做榜样，用正确的行动、正确的思想、正确的方法教育引导孩子。要善于从点滴小事中教会孩子欣赏真善美、远离假丑恶。要注意观察孩子的思想动态和行为变化，随时做好教育引导工作。

相关知识链接

一、隔代教育

隔代教育一般在三代家庭和隔代家庭中进行，我国是世界上为数不多的普遍存在隔代教育的国家。虽然祖辈可以给孩子提供一个良好的生活环境，但其中也存在着很多不尽如人意的状况。我们应如何改进隔代教育的诸多弊端，正视隔代教育引发的诸多问题，克服其不足，发挥其优势，这是值得深思的问题。

二、隔代教育产生的原因

在当今中国，隔代教育已经逐渐成为家庭教育的主要形式。据调查显示，在上海，0～6岁的孩子中有50%～60%由祖辈教育，祖辈承担对孙辈的家庭教育正成为上海家庭教育的特色。孩子年龄越小，与祖辈生活的比率越高。上海市一项对0～3岁婴幼儿抚养方式的调查显示，与祖辈家长生活在一起的婴幼儿家庭共占73%，有祖辈家长参与婴幼儿抚养的共占84.6%。而在北京，有70%左右的孩子接受着隔代教育，广州接受隔代教育的孩子也有总数的一半。城市是这样，农村亦如此。现在，农村青壮年男女大多出外打工，小孩则交给老人照管。据估计，全国有近五成孩子接受着隔代教育，也就是说中国有一半孩子是跟着爷爷奶奶、外公外婆长大的。可见，隔代教育俨然成为中国家庭教育的一大特色，隔代教育的客观存在已成为不可回避的现实。

产生隔代教育也可能是其他的因素所造成的，比如由于父母离异、父母双亡或者"入托难"等情况，教育孩子的责任就落在祖辈身上。

三、隔代教育对孩子的优势

祖辈在长期实践中积累了更多的生活经验。祖辈有丰富的社会阅历和人生感悟，他们普遍认为孩子应在愉快、宽松的环境下学习和生活，这样的想法有利于孩子的自由成长，并且祖辈有充裕的时间陪伴孩子，能细致地照顾好孩子的日常起居生活。

隔代教育缓解了老年人的孤独感。老年人常常害怕孤独，儿女都在外忙工作，没有太多的时间陪伴老人，隔代教育刚好缓解了老人的孤独感，使其从孙辈的成长中获得生命力，看到自己生命的延续，而且还享受到和孙辈在一起的天伦之乐，对老人保持健康的身体和心态大有裨益。

四、隔代教育对孩子的弊端

北京师范大学儿童心理研究所教授表示："大比例的隔代教育是中国特有的国情。事实证明，隔代教育虽然对孩子存在着一定的优势，但是从整体上看，其负面影响是大于正面影响的。"这主要是因为老人们的价值观念、生活方式、知识结构、教育方式与现代社会或多或少会有差别，而且老人们在生理与心理上必然也带有老年人的特点。因此，隔代教育对幼儿的个性发展难免会有一些负面的影响。

(1) 祖辈的溺爱对孩子的影响。祖辈对孩子的溺爱和迁就使孩子产生"自我中心"意识，形成自私、任性的个性。老年人特别疼爱孩子，对隔辈的孙子、孙女容易产生迁就、溺爱。特别是当孙子、孙女是独生子女时就更加顾忌，怕出差错对不起儿女，怕儿女责怪，于是老人样样依着孩子，保护孩子，把孩子放在核心位置，使孩子成为家中的"小皇帝"或"小公主"，孩子犯错也不会及时纠正，当父母在批评孩子的错误时还处处袒护孩子，这样使得孩子失去了很多受挫的经验。祖辈还常常满足孩子不合理的欲望，使得孩子形成事事以自我为中心，全家人服务于他的想法，一旦孩子遇到困难或者要求得不到满足时，就会生气，大发脾气，变得极为自私、胆小、娇气。最终，孩子的自我认识、自我控制、自我评价都得不到很好的发展。

(2) 过分保护孩子遏制了孩子的独立能力和自信心的发展，增加了孩子的依赖性，容易使孩子变得娇气。在祖辈庇护下的孩子容易出现两个极端：一个极端是胆小怕事、不合群、寡言少语、应变能力差、性格内向；另一个极端则是放纵欲望、专横跋扈、难以管理，在家里是小霸王，到了外面却毫无独立能力，碰到问题只知道躲到大人身后寻找保护，从而造成生活能力低下。

(3) 脱节的教育理念对孩子的影响。祖辈的观念相对陈旧，接受新事物的速度较慢，影响孩子创新个性的形成。由于隔代家长与孙辈们的思想处于不同的时代，社会文化背景不同，经济状况也不同，地位不同，时代给予的压力不同，所以他们在教育观念上存在着很大的偏差。目前很多新兴时尚的事物对隔代家长来说还很难接受，也很难学习。例如，隔代家长由于自己不了解计算机，所以对此看法不一，难对孩子进行指导，使得孩子与社会接触的机会变少了。隔代家长希望孩子乖巧、听话、稳重、不出格，而不善于运用科学的方式引导孩子，这样容易泯灭孩子的好奇心、冒险和创新精神。

(4) "封闭式教育"扼杀孩子交往能力的发展，遏制孩子社会化发展。孩子与隔代家长长期生活在一起，长期沉浸于老人的生活空间和氛围，模仿的都是老人的言行，容易失去天真的本性。一般来说，老一辈的教育观念缺乏严格的科学依据，大多出自祖辈的生活经验，当然不能肯定这些方法对孩子的成长有害，但种种迹象表明，隔代教育中老年人常用的一些"土办法"对孩子的健康成长会存在一定的负面影响。有的老人害怕孩子在外面玩耍受欺负，索性采取"封闭教育"，这对孩子的发展明显是不利的。研究证明，经常把孩子关在家里，使得孩子见识少，可能导致孩子视野狭小，缺少活力，不敢面对陌生人，不会自己处理事务。由于祖辈照料的周全性，容易保护过度，放手不足，造成孩子交往上的依赖性，影响孩子独立性的发展。

五、如何消除隔代教育的弊端

隔代教育的弊端越来越凸显，如何将伤害降到最低？

(1) 加强亲子教育，父母应尽可能陪伴孩子成长。孩子的童年只有一次，对孩子童年的教育也同样只有这一次，错过了将永远无法弥补。在孩子成长的过程中，最需要的仍是父母的爱。作为父母，哪怕工作再忙，也要争取和孩子在一起，培养与孩子的感情，主动担负起对子女抚养和教育的责任；一味地依赖老人来抚养和教育孩子，把老人当免费保姆既是对老人的不尊重，也是对孩子的不负责。

(2) 全家人统一教育方式，协调好隔代教育，发挥其优势对孩子进行教育。家庭成员在教育孩子时态度的不一致是家庭教育的大忌。据一项调查发现，当父辈与祖辈因为孩子的事而争吵时，有73%的孩子表示不知道该听谁的。因此，父辈与祖辈在对孩子的教育问题上应该多进行沟通，年轻的家长应利用自己知识面广、接受事物快的优势，尽量将科学的教育方法传授给老一代，形成两代人在教育观念上的统一。父辈和祖辈应该相互配合，形成教育合力，对孩子实施教育，引导孩子健康成长。

(3) 隔代家长应多与学校、幼儿园联系。无论是祖辈还是父辈都应多与孩子的学校、幼儿园联系，祖辈更应主动和幼儿园、学校反映孩子在家的状况，共同商量和研究教育方案。在家庭内部，对孩子教育的目标和教育的方式要一致，这就需要经常沟通，形成合力，祖辈更不能完全照搬当年教育子女的方法。老人只有在思想上跟上时代，才会与孙辈有更多的共同语言，坚持爱和教育的结合。

(4) 祖辈应尽可能改变观念，改进教育方式。要培养成功的孩子，自己首先要成为成功的家长。要想做一名成功的家长，首先要善于学习。所以，学习家庭教育知识，提高家庭教育水平是摆在我们广大祖父母、外祖父母和父母们面前的迫切任务。祖辈自身素质的高低直接影响着对孩子的教育质量。中国共产主义青年团、中华全国妇女联合会和关心下一代工作委员会等部门应义不容辞地承担起这一任务，举办各种形式的祖辈家长学校、老年大学等，把爷爷奶奶、外公外婆们请到学校或送教上门，向他们宣传先进的教育理念，帮助他们解决家庭教育中的问题，指导他们搞好家庭教育。通过家长学校、老年大学等的学习，转变祖辈的教养思想观念，改变陈旧的教育方法，这样才能在家庭教育上趋利避害，把孩子引上成功之路。

25. 说出来，发泄掉

当在事业上、学业上遇到不幸时，要学会向关爱你的人倾诉；当在爱情上、生活中遭遇挫折时，要学会向你的家人倾诉。倾诉在现实生活中变得越来越不可或缺。倘若自己有了心结而不肯敞开心扉去倾诉，事情则会变得积重难返，难以收拾。

——题记

案例分享

明来自农村，是学院心理学协会会员，也是即将毕业的大三学生。

明平时工作积极认真，与大家相处甚好，就是性格比较内向，不善言辞。

我们在线上进行了两次聊天后，他说："老师，我再也不想藏着掖着了，我能和您好好聊一聊吗？"

"当然欢迎！"我立即答复他。

我们约好周一下午两点半在我的咨询室见面。当我室内挂钟显示下午两点半时，明分秒不差地敲响了我办公室的门。在我的应声中，明推开门走进来。我起身相迎，他搓了搓手，坐在了我对面。

"老师，我太痛苦了！"

"什么事使你如此痛苦呢？"我盯着他，发现他长着一双幽深发亮的黑眼睛。

"记得有一次，您给我们上心理学课的时候，您说：'世界上最伟大、最无私的爱是父母对孩子的爱。'我就是一个非常幸福的男孩，因为我的父母给予我的爱太多太深了。每次想到他们我的嗓子眼都堵得慌。"他低下头咽了咽唾沫，接着往下说："就是因为我觉得太亏欠他们了，所以我努力地学习，发愤图强，想有朝一日把他们从贫困的农村中解脱出来。可是，我发现我是个怪物，因为我们班男生除了我几乎没人在学习，他们不是上网打游戏，就是约女同学吃饭。"

"哦？"我的疑问使他知道我对他的话题非常感兴趣，这促使他继续讲下去。

"来到咱们学校后，我打算在这几年里争取学有所成，毕业后找个好单位工作，然后好好孝敬父母。可是只要我看书，他们就取笑我。我也真笨，刚来学校时我的计算机知识几乎为零。他们取笑我不会打游戏、不知道 QQ 是什么，就知道死读书。于是我拿着本《计算机基础知识》在网吧突击学习了一周的电脑知识。可是我和他们还是没有什么共同语言，于是，我只好偷偷地学习，然后还不敢告诉他们实情，直到我悄悄考取了会计从业资格证书和助理会计师证书，他们对我刮目相看的同时，我竟然从他们的眼光中读出了不屑！"明因为气愤和痛苦声调变得高亢了，脸上的青筋都暴露出来。

我明白明的这些话，在大学校园确实存在这样一群青年，他们自己不学习，还想方设法嘲笑打击那些爱学习的好学生。在校园中，历年的学生心理档案反映：学习兴趣低的人数占总人数比例 84.4%；学习态度良好的人数所占比例仅为 29.3%。这是一个值得高校领导和老师认真思考的问题。

"他们太过分了！自己不学习，还不让你学习吗？"我表达了对他极大的支持和对他们宿舍其他同学的不满。

"是呀，在我们班的另外两个男生宿舍，人家也有同学像我一样拿到了这两个证书，他们是那么高兴，我却痛苦极了！"

"我很了解你的感受，你痛苦是因为你身边没人理解和支持你。"站起身，我替他倒了杯水，明接过水后喝了一口，把水杯放在桌子上。

"是的，太痛苦了！他们都觉得我太正、太向上，没人知道我初中不好好学习，高中醒悟得太晚，我已经浪费了太多学习的好时光。"

"不晚！只要你肯努力，永远都不算晚。尤其是你现在才二十出头。"

"好的，老师，跟您把我心里话吐出来后，我有点明白下一步我该怎么做了。"

接下来，我和明一起分析了他成长中存在的一些问题，也非常肯定他积极上进和努力奋斗的精神。我们愉快地结束了这次咨询，双方都感觉收获很大。

明在当晚还给我发过来一条信息："老师，谢谢您！谢谢您用心地听我的唠叨，谢谢您解决我的问题！今天和您谈心使我备受鼓舞，我会更加坚定地向目标迈进，努力地去迎接挑战！"

思政课堂

习近平总书记多次提到，我们要终身学习。当代中国青年是与新时代同向同行、共同前进的一代，生逢盛世，肩负重任。青年处于人生积累阶段，需要像海绵吸水一样汲取知识。广大青年抓学习，既要惜时如金、孜孜不倦，下一番心无旁骛、静谧自怡的功夫，又要突出主干、择其精要，努力做到又博又专、愈博愈专。特别是要克服浮躁之气，静下来多读经典，多知其所以然。要不断坚定"四个自信"，不断增强做中国人的志气、骨气、底气，树立为祖国为人民永久奋斗、赤诚奉献的坚定理想。要锤炼品德，自觉树立和践行社会主义核心价值观，自觉用中华优秀传统文化、革命文化、社会主义先进文化培根铸魂、启智润心，加强道德修养，明辨是非曲直，增强自我定力，矢志追求更有高度、更有境界、更有品位的人生。要勇于创新，深刻理解把握时代潮流和国家需要，敢为人先、敢于突破，以聪明才智贡献国家，以开拓进取服务社会。要实学实干，脚踏实地、埋头苦干，孜孜不倦、如饥似渴，在攀登知识高峰中追求卓越，在肩负时代重任时行胜于言，在真刀真枪的实干中成就一番事业。

相关知识链接

一、倾诉

倾诉就是把你内心的真实感受向另一个人诉说出来，不管是快乐的事还是忧伤的事。现代社会，人人有烦恼，人人有压力。有人说过："心系千千结的人，要学会倾诉。"倾诉，就是让内心不快的情绪得以全方位荡涤，一吐为快，它是化解心中苦闷与抑郁的绝佳方式，也是让紧张的心情放松、让不快的情绪消失的最好方式。

每当事业上、学业上遇到不幸时，学会向关爱你的人倾诉；爱情上、生活中遭遇挫折时，学会向你的家人倾诉。倾诉在我们的现实生活中，越来越不可或缺。倘若自己有了心结而不肯敞开心扉去倾诉，事情则会变得积重难返，难以收拾。

二、倾听

倾听是心理咨询的第一步，是心理咨询师和求助者建立良好咨询关系的基础。只要学会了倾听这门技术，人人都可能是别人的心理咨询师。倾听既是表达对求助者的尊重，也是为了了解情况，同时也能使对方在比较宽松和信任的氛围下诉说自己的苦恼。

但是，并非人人都能理解倾听的含义，初学咨询的人和没有咨询经历的人大都以为咨询是咨询师"讲"，而不知道最重要的还是"听"，尤其在咨询的初期和中期。倾听不仅是为了明了情况，也是为了建立咨访关系，同时还有助人效果。

倾听是心理咨询师应该具备的首要技能，它不仅是要用耳朵听来访者的言辞，还需要一个人全身心地去感受对方在谈话过程中表达的言语信息和非言语信息。倾听并不比说话容易，好的心理咨询师必定会很好地倾听来访者的叙述。很多求助者不愿意向咨询师讲述内心的真实想法，主要是因为咨询师没有做到积极倾听。

三、倾诉的作用

心情不好时，找人倾诉一番有多重要？心理学家证明："倾诉能帮你保持健康的心态。"研究人类大脑的美国专家说："把负面感受说出来，可以减弱恐惧、惊慌等强烈情感带来的大脑组织反应，还能激活控制情绪冲动的大脑区域，有助减轻悲伤和愤怒。"当你感到痛苦却无人可倾诉，或者根本说不出口时，该怎么办？心理专家给出的答案是"当你陷入烦恼时，需要的不是一个好参谋，而是一个好听众"。

四、倾听的作用

积极的倾听在心理咨询中有很多重要的作用，它是建立积极的咨询关系和进行有效心理咨询的前提条件。倾听的作用体现在以下几个方面：

首先，倾听是收集信息的过程，信息包括求助者的言语信息和非言语信息。收集信息这一过程对心理咨询师至关重要，忽视求助者表达的信息，就难以真正理解求助者。

其次，倾听能够创造一种安全、温暖的气氛，使求助者能够更加开放自己的内心，更加坦率地表达自己真实的想法。

再次，倾听能够向求助者反馈心理咨询师对求助者的尊重与关注，这会使求助者感到自己的谈话内容对心理咨询师很重要。这在一定程度上起到了正向强化的作用。大量研究表明，每个人都喜欢和尊重自己谈话的人交流。

最后，倾听为咨询师干预、影响求助者建立了互相信任的基础，在求助者心中树立了威信。这也会使求助者的自信心不断增加，使求助者更容易接受咨询师的建议和解释。

五、倾诉与倾听的关系

倾诉是对倾听者的一种信任。面对别人的倾诉，我们要学会倾听，倾听是对倾诉者的一种理解与尊重。现代人应具备一种"仁者爱人"的善良性情，既要学会倾诉，也要学会倾听。这是因为倾听与倾诉可以转化，可以互动，角色的换位随时都会发生。

作为一个独立的生命个体，人们面对纷繁复杂的世界，难免会有孤独无助的时候。学习上的困难、工作中的挫折、恋爱的失败、家庭的变故等，各种各样的应激需要你来应对，并作出适当的反应。不同的人会有不同的应对方式，有人会积极寻找倾诉对象，有人会保持沉默。一味的沉默是危险的。因为所有的应激都会使人产生焦虑，如果得不到及时的疏导，这种焦虑就会以一种心理负能量的形式在你心里积聚下来，当达到某个临界点的时候就会使你患上抑郁症甚至精神疾病，这也是我们需要倾诉的最主要的原因。

倾诉意愿以及倾诉的方式与人的个性心理特征有很大的关系。外向型性格的人开朗大方，一般不会把所有的事情都自己扛着，他们总是能及时找到倾诉对象来舒缓心中的焦虑。内向型性格的人也有自己应对应激的方式，或者有二三个知己可以一诉衷肠，或者可以通过写日记甚至自言自语来排解烦恼。

在强调倾诉重要性的同时，我们也不要忘了当有人向你倾诉的时候，你该学会做一个善解人意的忠实听众。心不在焉或者只会"嗯嗯"地点头应付都是不可取的。心理学有一个专业名词叫"共情"，就是说要用自己的心去体验倾诉者的内心世界，从对方的话语中体会其内心的感受、信念和态度，体会其内心的矛盾和痛苦。如果你能和倾诉者达到"共情"的境界，那你就是一个很好的听众，并且极容易得到朋友的信任。

倾诉和倾听是一颗心通往另一颗心的一扇门，让我们把这扇门打开，让快乐和不快乐都能自由畅流；倾诉和倾听是一面看得见自己也看得见别人的镜子，我们要常常照照镜子，了解自己也了解他人。

学会倾诉吧，为了心理更健康，为了生活更快乐，我们不必把所有的事都憋在心里；学会倾听吧，为了人间的和谐，为了世界的美好，我们都可以做别人的心理咨询师。

26. 请熄灭心头无名之火

很多大学生无论在学业上还是情感上都有太多压力，而过多的压力会使他们走向极端。大学生能否妥善管理自己的情绪，不仅影响其身心健康，而且会影响到他们能否优质高效地完成学习任务。

——题记

案例分享

有一年心理健康活动月，电影赏析课时我选择了心理大片《心灵捕手》，这部影片的英文名字是《Good willing hunting》，有人把它还翻译成《骄阳似我》。

我喜欢"心灵捕手"这个词。这部影片真是值得一看：两位老师从两种角度教育学生。一位老师关心的是学生的社会成就，可以说是关注其生存；另一位老师关心的是学生的心智成熟，可以称之为关注其成长或生活。

作为一名心理咨询师，从电影中我可以看到青年学生可贵的可塑性，看到了心理咨询师人格的魅力，看到了心理咨询给予人震撼的帮助。

影片放映完毕，我接到一个学生的短信："老师，我又一次听了您的电影解析，很受启发。我想和您谈谈我的心理问题，可以吗？"

就这样，勇来到我的咨询室。这是一个长得非常帅气的男孩，白皮肤、大眼睛、高鼻梁，身材颀长，穿着一件呢子半大衣，衬得他英气逼人。

他给我一种压迫感，这样长相完美的男生我只在电影中看到过，他也使我有种错觉，他不是来做心理咨询的而是来向我来示威的。

勇坐下来后，从电影的故事情节说到他个人的成长经历。他说，这部电影他看了无数遍，除了学校放映的两次，他自己还专门从网上下载下来，只要遇到烦心事他就会想到这部电影。这部电影彻底打动了他，因为他小时候曾经也与主人公一样，经受过许多孤独和伤害，只是没人了解。

勇生活在一个小县城，他的爸爸是警察，妈妈在银行上班。爸妈平时工作忙碌，他跟随姥姥一起生活。勇从小很活跃，并且是过度活跃。在幼儿园，每个小朋友他都欺负过，老师都被他整得哭鼻子、上不成课，为此他先后换过好几家幼儿园。

上了小学，勇还是没怎么改变。上课常常被老师罚站，妈妈也没少训过他，爸爸还拿皮带、皮鞋底子抽过他。只有小学四年级时，他的音乐老师夸过他一句话："这孩子，长这么漂亮！嗓门这么大，是个唱歌的料！"回家后他就缠着姥姥要学唱歌，姥姥不让，爸妈不愿意。从那以后，他更加桀骜不驯，别人都不敢和他多说一句话，因为他动不动就发脾气，发脾气后就打人。

电影《心灵捕手》的主人公维尔对童年时抢过他饭盒的同学大打出手，维尔在酒吧也要与和他意见不同的大学生单打独斗。这些场面勇是那么熟悉，因为他也曾像维尔这样做过。前两天，他甚至因为下楼梯时被旁边的人多看了两眼，就对人家挥出了拳头。当有女孩子对他表示好感时，他像维尔一样伪装自己、封闭自己，他拒绝她们，以免她们知道自己的缺陷后抛弃自己。他信奉的理由就是与其让人欺负，不如欺负别人；与其让别人先拒绝自己，不如自己先拒绝别人。

我终于明白勇刚进来时给我的那种逼迫感是什么了，就是他眼睛里透露出来的那种不可一世的霸气。实际上，他的内心很孤单很痛苦，他特殊的外表成了他对待人生的武器。我也错怪了他，以为他是向我示威。

"老师，我知道自己脾气暴躁，这种脾气很伤人。在家里，我破坏了家庭的和谐；在学校，我破坏了同学们的友谊；在宿舍，我破坏了宿舍的团结。我特别想改掉这种爱冲动、发脾气的臭毛病。您说，我为什么会这样？我能改了吗？怎么改？"说到伤心处，勇的眼睛里竟然湿润了。

于是，我给勇作了以下的解释：引起一个人暴躁的因素主要是性情怪僻、注意力涣散和多动症、心境焦虑等。在幼儿时，勇已经表现出一些多动症的特征，又由于多次变换幼儿园、与姥姥生活、和父母的分离等原因使他产生心境焦虑障碍，但是没有被及时发现和矫正，所以养成他性情怪僻的个性特征。

患有注意力涣散和多动症的人常常表现出极端的注意力不集中或过度活跃和冲动，他们承受挫折的能力较差，适应变通能力较弱，所以会经常发脾气，情绪不稳定。性情怪僻的人只适应习以为常的事物，每当外界环境略有微小的变化，他们就感到不适应和难以接受，他们就会躁动不安，反应过激。

面对勇的心理问题，我和他协商后作了下面的咨询目标：

(1) 加强对暴躁危害的认识；

(2) 合理调节情绪方向；

(3) 转移注意力，平息怒火；

(4) 学会忍让，达观待人；

(5) 学会尊重他人。

勇出门时对我再三表示感谢，我知道勇迟早会改变自己的，因为他有强烈的改变欲望。

思政课堂

很多大学生不管是在学业上还是在情感上都有太多压力，而过多的压力会使大学生们走向极端。大学生能否妥善管理自己的情绪，不仅影响到其身心健康，而且会影响到他们能否优质高效地完成学习任务。

合理的情绪管理有以下几个作用：

(1) 有助于大学生的学业发展；

(2) 有助于大学生人际交往关系的发展；

(3) 有助于大学生生理和心理健康的发展；

(4) 有利于大学生树立正确的人生观、价值观；

(5) 有助于学校和社会的和谐发展。

大学生可以通过情绪转移、适当比较、交换角色等方式来表达自己的情绪，也可以通过听音乐、做游戏、倾诉、运动、适度痛哭、咨询等方法来宣泄自己的情绪，释放自己的不良情绪，使自己的心态保持平衡。

相关知识链接

一、脾气暴躁

在生活中，有的人性格温和稳重，有的人活泼，有的人沉稳安静，有的人易激动急躁。一个人性格的形成是由多种因素造成的，它与先天遗传的神经类型特点有一定联系。随着年龄的增长，人与外部世界的联系会越来越多，因此后天的生活环境对人的影响也越来越大。特别是家庭成员的人际关系、家庭的生活方式、教育态度等对人的性格的形成有重要的影响。成年之后，性格还和自我文化修养、思想意识的锻炼熏陶有密切关系。

二、脾气暴躁的家庭原因分析

首先，是家人的溺爱。父亲、母亲或爷爷、奶奶过分疼爱孩子，总怕孩子受委屈，为了博取孩子的欢心，有求必应，而不考虑这种要求是否适当。这样就逐渐使儿童滋生了一种以自我为中心的意识。以自我为中心的孩子无论做什么事，都以自己的意志为主，随心所欲，为所欲为。有时，父母觉得孩子的要求过于无理，本不想答应，但孩子一发脾气，就立刻加以满足，这是一种最糟糕的做法。因为孩子从中知道，发脾气是满足愿望和要求的有效手段，于是就变得更容易发脾气了，造成了恶性循环。

其次，是家庭教育缺乏一贯性和一致性。今天禁止的事，明天便鼓励去做，父亲认为是好事，母亲说坏，爷爷同意的事情，奶奶偏要阻拦。这样就会增加孩子的受挫感，从而导致烦躁和暴躁。

再次，是父母对孩子要求过分严格。孩子稍有过错或没有按要求去做或做得不好，父母就严加训斥甚至把孩子狠狠地揍一顿。这种做法会造成两种不良结果：其一，使孩子感到不满和压抑，这种不满和压抑会在以后的某种场合中表现出来；其二，父母的举动为孩子提供了一个效仿的榜样，一旦环境适当，孩子也会表现出同样的暴躁和攻击性行为。

除此以外，疾病与生理条件也是引发坏脾气的原因之一。神经衰弱的儿童特别容易兴奋、发脾气，处于疾病和疲劳状态中的孩子也常常有烦躁不安、易于发火的表现。

三、如何改掉暴躁的脾气

良好的性格有助于人们与更多的人友好相处，不良的性格不仅使人们失去宝贵的友谊，发展下去还会对一个人以后的学习、生活等都造成很大的障碍。不良的性格一旦形成，要改变它是比较困难的，成年之后更是如此。因此，我们要及时矫正不良性格表现，改掉暴躁的脾气。

(1) 对暴躁易怒的危害性要有足够的认识。在生活中，我们常常看到有些人因为一些不足挂齿的小事而发怒，做出不该做的事，引起恶性斗殴，甚至导致人命案件的发生，最后锒铛入狱，事后常常后悔不已。所以发脾气并不能使问题得到解决，反而会增加新的矛盾。

(2) 增强理智感，学会克制自己的怒气。增强理智感，可以使我们遇事多思考，多想想别人，多想想事情的结果，认真对待，慎重处理。一旦发觉自己出现了冲动的征兆时，及时克制，增强自制力。

(3) 学习一些帮助自己克制暴躁脾气的好方法。在家或在课桌上贴上"息怒""制怒"一类的警言，时刻提醒自己要冷静。文学家屠格涅夫曾劝告那些易于爆发激情的人，"最好在发言之前把舌头在嘴里转上几圈"，通过时间缓冲，帮助自己的头脑冷静下来。在快要发脾气时，嘴里默念"镇静、三思"之类的话。这些方法都有助于控制情绪，增强大脑的理智思维。用一个小本子专门记载每一次发脾气的原因和经过，通过记录和回忆，在思想上进行分析梳理，定会发现有很多脾气发得毫无价值，会让人感到很羞愧，以后怒气发作的次数就会减少很多。

(4) 转移注意力。当发觉自己的情感激动起来时，为了避免情绪立即爆发，可以有意识地转移话题或做点儿别的事情来分散自己的注意力，把思想感情转移到其他活动上，使紧张的情绪放松下来，或迅速离开现场，去干别的事情，比如找人谈谈心、散散步，或者干脆到操场上猛跑几圈，这样可将因盛怒激发出来的能量释放出来，心情就会平静下来。

(5) 灵活处理。很多事情是可以有多种处理办法的，遇事要灵活行事，不要那么僵硬，有时可以退让一下，给对方改变主意和态度的机会。

(6) 换个角度考虑问题，体谅他人感受。做人应当有一点儿"雅量"，即容人之量，要"待人宽、责己严"，不要动辄指责怪罪别人。因区区小事而对同学发脾气是极不礼貌的行为。你发了火，泄了气，痛快了，可这种痛快是建立在别人的痛苦之上的，如果把你调个位置，有人对你大发脾气，你会怎么想？所以，一个时时想着别人、处处体谅别人的人，即使自己心中不快，也不会迁怒于人，更不会把自己的不愉快强加给别人。

(7) 聆听音乐可以调节情绪。如果你的情绪容易兴奋、激动，那么建议你平时有时间多听听节奏缓慢、旋律轻柔、音调优雅轻松的音乐，这对安定情绪、改掉暴躁的脾气也是有帮助的。

27. 女孩，别冲动

　　人的情绪是以认知为前提的。认知正确，要求合理，目标容易实现，也有助于保持饱满的热情，情绪稳定，心情舒畅；反之，认知偏激以至错误，或者好高骛远、想入非非、需求过分，就会与现实发生矛盾，产生偏激情绪，容易做出出格的行为。

——题记

案例分享

　　每到学校的心理健康活动月，我们都会开展一系列心理健康教育活动，包括心理电影赏析、心理咨询讲座、呵护心灵的签名以及心理漫画展和心灵故事征文等。

　　萍在心理健康活动月开幕那天晚上给我发短信："老师，我又听了您的一次讲话，上次是在新生入学教育时。无论如何我想见您一面，否则我可能会做傻事。"面对这样的短信，我总是及时回复，并约好了见面时间。

　　第二天一早，萍如约走进我的咨询室。她是一个面容姣好、身材窈窕的女孩。一进门，她就急切地对我说："老师，我知道，总有一天我会找您做咨询的。所以，新生入学教育时我就专门记下了您的手机号。"

　　我忙给她安排就座，并且欢迎她来做咨询。萍是一个和宿舍同学闹意见闹得不可开交的女孩。在前一天的短信预约中，她说："老师，宿舍的人都排挤我，我找不到其他能去的宿舍。和她们在一起令我太痛苦了，我都不想在这儿念书了。"

　　我落座后，萍用她那双水汪汪的大眼睛看着我："老师，您知道吗？每次不高兴，我都想拿着我们宿舍那把拖把把她们一个个打一遍。"

　　"用拖把？"我注意到萍说"拖把"这两个字时是咬着牙狠狠地说的。

　　"是的，我和她们的矛盾就是从拖把开始的。"

　　于是，萍开始诉说事情的由来。萍生活在一个比较安逸的家庭，她的爸爸在公司工作，妈妈在家当全职主妇，专门照顾她和弟弟。萍上大学之前从来没有用过拖把。即使她以前在学校打扫卫生，也只是扫扫地而已。

　　由于她父亲有车，所以每周五下午她就被爸爸接回家，周日下午又被送回学校。每次回学校时，她就给舍友们带许多好吃的东西。起初，她们两个人一组轮流打扫宿舍卫生，她扫地，另一个女孩负责拖地。后来舍长提出每天一个人就可以收拾完宿舍卫生，于是她犯了愁。到她拖地时，她死活不去洗拖把，并说自己不会。舍友没人相信快二十岁的人了没拿过拖把，所以大家不依不饶，非要让她独自拖一次地不可。

　　萍在大家的注视下拿起了拖把，来到卫生间水龙头前，拧开水龙头后，她胡乱洗着拖把，想起在家里妈妈的疼爱、爸爸的呵护，她的眼泪不停地流，并且越想越生气，最后她竟然扔下拖把跑到大街上，一个人漫无目的地走了一下午。晚上回到宿舍，没有一个人主动和她打招呼，她又沮丧又难过。从那以后，她一看见拖把就生气得想打人。

　　"这种情绪有多长时间了？"我终于能插进一句话来。在心理咨询过程中，搞清楚求助者问题的持续时间有助于判断求助者心理问题的严重程度。

　　"从国庆节到现在有两个月了吧？"萍侧着头想了想，"我现在不能看书，不能好好睡觉，整天想的就是要用拖把揍她们。"如果一个人的心理问题持续存在，并对自己的生活、学习和工作带来很大影响，甚至在睡眠、饮食、情绪等方面出现障碍，就更需要心理咨询与治疗了。

　　"你以前出现过和同学们闹意见的事情没有？"看着萍这么漂亮的脸蛋和高挑的身材，我很想探究她内心深处想打人的思想究竟是从哪里来的。

　　"以前，我在我班特别受欢迎。男孩子们尤其喜欢我，只要有人欺负我，就有男生为我打抱不平。有一次，有位女同学骂我不是省油的灯，我就叫了我的一个铁哥们扇了她耳光。后来她不服气又找人想打我，我也就找人揍了他们，其中有一个人还被我叫的人打得住了医院，缝了针。"

　　"这些事，你的家人知道吗？"我问她。

　　"当然知道了，药费还是我爸爸去医院结算的。从小到大，只要我受了委屈都是我爸爸帮我摆平的。我弟弟特别像我爸，只要让他知道谁欺负我了，他也会替我'收拾'人家的。"

　　"那你还没有把你在这儿受的委屈告诉你爸爸和你弟弟，对不对？"我刨根问底。

　　"没有，我不敢告诉他们了。"萍低下头，接着叹了口气。

　　"为什么不敢了呢？"我又问。

　　"这样不太好吧？我觉得自己都这么大了，一有事就找家长，影响太不好了。"她直了直腰回答我。

　　"是的，你没有把学校宿舍内的矛盾告诉你家人是正确的。因为你也知道他们解决问题的方式你并不喜欢，但你忍不住想依靠武力来解决，是这样吗？"我帮她分析她的心理问题产生的原因。

　　"是呀，老师。你怎么知道得这么清楚？"萍对我的话感到很惊讶。

　　"不是我知道得清楚，而是你诉说得太明白了。"

　　接下来，我结合她的问题给她讲解了精神分析理论的一些观点。在精神分析理论中，弗洛伊德把每个人的人格分为本我、自我、超我三个部分。本我追随快乐原则，使萍习惯了用武力来解决她遇到的一切问题从而获得满足感；但是随着年龄的增长，超我要求萍追随道德的原则，做事要合乎良心和道德力量；自我追随现实原则，是本我和超我的中间桥梁、调节者。一个人要保持心理正常，要生活得平稳、顺利和有效，就必须依靠这三种力量维持平衡，否则就可能导致心理失常。萍现在就出现了心理失常现象。

　　于是，我和萍一起分析她情绪波动的原因，并确立了咨询目标和下次咨询时间。

　　人的情绪是以认知为前提的。认知正确，要求合理，目标容易实现，则有助于保持饱满的热情，情绪稳定，心情舒畅；反之，认识偏激以至错误，或者好高骛远、想入非非、需求过分，就会与现实发生矛盾，产生偏激情绪，心浮气躁，很容易做出出格的行为。

一周后，萍如约而至。她说自己已经尝试着平息激动的情绪，心情平淡了许多，但和舍友关系还是很僵，用她自己的话来说："我根本不搭理她们了，因为我不屑与她们为伍，她们不配做我的朋友。"

看来萍的反思仍然只停留在她自己的角度上，她还是没有学会站在他人的立场上来分析问题，她仍然视其他同学为敌。如何改变萍这种认知上的错误呢？

我一时半会儿也很为难，但是我很快就想到了对策。我问萍："如果你将来遇到你的另一半，他在家里什么活也不会干，而且一生气他就动武，你会怎么做？"

萍偏着头，想了想，笑了："不会这么巧吧？我什么也不会，他什么也不会。我发脾气，他就动手。太可怕了，我们怎么过日子呀？"

问题到这儿非常明白了，萍凝想了片刻，突然站起来兴奋地对我说："谢谢您，老师，我知道我该怎么做了。"

第二天，我收到了萍的短信："老师，我和宿舍的同学们都和好了。通过这件事，我不仅结识了您，还明白了很多道理。这是一笔财富，您不仅是我的老师，您更是我的朋友！"

我笑了，帮助身边的学生快乐成长是我最大的快乐！

思政课堂

在成功的路上，最大的敌人其实不是缺少机会，或是资历浅薄，而是缺乏对自己情绪的控制。愤怒时，不能止怒，使周围的合作者望而却步；消沉时，放纵自己的萎靡，把许多稍纵即逝的机会白白浪费。成不了心态的主人，必然会沦为情绪的奴隶。

我们需要管理好自己的情绪。当你能控制自己的情绪时，你就是优雅的；当你能控制你的心态时，你就是成功的。千万不要把不良情绪挂在脸上，因为那是一种令人讨厌的表情。

相关知识链接

一、情绪和情感

情绪和情感是人的心理活动的一个重要方面。广义的情绪包括情感，是人对客观事物是否符合自己的需要而产生的主观体验。客观世界的刺激并不能全都引发人的情绪，只有与人的需要有直接或间接联系的事物，才能使人产生情绪体验。通常，那种能满足人的某种需要的对象，会引起人的肯定的情绪体验(如满意、愉快、喜悦等)。反之，那种妨碍或干扰人的某种需要得到满足的对象，则会引起否定的情绪体验(如不满意、痛苦、忧愁、恐惧、愤怒等)。

情绪和情感是同一心理现象的两个不同的方面。情绪指的是感情反应的过程，具有情景性和易变性，并伴有明显的生理变化和外部行为的表现。情感常用来描述具有深刻、稳定的社会意义的感情，与情绪相比，它更为深刻，且具有稳定性和持久性。情感需要通过情绪来表现，离开了情绪，情感也就无从表达了。情感也能制约情绪的表现方式。

二、情绪情感的生理变化和外部表现

情绪和情感是以需要为中介的一种心理活动。情绪和情感是主体的一种主观感受或内心的体验，会引起一定的生理上的变化。情绪和情感有其外部表现的形式，即表情。

1. 情绪情感的生理变化

随着情绪、情感的发生，有机体会在呼吸系统、循环系统、消化系统和腺体活动等方面发生一系列的生理变化。情绪和情感与人的健康密切相关，比如生气或受惊吓时，呼吸短促并加速，心跳和脉搏加快，血压升高，血糖增加；突然震惊还会暂时中断呼吸。在非常紧张的状态下，如大怒，由于肾上腺素分泌的增加，还会引起血糖、血压的升高和肌肉紧张度的增高，胃肠蠕动加快，使机体处于应激状态。而处于焦虑、抑郁时，则会出现消化腺活力下降等。

2. 情绪情感的外部表现

情绪情感的外部表现通过表情来实现。表情动作简称表情，它是情绪在有机体上的外显表现，或者指有机体通过自己身体的外显行为来表达感情。人类的表情是复杂而细腻的，它可表达种种心理内容，还可以表达语言不能表达或不便表达的心理状态。表情动作可以分为面部表情、姿态表情和言语表情。

面部表情是指面部的表情动作。眼、眉、嘴、鼻等的变化最能表现一个人的情绪。例如，高兴时人的面部两眼闪光，嘴角后伸，上唇提起；愁苦时眉头紧锁，眼睑、双颊和双唇下垂。

姿态表情又叫动作表情，是指情绪在身体姿态、四肢活动方面的表现。例如，高兴时手舞足蹈、捧腹大笑，悲恸时捶胸顿足，惧怕时手足无措，骄傲时趾高气扬等。

言语表情是指情绪在音调、节奏和言语速度方面的表现。例如，悲哀时音调低且差别很小，言语速度慢，节奏变化小；开心时音调高且差别很大，言语速度快，节奏变化大；愤怒时声音高、尖而且伴有颤抖。

三、情绪情感的功能

情绪与情感是心理过程中非常重要的一对概念，而情绪与情感的功能也很重要。

1. 适应功能

情绪与情感是个体在环境中生存以及谋求发展的重要手段，当个体面对新环境或者危险环境时，情绪与情感可以帮助个体更好地寻求心理安全和发展。例如，学生为了获得老师的奖励或者赞赏而努力学习；人在落水时大声呼救，都体现了这一功能。

2. 信号功能

情绪与情感是个体的心理过程，可以在个体交流、交往过程中传递信息，将自己的要求、愿望、态度等传递给对方，实现个体间的沟通。这种功能更多的是通过表情传达的，如点头微笑表示赞赏愉悦，摇头皱眉表示反对。因此，情绪情感的信号功能是指个体能以体验的方式表达出自己对周围事物的认识和态度，并对他人施加影响。

3. 感染功能

个体之间的情绪与情感可以相互传递或者感受，个体的情绪、情感可以感染别人，使别人产生强烈的内心体验，形成与之相应的情感，这是人和动物的显著区别。我们日常生活中所说的产生"共鸣""感同身受"都属于感染功能的体现。

4. 调节功能

调节功能也叫作组织功能，这一点要加以注意。调节功能是指个体面对困难或者无法接受的心理状态时，通过对心理活动的检测和调整，使自身心理感受达到适应的状态。

5. 动力功能

情绪与情感的动力功能是指情绪、情感能够驱使个体进行某种活动，也能够阻止或干扰正在进行的活动。积极的情绪可使人精神振奋、想象丰富、思维敏捷、富有信心，消极的情绪则使人感到枯燥无味、想象贫乏、思维迟钝、心灰意懒。

四、如何调控情绪

在每天的生活中，我们绝大多数时间都在有意或无意受到情绪的控制，它既能使人精神焕发、充满激情、思维敏捷、干劲倍增，又能使人萎靡不振、情绪低落、思路阻塞、消极怠惰。心理学家把人的情绪分为积极情绪与消极情绪两大类，积极情绪对人有正向的、积极的作用，消极情绪则对人有负向的、消极的作用。对于积极情绪，要尽力发展；对于消极情绪，则要严格控制。

(1) 理智调控，冷静处理。人是有理性的高级动物，情绪的强度、表达都可以在人的控制中。遇到问题，我们要学会理智地分析、判断，三思而后行。这是调控自己的情绪的一个良方。

(2) 适当宣泄，寻求咨询。产生心理问题后，如果不及时解决，被一再压抑，时间长了，心理问题会泛化、变质，也可能转化为心理疾病。我们应当防微杜渐，遇到情绪问题及时找朋友、找老师倾诉、哭泣或者进行一场剧烈的运动等，把情绪合理地宣泄掉，身心就会轻松许多。或者找专业老师进行咨询，更能很快消除消极情绪，走出低谷。

(3) 心理放松，轻装前行。静坐冥想、欣赏音乐、肌肉放松等都可以使我们的心灵安静和沉淀。我们的心理需要休息，休息就是放松。读小说、听音乐、看电影、喝杯水、看个笑话都不失为放松的好方法。大家要认识到，放松是生活的必需，就像足够的睡眠有益于身心一样。心理放松是为了轻装前行，走得更远。

有人说，情绪是思维的催化剂，思维能力可以通过情绪的调节而显示出更高的效应，人也会因此显得更聪明能干。

愿我们每一个人都拥有良好的情绪状态，健康快乐地成长与生活。

28. 就业，不得不说的话题

大部分学生在毕业前夕存在"没有感觉""找不到方向"的心理问题，这是因为他们缺乏对现实问题的考虑，例如自身性格与职业的匹配度，兴趣爱好与职业的匹配度，自身特长与职业的匹配度，所选职业的发展趋势等问题。

——题记

案例分享

新学期开始，快毕业的学生们也到了求职的冲刺阶段。为了帮助同学们尽快找到合适的用人单位，学校聘请了专门老师为学生做就业前的辅导，招生就业处举行了一场又一场的招聘会。

即便如此，学生们还是对就业有各种各样的迷茫和困惑。

晨是会计系的学生，在面试的前一天，他来到咨询室："老师，我真的好矛盾，好痛苦！"

晨来自小县城，能够来到省城读大学，父母对他寄托了很大的希望，希望他将来能在大城市找份好工作，出人头地。可是面对大城市激烈的竞争，晨想回县城发展，但离开大城市又觉得不甘心。

"就要毕业了，内心真的是烦躁不安，我周围许多同学也都像我这样，非常痛苦。社会上对高学历盲目追求，我们似乎一点竞争力都没有。老师，您说我们怎么办？"

"那你有没有分析过自己，你清楚自己想做什么，能做什么吗？"看着他满面愁容的样子，我想应该先帮助他理清思路。

"三年来，我一直在考虑自己该何去何从，尽管拿到了一些证书，但还是感觉学到的东西很少。我不知道自己想做什么，我也不知道自己究竟能做什么！"晨痛苦地回答。

这就是晨的首要问题，最让他头疼的就是他不清楚自己能做什么，想做什么。这样的问题使他一天比一天迷茫，一天比一天困惑，最终造成他今天的痛苦。

根据相关部门统计，针对近年来毕业生的调查显示：认为"就业形势不好，就业压力大"的比例高达 67%，还有 29% 的学生认为"就业形势严峻，就业非常困难"；仅有 4% 的学生认为"就业形势较好，就业压力不大"。在所有参与调查的学生群体中，没有一人认为"就业形势一片大好"，大学生职业迷茫人数比例甚至达到了 90%。

大部分学生在毕业前夕存在"没有感觉""找不到方向"的心理问题，是因为他们往往缺乏考虑，如思考自身性格与职业的匹配度，兴趣爱好与职业的匹配度，自身特长与职业的匹配度，所选职业的发展趋势等问题。

"你的职业目标和职业理想是什么呢？"我向晨再次发问，目的是启发他进行深度思考，面对今天求职困难的局面，他该做出怎样的选择。

"职业目标？职业理想？我根本不懂这些，我只知道有个好工作，拿份好工资就可以了！但是……"从晨的回答我们可以看出，学生们理解和了解的职业知识少得可怜。

"有个好工作，拿份好工资"这当然是每个毕业生的"美好理想"。但是，在市场竞争激烈、人们频繁跳槽的就业现状下，这样的"美好理想"太难实现了。

"你也认为这几乎不可能，是不是？"在这儿，我运用了内容反应技术，我把晨没有说完的话替他说出来，是为了使他更明了他的思想。

我要让晨用一个新的、全面的角度来重新思索他的困惑、他的环境以及他自己，这样可以加深他对自身的行为、思想和情感的了解，使他产生领悟，提高认识，促进他的变化。

然后，我用提问把晨的问题细化："为什么你们觉得就业难，除了社会大环境的影响，我认为你们欠缺正确的职业意识。你的问题反映出你们常犯的几个错误：一是职业迷茫；二是职业目标混乱；三是缺乏职业理想；四是你对职场了解不够。"

职场新人需要的不仅仅是年轻的激情，也需要沉稳的思考。遇到迷茫，更多的是要思考如何解决问题，问问自己究竟喜欢什么，能做什么，想做什么，而不是退避三舍地逃避问题。

晨能够带着疑问走进心理咨询室，这说明他有积极向上的求索需要。

经过我举例、摆事实的讲解，晨深有感触："如果我们在大一就开始为就业做准备，如果我们早早清楚自己的职业规划、职业目标、职业理想，那么我们今天的生活肯定会有大的不同。老师，您一定要多给我们讲讲这方面的知识，尽管距离毕业的时间还剩短短半年，但我有信心摆正我的思路，重新思索就业去向。谢谢您！"

在此，我也希望我们大学招生就业部门密切关注学生的需求，把对大学生的职业规划指导提高到应有的地位，这样不仅可能改变大学生今后的职业发展，也是高等教育人性化的体现。

思政课堂

"职业教育前景广阔，大有可为！"高校毕业生是国家的宝贵财富，解决好他们的就业问题，既关系实现个人价值和家庭幸福，更关乎国家长远发展和社会和谐稳定。习近平总书记强调："党中央高度重视高校毕业生就业，采取了一系列政策措施。当前正是高校毕业生就业的关键阶段，要进一步挖掘岗位资源，做实做细就业指导服务，学校、企业和有关部门要抓好学生就业签约落实工作，尤其要把脱贫家庭、低保家庭、零就业家庭以及有残疾的、较长时间未就业的高校毕业生作为重点帮扶对象。"

◯ 相关知识链接

一、职业生涯规划

职业生涯规划(career planning)也叫"职业规划"。在学术界，人们也喜欢称其为"生涯规划"；在有些地区，也有一些人喜欢用"人生规划"一词，其实表达的都是同样的内容。职业生涯规划又叫职业生涯设计，是指个人与组织相结合，在对一个人职业生涯的主客观条件进行测定、分析、总结的基础上，对自己的兴趣、爱好、能力、特点进行综合分析与权衡，结合时代特点，根据自己的职业倾向，确定其最佳的职业奋斗目标，并为实现这一目标做出行之有效的安排。

职业生涯规划指的是一个人对其一生中所承担职务的历程的预期和计划，这个计划包括一个人的学习与成长目标以及对一项职业和组织的生产性贡献和成就期望。个体的职业生涯规划并不是一个单纯的概念，它和个体所处的家庭以及社会存在密切的关系，并且要根据实际条件具体安排。因为未来的不确定性，职业生涯规划也需要确立适当的变通性。虽然是规划，也不是一成不变的，同时职业规划也是个体的人生规划的主体部分。

职业规划是对职业生涯乃至人生进行持续的系统的计划的过程。简而言之，职业生涯规划就是：你打算选择什么样的行业，什么样的职业，什么样的组织，想达到什么样的成就，想过一种什么样的生活，如何通过你的学习与工作达到你的目标等。一个完整的职业规划由职业定位、目标设定和通道设计三个要素构成。

二、大学生职业生涯规划状况

研究者通过对大学生进行求职准备情况的调查研究，以及对刚工作不久的毕业生进行回访调查，发现学生在求职准备方面呈现出几个明显倾向：

第一，在职业能力的自我评估上，许多大学生存在高估或低估的倾向，呈现出明显偏差；

第二，在职业信息的了解上，大学生们过于关注职业是否符合自身需要，却忽略了职业要求与自身素质的匹配程度；

第三，在职业准备的投入上，大多数学生比较被动。

三、职业生涯规划的意义

科学合理的职业生涯规划是每一个人的必要工作，也是每一个人职业生涯发展过程中的必然要求。职业生涯规划意义远大，主要有以下几个方面：

(1) 通过职业生涯规划，可以分析自我，以既有的成就为基础，确立人生方向，提供奋斗的策略；

(2) 通过职业生涯规划，可以重新安排自己的职业生涯，突破生活的格线，塑造清新充实的自我；

(3) 通过职业生涯规划，个人可以准确评价个人特点和强项，在职业竞争中发挥个人优势；

(4) 通过职业生涯规划可以评估个人目标和现状的差距，提供了前进的动力；

(5) 通过职业生涯规划可以准确定位职业方向；

(6) 通过职业生涯规划重新认识自身的价值并使其增值；

(7) 通过自我评估，知道自己的优缺点，然后通过反思和学习，不断完善自己，使个人价值增值；

(8) 通过职业生涯规划，全面了解自己，增强职业竞争力，发现新的职业机遇。

职业生涯规划通常建立在个体的人生规划上，因此，做好职业生涯规划可以将个人生活、事业与家庭联系起来，让生活充实而有条理。

四、职业生涯规划最重要的两个主要目的

职业生涯设计的目的绝不只是协助个人按照自己的资历条件找一份工作，达到和实现个人目标，更重要的是帮助个人真正了解自己，为自己定下事业大计，筹划未来，拟订一生的方向，进一步详细估量内、外环境的优势和限制，在"衡外情，量己力"的情形下设计出各自合理且可行的职业生涯发展方向。其中最重要的两个目的是：

(1) 找到适合自己的工作。找工作最重要的就是要人岗匹配，适合自己。每个工作都有长处和短处，每个人都有优势和劣势。分析、定位是职业生涯规划的首要环节，它决定着个人职业生涯的方向，也决定着职业生涯规划的成败。求职之前先要进行职业生涯规划，进行职业生涯规划之前先要进行准确的自我定位。先要弄清自己想要干什么、能干什么，自己的兴趣、才能、学识适合干什么。可以通过可靠的量表工具进行测量，评估职业倾向、能力倾向和职业价值观，这是职业生涯规划的基础。职业规划就是根据测评结果的各项指标，以及自身的学历、经历、能力，了解一个人的内在、外在优势，并且把这些优势整合在一起，作为职场的核心竞争力。然后，由咨询师对南北市场、各行各业的千千万万个职位进行分析，找到这个人岗匹配的匹配点(也叫职位切入点)。

(2) 通过规划求得职业发展。制定出今后各个阶段的发展平台，并且拿出攻占各个平台的计划和措施，然后由咨询师对职位切入点的所在的市场状况、行业前景、职位要求、入行条件、培训考证、工作业务、薪酬提升、行业英语等进行详细的指导。

五、职业生涯规划的步骤

面试时，主考官常常会问这样一个问题："如果你获得这个职位，你将如何开展工作？"

这就是你必须回答的一个简单的职业生涯规划内容。面对日益激烈的职场竞争，每个人都不得不面对"我未来的路在哪？""如何找到我满意的工作？"等问题，所以每个人其实都在心里想过自己的职业规划，也许这只是一个很模糊的意识。可以通过问自己以下几个问题，来明确职业生涯规划的基本过程。

(1) 你是谁？(What are you？)首先问自己，你是什么样的人？这是自我分析的过程。分析的内容包括个人的兴趣爱好、性格倾向、身体状况、教育背景、专长、过往经历和思维能力。自我分析可以使你对自己有个全面的了解。

(2) 你想要什么？(What do you want？)这是目标展望过程，包括职业目标、收入目标、学习目标、名望期望和成就感。特别要注意的是学习目标，只有不断确立学习目标，才能不被激烈的竞争淘汰，才能不断超越自我，登上更高的职业高峰。

(3) 你能做什么？(What can you do？)要明确自己的专业技能是什么，最好能学以致用，发挥自己的专长，在学习过程中积累自己的专业相关知识技能。同时个人工作经历也是一个重要的经验积累。

(4) 什么是你的职业支撑点？(What can you support？)明白你具有哪些职业竞争能力，你有哪些资源和社会关系。个人、家庭、学校、社会的种种关系也许都能够影响你的职业选择。

(5) 什么是最适合你的？(What do you fit the most？)行业和职位众多，哪个才是适合你的呢？不同职业的待遇、名望、成就感和工作压力及劳累程度都不一样，选择最好的并不一定是最合适你的，合适的才是最好的。

(6) 你能够选择什么？(What you can choose in the end？)通过前面的过程，你就能够做出一个简单的职业生涯规划了。机会偏爱有准备的人，做好了职业生涯规划，为未来的职业做出了准备，当然比没有做准备的人机会更多。

六、职业生涯规划的原则

面对发展迅速的信息社会，仅仅制订一个长远的规划就期望获得成功显然不太实际，因而，有必要根据自身实际及社会发展趋势把理想目标分解成若干可操作的小目标，灵活规划。做职业生涯规划时，还要把目光投向未来，考虑十年后的情况：自己的职业在未来社会的需求是增加还是减少？自己在未来社会中的竞争优势随着年龄的增加是不断加强还是逐渐削弱？在自己适合从事的职业中，哪些是社会发展迫切需要的？

(1) 择己所爱。从事一项你所喜欢的工作，工作本身就能给你一种满足感，你的职业生涯也会从此变得妙趣横生。兴趣是最好的老师，是成功之母。调查表明，兴趣与成功有着明显的正相关性。在设计自己的职业生涯时，务必考虑自己的特点，珍惜自己的兴趣，择己所爱，选择自己喜欢的职业。

(2) 择己所长。任何职业都要求从业者掌握一定的技能，具备一定的能力条件，而一个人一生中不能将所有技能都全部掌握，所以你必须在进行职业选择时择己所长，有利于发挥自己的优势。运用比较优势原理充分分析别人与自己，尽量选择冲突较少的优势行业。

(3) 择世所需。社会的需求不断演化，旧的需求不断消失，新的需求不断产生，新的职业也不断产生。所以在设计你的职业生涯时，一定要分析社会需求，择世所需。最重要的是，目光要长远，最好能够准确预测未来行业或者职业发展方向。

(4) 择己所利。职业是个人谋生的手段，其目的在于追求个人幸福，所以在择业时，首先考虑的是自己的预期收益——个人幸福最大化。明智的选择是在由收入、社会地位、成就感和工作付出等变量组成的函数中找出一个最大值，这就是职业选择的收益最大化原则。

大学生的职业生涯规划最终还是要大学生自己去设计，也只有大学生自己才可以解决自己的问题。当大学生埋怨社会残酷、经济低迷、扩招过多、家境不好、学校不好时，请大学生朋友们拍拍自己的脑门，握握自己的拳头，伸伸自己的腿脚，把鞋带系紧了，把头脑洗清了，把眼睛擦亮了，振臂高呼："相信自己！我要为我的人生'买单'！"

29. 珍惜生命，热爱生活

大学生不仅是家庭的希望，也是祖国的未来。关心他们的健康成长，是家庭和学校以及全社会共同的责任。家长不仅要关心孩子的学习和生活，还要帮助他们提高心理健康水平；学校则需要强化心理危机干预，以教育引导大学生珍爱自己的生命。

——题记

案例分享

9 月 6 日中午两点十七分，还不到下午上班时间，我忽然接到这样一条信息："老师，您肯定不认识我，我只是在阶梯教室听过您讲课。今年我大三了，我真的有太多太多的苦闷，我不知道活着还有什么意义。"

接到这样的信息，我敏锐地感觉到这是一个女孩子，而且她可能正在死亡的边缘挣扎着，我必须尽快找到她，我必须尽可能地安抚她，不让她做出傻事来。

我小心询问她目前所处的具体位置。

"我在滨河公园。老师，翻遍所有亲戚和朋友的电话，我发现没有一个我能联系的人，我不想活了！真想一下子跳进水里，再也不用醒来！"

她的信息又一次传送过来，我仿佛看见一个无助、彷徨、正准备跳水的弱女子，我的心不由自主地紧张、焦急起来，强烈的责任感使我拨响了她的电话。

好半天，对方才开始接听。但是，电话里哭泣的声音使我听不见她说的任何一个字。我只能一遍遍地强调："别怕，别怕，老师陪着你！"

大概哭了有三四分钟，她终于停下来："老师，我该怎么办？我还有没有救？"

"肯定有救！你先回学校来吧！每个人都会有不痛快的时候，每个人都想逃避生活上所遇到的烦心事，老师也曾经以为生活没有什么意义，也曾经想过放弃生命！你要相信，老师能挺过来，你也能！回来吧，我等着你！"

在这里，我又一次运用了自我暴露的心理咨询技术。自我暴露又叫自我揭示，是指咨询人员提出自己的情感、思想、经验与来访者分享。因为几年咨询经验告诉我，要想在短时间内取得学生的信任，最好的办法是暴露自我的一些缺陷和弱点。

心理学家说，一个人要想和他人建立亲近关系乃至亲密关系，恐怕是非要冒险开放或者说暴露自我不可的。的确，最知心的朋友就是知道我们秘密最多的朋友。而且，学生们喜欢平易近人的老师，自我暴露缺陷使他们觉得心理咨询师和他们一样都是平常人，都有过或多或少的困惑。

果然，这招很奏效，她说："老师，您也有过我这么失败的时候吗？你也曾经想到过死？"

"是的，老师希望你马上回学校！我等着你！"我想最重要的还是要先让她离开滨河公园，尽快回到学校。

"好吧，老师，我大概一个小时后回去。您一定要等我！"她电话里悲伤的语气少了许多，听到她接受了我的建议肯离开滨河公园，我紧张焦虑的情绪减了一半。

一个小时后，刚刚送走了预约的学生，一个眼睛还红肿着的女孩站在我面前，这就是芸。芸长相很普通，小鼻子、小眼睛，个子大概在一米六左右。一进门她的泪水就涌出来了，我赶紧递去一张纸巾。

通过近一个小时的交流和沟通，我了解到造成芸出现今天情绪失控的因素主要有五点：① 家庭不幸，父母都是农民，并且母亲瘫痪，父亲有病；② 社会因素，暑假里，经常接济她家的两个姑父出事故，一个因尿毒症去世，另一个在施工现场摔死；③ 宿舍矛盾，同宿舍的一位女同学经常对她冷嘲热讽；④ 爱情失败，曾经喜欢自己的男孩子移情别恋；⑤ 个性有缺陷，看问题消极悲观。

由于以上五大因素的影响，芸觉得自己根本承受不了未来生活的打击，特别担心如果父母哪一天离开自己，那就是世界末日，与其将来痛苦，不如早早一死了之。这学期来校后，芸发现自己的学习成绩退步了(从第一名落后到第七名)，而常常欺负她的女同学从第八名前进到了第二名，自己喜欢的男生偏偏看上了她讨厌的女生，她顿时觉得生活了无情趣，于是冲动地跑到滨河公园。

针对芸的问题，我和她协商主要咨询目标：① 改变不良认知，看问题要积极乐观；② 发扬勤奋好学的优点，提高自信心；③ 建立和谐的人际关系。

尽管还有很多不愉快，芸同意接受一周一次的咨询安排。

考虑到芸自杀倾向的严重性，我建议她随时和我保持联系，并且把她的情况告知了她的班主任，要求班主任和她宿舍的另外一名学生密切关注芸的一举一动。

三次咨询后，芸在认知上确实有了很大的进步，老师和同学普遍反映芸的精神面貌良好，她自己也承认心情轻松，学习有了新动力，还常常和同学老乡在一起运动健身，不再有自杀念头了。

思政课堂

近年来，国内关于大学生的心理干预研究逐渐增加。加强思想政治教育是党的优良传统和政治优势，更是高校思政教育工作的生命线，从思政教育的视角去探究大学生的心理危机干预路径是当代思政教育工作极其重要且迫切需要研究的新方向。因此，对大学生的心理健康状况及心理干预模式进行研究和探索，具有深远的价值。

大学生的心理危机是一个不容忽视的问题。引导大学生适应高校环境，是对大学生进行思想教育的重要环节，也是预防大学生产生心理危机的一项重要举措。分析大学生的思想特点，寻找其容易出现的心理问题，有的放矢地做好高校学生的思想政治教育工作，将大大降低学生出现心理问题的概率，为学生的长远发展打下良好的基础。

相关知识链接

一、危机干预

危机(crisis)是指人类个体或群体无法利用现有资源和惯常应对机制加以处理的事件和遭遇。危机往往是突发的，出乎人们的预期。如果不能得到很快控制和及时缓解，危机就会导致人们在认知、情感和行为上出现功能失调。

危机干预属广义的心理治疗范畴。它借用简单心理治疗的手段，帮助当事人处理迫在眉睫的问题，使其恢复心理平衡，安全度过危机。这是一种通过调动处于危机之中的个体自身潜能来重新建立或恢复危机爆发前的心理平衡状态的心理咨询和治疗技术。目前危机干预已经日益成为临床心理服务的一个重要分支。

二、高校危机干预的对象

心理危机干预是近年来社会和高校普遍关注的一个话题，目前，高校都建立了大学生心理危机干预机制。

高校内，心理失衡状态是指当学生运用通常方式不能应对目前所遇到的情形时出现的严重心理危机。心理危机干预是指采取紧急应对的方法帮助学生尽快恢复心理平衡，安全度过危机。心理危机干预的任务是要帮助当事人提高应对能力，恢复心理平衡，获得成长和发展。

一般而言，危机干预的对象主要分四类，即① 患有严重抑郁症、精神分裂症等易出现自伤行为的精神障碍者；② 因心理障碍或突发事件导致产生自伤企图或行为者；③ 因心理障碍而表现出明显的攻击性行为，有暴力倾向或伤害他人倾向者；④ 其他经由学校学生心理危机鉴定与干预专家组认为有必要进行心理危机干预者。

近几年，大学生的抑郁情绪及抑郁症是高校心理危机干预关注的重点对象。有报告指出，抑郁症患者的自杀率是一般人的 8 倍。有的抑郁患者不但自杀，在自杀前还会杀死自己的亲人，究其原因是担心自己死后亲人痛苦，索性共赴黄泉。在抑郁情绪的支配下，他们极度绝望，对生活及治疗都丧失了信心；有的甚至出现自责自罪的妄想，认为自己犯了滔天大罪，从而采取极端手段。

据不完全统计，2006 年发生自杀案件的中国大学超过 100 所。每年的 9 月 10 日是世界"预防自杀日"。由重庆医科大学所做的重庆市首份大学生自杀心理调查报告显示，大学生每年自杀人数呈上升趋势，同时年龄呈现低龄化。每 100 名大学生当中有 13 人曾有自杀意念。在自杀的大学生群体中，有 60%的人自杀前出现了抑郁症状，20%的人已经是抑郁症患者。

其实在生活中，人们离自杀并不遥远，有过自杀念头的人更不在少数，而根据世界卫生组织提供的自杀数据显示，中国是唯一一个女性自杀比率超过男性的国家。发达国家男性自杀率至少是女性的 3 倍，而我国的女性自杀率却比男性高出 26%。

经过国家多年培养的大学生轻易终止生命是令人惋惜的，而独生子女走上绝路给家庭带来的伤害更是难以弥补的。

三、高校心理危机干预的原则

高校内，心理危机干预由分管学生工作的学校领导负总责，学生处主要领导负责统一指挥协调，心理健康指导中心和学生辅导员及学校有关工作人员参与，院(系)与有关职能部门分工负责，联动配合。危机干预的原则主要有：

(1) 生命第一的原则。发现危机情况，立即采取保护措施，最大限度地保护学生的人身安全。

(2) 亲属参与的原则。实施心理危机干预时，以最快的速度通知学生家长或亲属。

(3) 全程监护的原则。实施危机干预过程中，安排专人对干预对象全程监护。

(4) 分工协作的原则。实施危机干预过程中，相关部门要协调配合，履行职责，积极主动地开展工作。

四、高校心理危机干预的程序

个体的心理危机情况各式各样、错综复杂，但危机干预仍可以遵循一定的步骤，使用直接和有效的干预方法来处理。

(1) 问题的发现。各院系要建立起通畅的学生心理危机信息反馈机制，做到在第一时间掌握学生心理危机动态，对有心理障碍的同学，周围同学应予以理解、关心和帮助，并及时向辅导员老师反馈情况。对有行为异常或近期情绪、行为变化较大的学生，院系心理健康指导委员组应给予及时的心理指导，并做好咨询记录；对问题严重的学生需转介到校心理健康指导中心，由心理健康指导中心请相关专家对学生进行预诊和危机风险评估，提出危机干预措施和初步的治疗建议。

(2) 信息报告。发现学生出现危机情况时，周围同学应立即向辅导员报告，辅导员在采取必要措施并迅速赶往现场的同时应向所在院(系)分管领导报告，院(系)分管领导立即向学校职能部门的主管领导报告，职能部门主管领导视危机严重程度酌情向学校分管领导及时汇报。

(3) 即时监护。院(系)、学校有关职能部门立即派专人对出现危机情况的学生进行 24 小时监护，保护学生的生命安全。

(4) 通知家长。在实施监护的同时，院(系)应以最快的速度通知家长来校，如果家长确实无法尽快赶到学校，可在家长以传真、电话等方式授权下对学生采取治疗措施。在紧急情况下，可采取直接送至专业卫生机构进行治疗等相应处理措施。对没有监护能力或不配合学校的家长，院(系)应对学生强制采取治疗措施或派人将学生遣送回家，并视情况为其办理休学或退学手续。

(5) 进行阻控。对于有可能造成危机扩大或激化的人、物、情境等，进行必要的消除或隔绝。对于学校可调控的、可能引发其他学生心理危机的刺激物，院(系)应协助有关部门及时阻断。

(6) 实施治疗。必须将需住院治疗的学生送至专业卫生机构治疗；对可以在校坚持学习但需辅以药物治疗的学生，院(系)应与其家长商定监护措施；对不能坚持在校学习的，按照学校学籍管理有关规定办理相关手续，由家长监护并离校治疗。

(7) 应急救助。得知学生有自伤或伤害他人倾向时，相关人员应立即赶赴现场采取救助措施，紧急情况下应先拨打 110、120 等紧急电话求助。

(8) 事故处理。当学生自伤或伤害他人事故发生后，学生工作主管部门负责现场的指挥协调；保卫处负责保护现场，配合有关单位对当事人实施生命救护，协助有关部门对事故进行调查取证，配合院(系)对学生进行安全监护；校医院负责对当事人实施紧急救治，或配合相关人员护送至就近医院救治；心理健康指导中心负责制定心理救助方案，实施心理救助，稳定当事人情绪。

(9) 成因分析。事故处理结束后，心理健康指导中心负责事件的成因分析，对事前征兆、事发状态、事中干预、事后疏导等情况认真梳理；尤其对那些行之有效、操作性强的手段和措施认真总结，以备今后参考。

另外，危机干预工作应该始终将检查评估贯穿于干预的所有过程中。危机评估主要内容包括：① 评估危机的严重程度；② 评估求助者目前的情绪状态；③ 评估替代解决方法、应付机制、支持系统和其他资源；④ 自杀危险性评估。

五、危机干预的方法与技术

危机干预主要应用的方法和技术有以下几种：

1. 沟通技术

在进行危机干预时，咨询师首先要借助沟通技术迅速与患者建立良好关系，以保持医患双方的良好沟通和相互信任，才有机会让干预技术得以执行和贯彻，取得干预的最佳效果。良好的医患沟通和合作关系，有利于当事者改善人际关系、保持心理稳定、恢复自信和减少对生活的绝望感。危机干预工作人员应该注意消除干扰以免影响双方沟通；交流语言、态度和举止应一致并表达出体贴和关注，避免双重和矛盾的信息；避免给予过多的保证，甚至超出个人的能力范围；多用通俗易懂的言语交流，避免应用专业性难懂的语言；利用可能的机会改善病人的自我觉察。

2. 心理支持技术

这类技术的主要目标是尽可能地给予求助者以心理支持，使当事者的情绪得以稳定，而不是急于纠正认知错误或行为。应用暗示、保证、疏泄、环境改变、药物、短期住院等方法予以患者心理支持。同时要注意在干预过程中不应带有教育的目的。教育在危机解除后和康复过程中才是工作重点。

3. 干预技术

干预技术又称解决问题的技术，以帮助患者明确问题，选择解决技巧，提供应对方式为目标。帮助患者采取步骤进行思考和行动：明确存在的问题和困难；提出各种可供选择的方案；罗列并澄清各种方案的利弊和可行性；选择最可取的方案；确定方案实施的具体步骤；执行方案；检查方案的执行结果。

　　干预的方法包括电话危机干预、面谈危机干预及社区性危机干预等多种方式。干预技巧既有共性，也各有侧重。电话危机干预比较方便、及时且经济、保密性强。但因为互不见面，所以声音是获得信息、施行干预的唯一途径。治疗者应迅速从音调、语气及简洁应答中判断求助者的心理状态，基本干预策略是先稳住对方的情绪，导其倾诉，晓之以理。面谈危机干预的基本方法为倾听、评价及干预，干预措施包括：① 调整认知；② 改善应对技巧；③ 松弛训练；④ 充实生活内容；⑤ 扩大交往，建立支持系统。

　　大学生不仅是家庭的希望，也是祖国的未来，关心他们的健康成长，是家庭、学校以及全社会共同的责任。家长不仅要关心孩子的学习和生活，也要帮助他们提高心理健康水平，学校则需要强化心理危机干预，以教育引导大学生珍爱自己的生命。

30. 遇到了应该感恩，错过了学会释怀

　　美国著名精神分析理论家埃里克森的人格发展任务强调成年早期(18~25岁)的主要发展任务是爱的品质的培养，其中又包括两点：其一是获得亲密感，避免孤独感；其二是成熟的自我意识的发展和人生观与价值观的确立和定位。年轻人往往忽略了第二个发展任务，只死死盯着第一个虚幻的美梦不放。

——题记

案例分享

　　前来咨询的女生很坚决："老师，我爱他，真的很爱，哪怕他有家庭！我不在乎！因为我们相遇了！"

　　相遇，正如电影《卡萨布兰卡》中一句经典台词："世界上有那么多的城镇，城镇中有那么多的酒馆，她却只走进了我的酒馆。"

　　相遇，恰似上天刻意地安排，不偏不倚。然而，不是所有的相遇都有一个完美的结局，人世间有许多相遇徒留遗憾。影片中，男主角里克和女主角伊尔莎的阴差阳错不外乎如此。然而，理智的里克选择了释怀。最终，他放弃和成全他人的胸怀也令人深深敬佩。

　　其实，每个人的心中都有一座花园，优雅地开花已经足够。贪欲之心使人不满足，贪欲有时候还可能使人犯罪！只是，有的人的罪行在众目睽睽之下被审判，而有的人的罪行只是在午夜梦回的时候受到个人良心的拷问。

　　每次接待因感情问题而求助的女生，我的心都会很疼。爱的路上，我们遇上一个人，如果你爱他多一点，那么，你终会失去他。然后，你遇上另一个人，如果他爱你多一点，那么你早晚会离开他。直到有一天，你遇到一个人，你们彼此相爱，你才会终于明白，所有的寻觅也有一个过程。从前在天涯，而今在咫尺。只是，年轻的我们是很难看得如此通透的。

　　年轻的时候，我也像她们一样渴望一份真感情，最执着的表达就是："不在乎天长地久，只要曾经拥有！"和爱人牵手的刹那终于明白，以前的感情纠葛和缠绕都是成长的一个过程，有些人再喜欢也不是你的。如果是真爱，再也没有什么比"天长地久"这个词能更好地表达爱和幸福了。如果不能细水长流到天长地久，何必短暂拥有？

　　但是，年轻人不会理解，他们其实爱上的并不是谁，他们只是爱上了一个虚拟的神话。"有时候，苦苦不能放下的，不是一个人，而是一段时光。"

　　美国著名精神分析理论家埃里克森的人格发展任务强调，成年早期(18～25 岁)的主要发展任务是爱的品质的培养，其中又包括两点：其一是获得亲密感，避免孤独感；其二是成熟的自我意识的发展和人生观与价值观的确立和定位。年轻人往往忽略了第二个发展任务，只死死盯着第一个虚幻的美梦不放。可是，爱与伤害之间的距离是那样近，近得让年轻的他们难以把握爱与被爱的界限。他们还不懂，我们爱自己，是要胜过爱情的。

　　忽然想到澳大利亚当代作家考林·麦卡洛的《荆棘鸟》，该作以女主人公梅吉和神父拉尔夫的爱情纠葛为主线，描写了克利里一家三代人的故事，时间跨度长达半个多世纪。认识拉尔夫的时候，小梅吉才 9 岁，而他已 28 岁。身为教士，后来成为主教的拉尔夫不止一次地对梅吉说："我爱你，永远爱你！但是，仅此而已，没有婚姻，没有家庭，你能忍受吗？"梅吉什么也不说，但在她的内心她早已把拉尔夫当作了她的上帝，她的一切！

　　这样的爱情就像传说中的那只鸟儿，它一生只歌唱一次，那歌声比世上所有一切生灵的歌声都更加优美动听。从离开巢窝的那一刻起，它就在寻找着荆棘树，直到如愿以偿，才歇息下来。然后，它把自己的身体扎进最长、最尖的荆棘上，便在那荒蛮的枝条之间放开了歌喉。鸟儿胸前戴着荆棘，它遵循着一个不可改变的法则——她被不知其名的东西刺穿身体，被驱赶着，歌唱着死去。在那荆棘刺进她胸膛的一瞬间，她没有意识到死之将临，她只是唱着、唱着，直到生命耗尽，再也唱不出一个音符。

　　梅吉爱拉尔夫，就像传说中的荆棘鸟把自己的身体扎进最长、最尖的荆棘。为了那昙花一现的爱情，梅吉付出了一生，偷来的爱情和儿子最终被上帝无情地收回，留给世人无尽的悲叹。

　　生活中的一些姑娘就是梅吉，当她们把荆棘刺进胸膛时，她们是知道的，她们是明明白白的。然而，她们却依然要这么做，她们依然把荆棘刺进胸膛。

　　命运有时候真的很会捉弄人，最美好的东西一定要用最深痛的巨创来换取吗？

　　我想对年轻的她们说："遇着了应该感恩，错过了学会释怀。"

　　亲爱的女孩，救救自己！

思政课堂

　　女生安全教育作为大学生安全教育的重要组成部分，一直受到社会的高度重视。高校不仅要加强女生心理健康教育，也要加强女生的思想政治教育，使女生懂得一些自我保护的方法及措施，提高安全防范意识和自我保护意识，珍惜生活热爱生命，保证自身安全，同时也有利于创建安全和谐的校园文化环境。

相关知识链接

　　埃里克森认为，人要经历八个阶段的心理演变，这种演变称为心理社会发展(psycho-social

development)。这些阶段包括四个童年阶段、一个青春期阶段和三个成年阶段。每一个阶段有这些阶段应完成的任务，并且每个阶段都建立在前一阶段之上，这八个阶段紧密相连。

心理社会发展阶段是生理欲望和作用在个体身上的文化力量的一种结合。它具有渐成说的特征，即各阶段逐渐产生，一个阶段在时间和空间上紧接着另一阶段。

人的发展历经这八个阶段，每个阶段有每个阶段相应的核心任务，当任务得到恰当的解决，就会获得较为完整的同一性。核心任务处理得不成功或者是失败，则会出现个人同一性残缺、不连贯的状态，处理得成功与失败即为两个极点。例如，婴儿期时的最优状态是基本信任的状态，最劣的状态是基本不信任的状态。核心任务的处理结果会影响人的一生。

就像荣格一样，埃里克森倡导一种实体，在这种实体中，论题与反论题并存。成熟和满足是综合后的结果；停滞和适应不良会在解决冲突失败之后到来。每一阶段的冲突都可以称为"危机(crisis)"。事实上，在每一阶段，个体经历的危机需要在与该阶段有关的对立的正极点和负极点之间拉伸。成功解决一个阶段的危机会让人们对下一阶段的同一性问题做好准备。

1. 童年阶段

1) 婴儿期(0~1.5岁)：基本信任和不信任的心理冲突

此时认为婴儿是一个不懂事的小动物，只要吃饱不哭就行，这一观点就大错特错了。婴儿期是基本信任和不信任的心理冲突期，因为这期间孩子开始认识人了，当孩子哭或饿时，父母是否出现则是建立信任感的重要问题。信任在人格中形成了"希望"这一品质，它起着增强自我力量的作用。具有信任感的儿童敢于希望，富有理想，具有强烈的未来定向。反之则不敢希望，时时担忧自己的需要得不到满足。埃里克森把希望定义为"对自己愿望的可实现性的持久信念，反抗黑暗势力、标志生命诞生的怒吼"。

2) 儿童期(1.5~3岁)：自主与害羞(或怀疑)的冲突

这一时期，儿童掌握了大量的技能，如爬、走、说话等。更重要的是他们学会了怎样坚持或放弃，也就是说儿童开始"有意志"地决定，如做什么或不做什么。这时候父母与子女的冲突很激烈，也就是第一个反抗期的出现。一方面父母必须承担起控制儿童行为使之符合社会规范的任务，即养成良好的习惯，如训练儿童大小便，使他们对随地大小便感到羞耻，训练他们按时吃饭、节约粮食等。另一方面儿童开始了自主感，他们坚持自己进食、排泄，所以训练良好的习惯不是一件容易的事。这时孩子会反复应用"我""我们""不"来反抗外界控制，而父母决不能听之任之、放任自流，这将不利于儿童的社会化。反之，若过分严厉，则会伤害儿童的自主感和自我控制能力。如果父母对儿童的保护或惩罚不当，儿童就会产生怀疑，并感到害羞。因此，把握住"度"的问题，才有利于在儿童人格内部形成意志品质。埃里克森把意志定义为"不顾不可避免的害羞和怀疑心理而坚定地自由选择或自我抑制的决心"。

3) 学龄初期(3~6岁)：主动对内疚的冲突

在这一时期，如果幼儿表现出的主动探究行为受到鼓励，幼儿就会形成主动性，这为他将来成为一个有责任感、有创造力的人奠定了基础。如果成人讥笑幼儿的独创行为和想象力，那么幼儿就会逐渐失去自信心，这使他们更倾向于生活在别人为他们安排好的狭窄圈子里，缺乏自己开创幸福生活的主动性。

当儿童的主动感超过内疚感时，他们就有了"目的"的品质。埃里克森把目的定义为："一种正视和追求有价值目标的勇气，这种勇气不为幼儿想象的失利、罪疚感和惩罚的恐惧所限制"。

4) 学龄期(6～12岁)：勤奋对自卑的冲突

学龄期的儿童都应在学校接受教育。学校是训练儿童适应社会、掌握今后生活所必需的知识和技能的地方。如果他们能顺利地完成学习课程，他们就会获得勤奋感，这使他们在今后的独立生活和承担工作任务中充满信心。反之，就会产生自卑。另外，如果儿童养成了过分看重自己的工作的态度，而对其他方面木然处之，这种人的生活是可悲的。埃里克森说："如果他把工作当成他唯一的任务，把做什么工作看成是唯一的价值标准，那他就可能成为自己工作技能和老板们最驯服和最无思想的奴隶。"

当儿童的勤奋感大于自卑感时，他们就会获得有"能力"的品质。埃里克森说："能力是不受儿童自卑感削弱的，完成任务所需要的是自由操作的熟练技能和智慧。"

2. 青春期阶段

1) 青春期(12～18岁)：自我同一性和角色混乱的冲突

在青春期中，一方面青少年本能冲动的高涨会带来问题，另一方面青少年在面临新的社会要求和社会的冲突时会感到困扰和混乱。所以，青少年期的主要任务是建立一个新的同一感或自己在别人眼中的形象，以及他在社会集体中所占的情感位置。这一阶段的危机是角色混乱。

埃里克森说："这种同一性的感觉也是一种不断增强的自信心，一种在过去的经历中形成的内在持续性和同一感(一个人心理上的自我)。如果这种自我感觉与一个人在他人心目中的感觉相称，很明显这将为一个人的生涯增添绚丽的色彩。"

埃里克森把同一性危机理论用于解释青少年对社会不满和犯罪等社会问题上，他说："如果一个儿童感到他所处的环境剥夺了他在未来发展中获得自我同一性的种种可能性，他就将以令人吃惊的力量抵抗社会环境。在人类社会的丛林中，没有同一性的感觉，就没有自身的存在，所以他宁做一个坏人，或干脆像死人般地活着，也不愿做不伦不类的人，他自由地选择这一切。"

自我同一性形成了"忠诚"的品质。埃里克森把忠诚定义为"不顾价值系统的必然矛盾，而坚持自己确认的同一性的能力"。

3. 成年阶段

1) 成年早期(18～40岁)：亲密对孤独的冲突

只有具有牢固的自我同一性的青年人才敢于冒与他人发生亲密关系的风险。因为与他人建立爱的关系，就是把自己的同一性与他人的同一性融合为一体。这里有自我牺牲或损失，只有这样才能在恋爱中建立真正亲密无间的关系，从而获得亲密感，否则将产生孤独感。埃里克森把爱定义为"压制异性间遗传的对立性而永远相互奉献"。

2) 成年期(40~65 岁)：生育对自我专注的冲突

当一个人顺利地度过了自我同一性时期，以后的岁月中将过上幸福充实的生活，他将生儿育女，关心后代的繁殖和养育。他认为，生育感有生和育两层含义，一个人即使没生孩子，只要能关心孩子、教育指导孩子也可以具有生育感。反之没有生育感的人，其人格贫乏和停滞，是一个关注自我的人，他们只考虑自己的需要和利益，不关心他人(包括儿童)的需要和利益。

在这一时期，人们不仅要生育孩子，同时要承担社会工作，这是一个人对下一代的关心和创造力最旺盛的时期，人们将获得关心和创造力的品质。

3) 成熟期(65 岁以上)：自我调整与绝望期的冲突

由于人体的衰老过程的发展，老人的体力、心力和健康每况愈下，对此他们必须做出相应的调整和适应，所以被称为自我调整对绝望感的心理冲突。

当老人们回顾过去时，可能怀着充实的感情与世告别，也可能怀着绝望走向死亡。自我调整是一种接受自我、承认现实的感受，一种超脱的智慧之感。如果一个人的自我调整大于绝望，他将获得智慧的品质，埃里克森把它定义为"以超然的态度对待生活和死亡"。老年人对死亡的态度直接影响下一代儿童时期信任感的形成。因此，第八阶段和第一阶段首尾相联，构成一个循环或生命的周期。

埃里克森认为，在每一个心理社会发展阶段中，解决了核心问题之后所产生的人格特质都包括了积极与消极两方面的品质，如果各个阶段都保持向积极品质发展，就完成了这阶段的任务，逐渐实现了健全的人格；否则就会产生心理社会危机，出现情绪障碍，形成不健全的人格。

31. 雨季里，请以晴日的幻想度日

生命不也如一场雨吗？你曾无知地在其间雀跃，你曾痴迷地在其间沉吟，但更多的时候，你得忍受那些寒冷和潮湿，那些无奈与寂寥，并且以晴日的幻想度日。

——题记

案例分享

我的文件夹中收藏了许多优美的文章，有好友写的，有学生写的，当然，最不缺乏的是名家手笔。张晓风的《雨荷》是我非常喜欢的一篇小散文，尤其是雨天时，它常常萦绕于心：

"有一次，雨中走过荷池，一塘的绿云绵延，独有一朵半开的红莲挺然其间。

我一时为之惊愕驻足，那样似开不开，欲语不语，将红未红，待香未香的一株红莲！

漫天的雨纷然而又广漠，广不可及的灰色中竟有这样一株红莲！像一堆即将燃起的火，像一罐立刻要倾泼的颜色！我立在池畔，虽不欲捞月，也几成失足。

生命不也如一场雨吗？你曾无知地在其间雀跃，你曾痴迷地在其间沉吟——但更多的时候，你得忍受那些寒冷和潮湿，那些无奈与寂寥，并且以晴日的幻想度日。

可是看那株莲花，在雨中怎样地唯我而又忘我！当没有阳光的时候，它自己便是阳光；当没有欢乐的时候，它自己便是欢乐！一株莲花里有那么完美自足的世界。

一池的绿，一池无声的歌，在乡间不惹眼的路边——岂只有哲学书中才有真理？岂只有研究院中才有答案？一笔简单的雨荷可绘出多少形象之外的美善，一片亭亭青叶支撑了多少世纪的傲骨！

倘有荷在池，倘有荷在心，则长长的雨季何患？"

以往，我也曾多次阅读，每每只是惊诧于张晓风细腻的笔触。这一次，却忽然被这段话击中，瞬间明晰："生命不也如一场雨吗？你曾无知地在其间雀跃，你曾痴迷地在其间沉吟——但更多的时候，你得忍受那些寒冷和潮湿，那些无奈与寂寥，并且以晴日的幻想度日。"

是啊，看那株莲花，在雨中怎样地唯我而又忘我！当没有阳光的时候，它自己便是阳光；当没有欢乐的时候，它自己便是欢乐！一株莲花里有那么完美自足的世界。

"我常常也有许多的幻想,幻想着幸福的许多样子,但生活更多的时候是长长的雨季,我常常是幻想着雨季来临时有一把伞撑在我的头顶,为我遮风挡雨,带着雨丝的浪漫与诗意……"其实我们需要的,是"以晴日的幻想度日"的积极的好心态!

生活中,一个好的心态可以使人乐观豁达;一个好的心态,可以使人战胜面临的苦难;一个好的心态,可以使人淡泊名利,过上真正快乐的生活。一位哲人说过:"你的心态就是你的主人。"在现实生活中,我们不能控制自己的遭遇,却可以控制自己的心态;我们不能改变别人,却可以改变自己。其实,人与人之间并无太大的区别,真正的区别在于心态。所以,一个人成功与否,主要取决于他的心态。

以晴日的幻想度日,请天天微笑。

思政课堂

习近平总书记在全国高校思想政治工作会议、全国教育大会上指出,做好高校思想政治工作,要在加强品德修养上下功夫,教育引导学生培育和践行社会主义核心价值观,踏踏实实修好品德,成为有大爱大德大情怀的人。高校应该不断探索创新思政工作方法,以微笑工程为载体,大力推动"微笑思政",加强学生的品德修养。

相关知识链接

一、微笑

微笑是人类面孔中最动人的一种表情,是社会交往中美好而无声的语言,微笑来源于心地的善良、宽容和无私,表现的是一种坦荡和大度。微笑是成功者自信的表现,是失败者坚强的表现。微笑是人际关系的黏合剂,也是化敌为友的一剂良方。

二、微笑使人温暖

微笑能让人放松。人人都渴望别人对自己微笑,当人们遇到挫折或心情不佳时,最想看到的就是微笑,最想得到的就是温情。尤其对于现代人来说,在遇到了困难或者挫折的时候,最需要的是一个真诚的微笑。因为微笑如同伸出的温暖的手,能帮助他们走出痛苦的泥潭。不妨笑口常开,用微笑去缓解紧张的情绪,让他人从我们甜美真诚的微笑中获得轻松和愉悦。心理学研究发现,人与人刚开始交往的时候都是有距离感的,但是我们微笑会无形中拉近彼此之间的距离,尤其是在双方都比较紧张的情况下,微笑可以让彼此放松,打破僵局。

三、微笑是交流的桥梁

微笑可以感染别人。曾经有一个短视频，展现的是在地铁里，有一个人笑了起来，后来这种笑容感染了身边的所有人。所以，当我们学会了微笑，我们在陌生的环境里感到的不再是陌生与冰冷，而是融洽和温暖。学会微笑，就学会了怎样在陌生人之间架一座友谊之桥，就掌握了一把开启陌生人心扉的金钥匙。微笑既是自己愉快心情的外露，也是纯真之情传递的表现。真诚的微笑让对方内心产生温暖，有时候还可能引起对方的共鸣，使之陶醉在欢乐之中，从而加深双方的友情。学会微笑，因为微笑是顺利交往的良方。在交往中微笑，在微笑中交往，微笑为交往助兴，交往为微笑生辉。学会微笑，因为只要你对他人微笑，就一定会得到积极的回应。微笑并不是不讲条件的，也并不是可以用于一切交际环境，要在合适的场合笑。

四、微笑是心情的调味剂

微笑可以让生活更美好。当你面带笑容时，你的心情不会差到哪里去。当你面对一个笑容满面的人时，你也很难不对他报以微笑。面对微笑，人们会心情舒畅，因为一个微笑可以给人以亲切的感觉。

五、微笑是一种礼貌

微笑是向对方表示礼貌和尊重，但是如果不注意程度，笑得放肆、过分，没有节制，就会让人有不舒服的感觉。对于性格孤僻的人，如果你能立即给予微笑，他也会学着微笑；如果你能在微笑中与他促膝谈心，一定可以了解他的内心。微笑是社交的礼仪风范，会让对方感觉到生活美好与幸福。要记住的是，微笑是发自内心的，是美好心灵的体现。

对待陌生人，我们该多一些真诚和友善。当我们学会了微笑，我们的心情也会变得轻松而愉快。即使你不善言辞也没有关系，重要的是通过微笑绽放你内在的善良与友好，拉近你和他人的距离，从而实现心与心的交流与碰撞。

32. 春暖花开，爱让我们有了力量

　　有心理学家做过实验，人的各种情绪的能量级别不同，其中，愤怒、生气、不满、抱怨、仇恨等都是低能量级别，只有爱的能量级别最高。心中有了爱的正能量，才可能少走弯路和迷路；才可能在遭遇挫折和不幸的时候，始终相信前方的路会柳暗花明，春暖花开。

——题记

案例分享

　　那个令我疼痛的、美丽优雅的女孩，终于要和爱护她、疼惜她的男子结为秦晋之好；那个最困扰我的案例，总算拨开云雾见月明了，我的心里无限欢喜。

　　之所以有今天，一是得益于她有强烈想改变和完善自己的心理需求；二是得益于我在春节期间施予她的最后三次心理治疗。在这三次治疗中，我运用了最新的精神分析的技巧：① 寻找最初的心理创伤，寻找成长中的心理疤痕；② 叙述当时情景和经过，尤其重要的是说出创伤当时的情绪和内心体验；③ 把潜意识中压抑的那些本能和欲望意识化，更清楚地看到早年幼小和渺小的自己在应对创伤时的无助点和回避点。

　　尤其在第三次治疗中，她那痛快淋漓的哭泣更像是一场压抑了二十多年后的酣畅淋漓的心理宣泄。

　　这使我更清楚地明白，我们回头发现和寻找当年真正的自己，这一行为并不是再次揭伤疤，而是诚实勇敢地面对创伤。回避永远不能解决问题，反而会使境况越来越糟糕。只有真实地面对自身的疼痛症状，并且说得出来哪里受伤，如何受伤，我们才能对症下药，使症状永远消失。

　　她叫兰，人如其名，她的气质如空谷幽兰，浑身上下也散发着青春女子的幽香，只是多了一丝丝忧伤。经过长达两年的咨询，我在兰的身上渐渐看到了一种强大无比的能量，一种爱的能量，一种追求幸福的渴望，这种渴望和能量来自于她自身的"小宇宙"。多年来，兰的困惑来自于父母对她的忽略，因为她从没感受过父母的爱抚和拥抱，也从没觉知幸福的家庭的样貌。她的内心一直渴望着亲人的呵护和温暖，直到毕业后她也不懂如何与异性相处，问题才慢慢暴露出来。在此之前，兰忽略了爱的力量的存在，而是一味地抱怨和仇恨，只看到自己的可怜和无助，不知道哪里才是解放自我的出口。

　　精神分析理论更多地强调潜意识本能对我们行为的约束和控制。只有找到潜意识中啃噬你快乐的渺小虫豸，你才可能更清楚地看到一直以来你在乎的和你强求的，竟然是那些你自己无力改变却真正渴望的东西。

精神分析理论强调外求不如内求。发现自我就是在寻求一种让我们更好成长的生命能量。有心理学家做过实验，人的各种情绪的能量级别不同，其中，愤怒、生气、不满、抱怨、仇恨等都是低能量级别，只有爱的能量级别最高。尽管我们愤怒生气，歇斯底里地叫喊的时候看上去声音很大，但心里的脆弱是不堪一击的；当我们学会爱人爱己，我们的轻声细语和温情暖语才是最有力量的。爱会让我们变得坚强无比。只有当你尝试去拥有这种爱的能量，你才会不由自主地继续亲近和接近人世间的诸多美好。爱，正像细水长流，静水流深，非常微妙且神奇。

我希望，学生们都能在年轻的时候掌握爱的能力，学会爱自己，爱亲人，爱一切美好事物。心中有了爱的正能量，才可能少走弯路和迷路；才可能在遭遇挫折和不幸的时候，始终相信前方的路会柳暗花明，春暖花开。

思政课堂

爱是宝贵而稀缺的能力。我们总是在意自己是否被人爱，而不是关心自己是否有爱的能力。弗洛姆认为，只有真正独立和完整的个体才会拥有爱。爱的本质是给，是积极的创造。爱是动词，要付出行动才会有爱，感受爱的能力和付出爱的能力一样重要。愿我们都能通过学习拥有爱的能力！

相关知识链接

一、爱是一种力量

电影《星际穿越》中有一句令人感动的台词："爱是一种力量，让我们穿越时空感受它的存在。"爱，也是这宇宙当中最珍贵的情感。

二、爱为何物

长期以来，人们谈论着爱，却很难说已经清醒确切地懂得爱为何物。从感性方面说，人们习惯性地认为爱是一种由于对方为自己付出而带来自我愉悦的体验。从理性方面说，人们发现纯粹地从对方那里获取爱并不能真正得到令人满意的结果，很多时候是一种不切实际的幻想。我们无法像经济学中的"理性人"(经济学基本假设，即认为人都是理性的且人的行为都是以利己性为基础，追求自身利益的最大化，并认为当自己利益满足后也会推动社会的进步，而至于事实是否如此，该假设并不能自证)一样测量、计算爱的重量并以此进行交易。

三、给即得

弗洛姆认为，真正的爱绝不是单向的索取，也不是自我牺牲意义层面的给予，他认为真正的爱是集"认知、情感与实践于一体，且需要通过不断训练达到人格整体展现的能力"。通过给予爱，丰富了别人，在提高自己生命感的同时，也提高了对方的生命感。在弗洛姆看来，爱不是毫无意义的给予，也不是"理性人"对利益角逐的精明计算，而是在"给"的同时也意味着"得"，最终使彼此之间的生命力走向昌明。弗洛姆认为，"教师向他的学生学习，演员受到观众的鼓舞，精神分析学家通过治愈他人的病而治愈自己的病"，都是"给"即"得"的表现，即同对方建立一种非对象化、二元对立的原子化，而且是生命感互唤的、充满创造力的紧密关系。弗洛姆认为"一切爱的形式都以博爱为基础"。这里的"博爱"就是对所有的人都有一种责任感，即关心、尊重和了解他人。教师面对学生时，应该对所有学生心存同样的生命博爱情怀；父母面对孩子时，更应该心存圣洁的生命博爱情怀。英国著名教育家怀特海在《教育的目的》一书中提出，"我们的目标是要塑造既有广泛的文化修养又在某个特殊方面有专业知识的人才，他们的专业知识可以给他们进步、腾飞的基础，而他们所具有的广泛的文化，使他们有哲学般深邃，又有艺术般高雅。"

33. 改变心智，提高幸福的能力

心智成熟需要时间的锤炼，当我们懂得充满爱心地去生活，不断努力精进自己时，我们的人格也就越来越充满魅力与智慧。

——题记

案例分享

"老师，同学们都说我心智不成熟。心智是什么？"

心智，其实是人们的心理与智能的表现，对人的生存与发展起着重要的影响。

心智中的"智"代表智力和智慧，但智力不等于智慧。智力是指人认识、理解客观事物并运用知识、经验等解决问题的能力。智力包括多个方面，如观察力、记忆力、想象力、分析判断能力、思维能力、应变能力等。智慧是生命所具有的基于生理和心理器官的一种高级创造思维能力，包含对自然与人文的感知、记忆、理解、分析、判断、升华等所有能力。

智慧与智力不同，智慧表达智力器官的综合终极功能，一个智力很高的人不一定拥有智慧，拥有智慧不一定需要很高的智商。智力是学习和应用所学知识的能力，而智慧是认识世界的洞察力和鉴别力，即知道什么是真实的、正确的、持续的、有意义的能力。一个人的"心智"指的是他各项思维能力的总和，用以感受、观察、理解、判断、选择、记忆、想象、假设、推理，而后指导其行为。

心智成长不但要开发智力，更重要的是增强智慧，在生命的旅途中能够做出正确的选择和抉择，实现真正的成功和幸福。人类智商呈正态分布，从中我们发现大多数人智商相当，但心智表现却千差万别。

闻名世界的《水知道答案》一书中，日本心理学博士江本胜等在该书中展示了一百多张水结晶的图片。实验证明，水"听着"古典音乐和带有"善良、感谢、神圣"等美好信息时，就会结晶成美丽的图形；如果"听"的是充满了愤怒和反抗的重金属音乐和带有"怨恨、痛苦、焦躁"等不良信息时，水就会结晶成离散丑陋的形状。

由此可知，人的善念会使水变得清洁、纯净，而恶念的作用正好相反。而水正是我们身体的主要成分。

美国威廉博士的研究也表明，人的恶念能引起身体某种液质变成一种毒素注入血液，直接导致疾病。

　　一个人心存恶念就会导致疾病，一个人心存善念就会使心智能量级别提升。这里的善念和恶念其实都是一种心态。若真是这样，我们该抱有一个怎样的心态？

　　想起很多身残志坚的人们。当他们以一种平静积极的心态，笑对病魔和躯体不健全时，很多人的生命得以延长，创造出人生的辉煌成就；而那些处在恐惧、害怕和患得患失中的人，却走得仓促和匆忙，留给家人无尽的哀伤和嗟叹。

　　日本长寿大师松原泰道，他的长寿并没有遗传因素，他母亲在他 3 岁时病逝，父亲在他 30 岁那年也因脑溢血猝然辞世。他小时候总是病殃殃的，到成年还是体弱多病，身体差到连参军入伍的资格都达不到。大学时，他还得了一场肾病，差点命丧黄泉。幸运的是他遇到一位好医生，医生告诉他："你的忧郁情绪是你得病的主要原因，我来医你的身体，你自己医你的心理，我们共同配合，你就会很快康复的。"这次康复给他一个强烈的启示：心态健康最重要！

　　改变心智，从改变心态始；改变心态，从改变认知起！

　　人与人的不同主要体现在思维方式的不同，正如我们之前强调这世界上有乐观主义者，也有悲观主义者，他们都是我们现实生活中的存在者。当我们懂得这个道理的时候，我们就可以保持开放的大脑，换位思考，获取更完整的世界。

　　人与人的不同让我们知道不要过度以自我的眼光度量世界，而是学会倾听更多的看法，当你能吸纳更多人的看法与意见时，往往你就越能接近事实的真相。

　　爱是我们每个人获取幸福的关键，真正的爱能让我们心智不断成熟。真正的爱是既爱自己，也尊重他人，懂得每个人都是独一无二的。爱不是一味地包容，也不是一味地付出，爱是一种帮助自己和他人完善自我的旅程。所以在爱中，既有全心全意的关注与倾听，同样也有督促与批评。爱是世界上最复杂的，但也是世间最有力量的。

　　中国古话说：人生不如意事十之八九。现实的人生就是苦难与问题的重叠，当我们懂得这个道理的时候，我们就会自然而然开始释怀，不会再对困难耿耿于怀。

　　很多人总是会抱怨为什么人生下来就有那么多麻烦，其实每个人都有很多麻烦，而心智成熟的人懂得带着问题奔跑，他们愿意去解决问题，而不是仅仅停留在抱怨上。

　　你要懂得这个世界上百分之八十的人在抱怨，只有百分之二十的人愿意解决问题，而正是这百分之二十的人带领着文明实现跨越与前进。

　　人们必须对自我心智的成熟承担完全的责任。自我观察和自我意识能将自我从牺牲者自卑自弃的心态转化为对心智力量的不断追求。决定人生是积极的还是消极的，不是外部的环境和事件，而是你对这些环境和事件的反应和态度。

　　心智成熟需要时间的锤炼，当我们懂得充满爱心去生活，不断努力精进自己时，我们的人格也就越来越充满魅力与智慧。

思政课堂

　　要深入贯彻习近平总书记关于加强和改进大学生心理健康的重要思想。大学生心智成熟，身心健康成长，是自己成长的需要，也是时代的需要。每一位大学生都是呵护自己心理健康的护航者，应该多学点心理学知识，多参加一些心理健康知识讲座，多一些心理体验互动，让自己的心智逐渐成熟起来。

⬤ 相关知识链接

大学生正处于从青少年向成人转化的重要时期。这一阶段中，其不仅在生理上发生着变化，心理上也发生着显著的变化，这些变化既有与一般青年的相似性，又有作为大学生这一特殊群体的独特性。

一、认知功能成熟，思维表现出更多的逻辑和理性色彩

认知是指个体对周围事物的看法、想法或观点，表现为知觉、记忆、思维、想象等一系列过程，包含对刺激物的解释、评价、预期等心理内容。认知功能成熟能够使个体正确认识自己，恰当评价他人，客观考察周围环境，积极适应社会生活。

从思维的角度来说，大多数大学生已经进入形式思维阶段，甚至已不再满足于形式逻辑思维的水平，而是继续向更高一层——辩证思维水平发展。其有以下原因：

第一，大学生认知结构日益复杂，形式思维能力大大提高，这使得他们可以主要通过概念同化来获得概念，从而大大提高了概念获得的精确性和速度，为大量扩充知识创造了有利条件。

第二，大学生对问题的思考不限于寻求原因与结果的逻辑关系，而是把由经验决定的合理性判断也引入思考过程中，并把它当作重要的标准。

第三，部分大学生已达到辩证逻辑思维水平。辩证逻辑思维能力的发展取决于自我调节能力和目的感的发展。自我调节能力是指个体把现有的心理结构更系统地运用于新知识体系和新的环境中，而目的感是指把生活价值、奋斗目标和职业选择方向有机联系起来。

这就是说，大学生的思维已开始转向对现实计划的思考，并使具有创见的洞察力与内心控制力和分析性评价结合起来。

二、自我意识开始成熟，意志力增强

大学时期个体自我意识逐步成熟，主要表现在以下几方面。

第一，独立意识增强。大学生生理发育已基本成熟，社会化程度有了很大提高，心理上产生强烈的成人感和独立感，希望能够摆脱对成人的依赖，向周围人表现自己的主张和能力，不喜欢旁人的过多干预。

第二，自我认识和评价更加全面和准确。进入大学后，随着独立生活的开始，大学生有了更多的自由活动和交际的空间，参照系和社会比较对象都发生了很大变化，于是他们开始了更深入和丰富的自我探索与发现，在大学这样一个特殊环境里客观地认识自己、评价自己。

第三，自我体验丰富，自我控制水平提高。由于自我意识的发展，大学生自尊心和自信心增强，他们对他人的言行和态度极为敏感。涉及"我"和与"我"相关的很多事情，都会在大学生的内心引起轩然大波，使他们产生强烈的情绪体验。积极的情绪体验使他们蓬勃向上，消极的情绪体验使他们低沉、抑郁。另一方面，大学生自我调控的自觉性、主动性、社会性和持久性也在不断增强，能有意识地对自己的心理活动和行为实施控制，自觉性、果断性、自制性、坚韧性等意志品质得到进一步的发展。

三、情绪丰富多彩，交往需求强烈

风华正茂的大学阶段常常也是人生中情绪体验最为丰富的时期。大学生的情绪波动大，起伏不定，情绪转换十分明显，热情激动、抑郁悲观、沉着冷静、躁动不安等情绪交替出现。他们为学习、生活、爱情的成功而欢乐；为考试的失败、生活中的挫折而忧愁苦恼；为真理和友情奋不顾身；为丑陋和阴暗而义愤填膺。在他们身上自尊与自卑可以并存，闭锁与开放可能共存，强烈粗犷与温柔细腻能够同在。大学生情绪的丰富、情感体验的深刻与其生理与性的成熟、自我意识的发展、社会性需要的发展以及面临社会环境的复杂性等密切相关。

人是社会性动物，人与社会的联系是通过一系列人际交往活动来实现的。走出家门，过着集体生活的大学生十分渴望真挚的友谊，渴望情感的沟通与交流，通过人际交往获得友谊是适应新环境的突出需要。对情感交流的渴望也使很多大学生开始探索爱情，与异性的深入交往丰富了大学生人际交往的经验。

四、人格趋向成熟和完善，职业自我意识逐步确立

人格是具有一定倾向性的心理品质与心理特征的总和。大学阶段是个体人格发展、完善的重要时期，他们的认识水平不断深入，对现实的态度特征渐趋稳定，情感由丰富激荡走向稳定，自我意识由分化、矛盾冲突走向统一，意志品质逐步形成。人格的成熟与完善，为大学生步入社会做好了必要的心理准备。

职业自我意识是个体自我意识的组成部分，在一个人的职业选择和职业发展中起着重要的核心和驱动作用。大学生的专业学习是对未来职业的知识准备，大学毕业生直接面临职业选择。大学期间，通过专业课的学习、实习以及与老师同学的讨论，很多大学生慢慢认识了自己的职业兴趣，了解了自身的长处，逐步确立起职业自我意识，为今后职业生涯的发展做好了充分准备。

34. 克服自卑，做更好的自己

　　"个体心理学之父"阿尔弗雷德·阿德勒说过："每个人都有自卑感，这并不是一种疾病，而是刺激人们变得更好的力量。只有当自卑感越来越严重，甚至变成压垮自己的最后一根稻草时，它才是一种病。"

——题记

案例分享

　　女孩给我发来短信："老师，我一无所长，学习不行，长相不美，身材不好，我好自卑啊！"

　　自卑感其实很多人都有，它是一种对自己不满意的情绪。"个体心理学之父"阿德勒说过："每个人都有自卑感，这并不是一种疾病，而是刺激人们变得更好的力量。只有当自卑感越来越严重，甚至变成压垮自己的最后一根稻草时，它才是一种病。"

　　自卑的人有两种，一种是自谦者，即"谦尊自卑者，仁贤之所事也"。这样的人无须刻意批判，他自己清楚自己差在哪里，并懂得如何改良。另一种人是轻视自己的人，常觉得"我没用，我一无是处"。这样的人往往过分低估自己的能力，认为自己各方面都不如人。从辩证唯物主义的观点出发，适当的自卑会促使一个人去努力改善自我并力求上进，而过度的自卑则会成为一种性格缺陷。自卑同时还伴有一些特殊的情绪体验，诸如害羞、不安、内疚、忧郁、失望等。

　　自卑过度该怎么办？我给大家讲个故事：有一个小男孩，童年的他因自卑而苦恼，缺乏快乐。他自己觉得有很多自卑的理由，比如从小体弱多病，四岁才学会走路，天生患有佝偻病，而且长得又矮又丑；五岁的时候，他又患上了致命的肺炎，医生和家人们都以为他要死了。但是，他最终奇迹般地康复了。因为这次生病以及弟弟的死亡，他萌生了要当一名医生的愿望。于是他开始用当医生的生活目标去克服自卑和死亡的恐惧。小学阶段，他成绩平平。升入中学，他由于数学学得不好而被老师视为差等生，老师因此看不起他，并建议他的父亲让他去当一名制鞋工人。虽然他的父亲拒绝了老师的建议，但这事也刺激了他敏感的心，促使他努力学习，在数学上有了很大的进步。一次偶然的机会，他竟然解出了一道连老师也感到头疼的数学题，接二连三的小成绩慢慢增强了他的自信心，他成了班上的优等生。

　　这个小男孩的故事启示我们：每个人的潜力是无限的，能力并非天生注定，只要肯去尝试和努力挖掘，每个人都有成功的机会。他，就是奥地利精神病学家阿尔弗雷德·阿德勒。更有趣的是，当阿德勒第一眼看到美貌和才学兼具的俄国留学生罗莎时，并没有因为身材佝偻而自卑。相反，聪明的他给罗莎讲了一个小故事。每个人在出生的时候上帝和他都有一番谈话，他出生前，上帝就曾经问过他："给你一个健康英俊的体魄，再给你一个丑陋无知的妻子，你愿意吗？"他说："把丑陋留给我吧，把才貌和美德赐给我的妻子。"最后，他克服了自卑，勇敢追求罗莎，他又拥有了美丽的爱情和幸福的婚姻。

老师也想讲讲自己。我曾经是个非常自卑的女孩。十岁的时候，我从农村来到城市，因为不会说普通话，我感到自卑；因为家境贫困，我常穿着姐姐们替换下来的旧衣服或者打着补丁的衣服，我感到自卑；因为不会像城里孩子一样唱歌跳舞，我感到自卑；更有甚者，少年期因为自己个子矮小、长相普通、身体发胖，我也极度自卑，常常不敢和比自己优秀的男女生说话；高考两度落榜，更使我自卑。即使后来上了大学，我也因为比同班同学年龄大两三岁而感到自卑。

记忆中，我是个语言木讷、不善言谈、不敢和周围人说话的女孩子。有时候，一大群同学聚在一起，我永远是听众，不曾主动表达过什么。就在大三上学期，学校通知我们下学期要去贫困县支教半年，我才惊觉——一个不敢登上讲台讲话，一个不能发表自己观点和意见的人是不可能成为一名合格的人民教师的。正好，那时候学校在举办一年一度的演讲比赛。在此之前，我从来不敢奢望自己有朝一日能够在众目睽睽下参加演讲比赛。可是，不去尝试就意味着我永远不知道自己在这方面的真实水平。我想给自己一个改变的机会，给自己一次尝试的机会。

下定决心后，我去报名参赛，并用心地写出一篇演讲稿《走出误区，发奋自强》。演讲稿在文学社杨老师帮助下最终定稿。我有时间便悄悄去无人的教学楼顶大声把讲演稿念出来。我一遍又一遍地朗读，直到把讲演稿吃透并努力加上一些表情和肢体语言。因担心临时怯场，我在最好的朋友面前试着想象面对千人的大礼堂演讲。最终的比赛结果既在意料之外也在情理之中，我惊喜地取得了全校第二名的好成绩。演讲的成功给了我足够的信心和力量。之后，我在乡镇中学教书半年，返校后在班级会议上发言，就业后站上三尺讲台，就再也没有心怵过，再没有胆怯过。

靠山山会倒，靠人人会老，靠谁都不如靠自己，自己才是自己的唯一。遇到困难时，不要轻易去求人，别人帮得了一时，帮不了一世。求人不如求己，靠自己才能拯救自己。没有不劳而获的成功，没有轻易得来的幸福，要想收获果实，必先播下种子，自己动手，改天换地。

我们的教育推崇精英，貌似要把每个人都教成英雄。这一理念容易导致过高的目标定位，其实本末倒置。首先，应该培养自己成为有基本能力的人，而后才是脱颖而出的精英。建议每个人从兴趣出发，先培养一样技能或特长，然后再工作或创业，技能或特长会带给你意想不到的成就感和自信心！

别人给你的糖，甜过一阵就涩了；委屈时靠的肩膀，等眼泪流完后就离开了；面前朝你伸来的手，绕过这个峭壁就没空牵你了。当有一天，你发现自己炒的菜最香，自己种的果最甜，自己抹掉眼泪才是成长，自己翻过山峰才算到过天空，你就会知道，幸福需要经营，你想要的人生，只能自己给自己。

自卑者，若凡事都肯脚踏实地去做，不驰于空想，不骛于虚声，以求真的态度做踏实的工夫，则以此态度求学，真理可明，以此态度做事，功业可就。在这个世界上，只要你保持良好的心态，并懂得如何奋斗、如何挖掘你的潜能和才华，自卑感就不会是问题。只要你愿意尝试改变，自卑感就可以慢慢被克服。

加油，亲爱的孩子！靠自己，才能遮风挡雨；靠自己，才能人生崛起；靠自己，才能挺直腰杆，说话硬气；靠自己，才能鼓足勇气，不失骨气！

加油，亲爱的孩子！愿你做一个勤勉、努力，不断上进和永不放弃希望的自己。懒惰的人永远无法摆脱自卑的梦魇，自信是在不断取得成就的基础上建立起来的。愿你做一个勤奋刻苦的人，乐观面对一切。

愿你做更好的自己！

思政课堂

自卑感是一种人人都有的感觉。自卑感是面对问题无法解决时产生的情绪。当自卑感出现时，如果我们不主动采取措施去破解问题和矛盾，任由其发展下去，并且坚信自己永远无法解决，则容易产生自卑情结。若问题得到解决，我们就会产生优越感和满足感，自卑就会变成自信。

"生命的意义"是你所谓的意义，没有你也就没有了"你的生命的意义"；有了你，"你的生命的意义"就存在于你的一切观点、态度、行为、言谈举止、习惯和性格中，你的所思、所想、所为就是你当下"生命的意义"的体现。这也就是"我在，意义即在；万千生命，万千意义"。

相关知识链接

一、自卑

自卑是一种消极的自我评价或自我意识，自卑是一种因过多的自我否定而产生的自惭形秽的情绪体验。它是一种消极的情绪体验，属于性格缺陷。自卑并不是指客观上看来自己不如别人，而是主观上认为自己不如别人，认为自己不够好，甚至觉得自己一文不值。自卑感人人都有，只有当自卑达到一定程度，甚至影响到学习和工作的正常进行时，才归之为心理疾病。自卑并非总是给我们带来消极和不好的结果。心理学家阿德勒对于自卑提出了自己独到的见解，他认为每个人都有"自卑"情结，每个人都有先天的生理或心理缺陷，如担心自己做得不够好，担心别人不能接纳自己等。适当的自卑可以促使我们不断努力，不断进步，不断向上。过度自卑则会阻碍我们的生活、学习和工作，导致我们不敢迈步，停滞不前。

二、当代大学生自卑心理表现

当代大学生自卑心理主要表现为以下几个方面:

(1) 在认知方面主要表现为不能客观、全面、正确地看待自己的优缺点。有自卑感的同学过分看重自己的缺点,并把自己某一方面的缺点泛化到全身,认为自己没有任何可取之处。在对事物成败的归因上,往往把因自己的努力而获得的成功归为外因,而把因外因导致的失败归结为自身原因。

(2) 在行为上主要表现为社会退缩。有自卑感的同学竞争意识淡薄,缺乏社会活动的积极性,更不会主动展示自己在某些方面的特长。这些同学常把自己封闭起来,以掩饰自己的弱点;在遇到挫折后总是陷入超脱现实的幻想世界,他们更喜欢以幻想的方式来逃避现实世界的压力。

(3) 在性格上有明显的缺陷。自卑心理较强的学生多数伴有性格内向、多疑、胆小、谨慎、不善社交、应变能力较弱等缺陷。敏感多疑是自卑心理的典型特征,具有自卑心理的学生往往对自己的不足和别人对此的评价很敏感,常把别人无关的言行看成是对自己的轻视,别人一句不经意的话也总认为是对自己的含沙射影。此外,自卑的同学遇事喜欢走极端,喜欢用非黑即白的观点来判断事物。

(4) 在情绪上经常体验到害羞、不安、内疚、焦虑、忧郁、失望等负面情绪。有自卑感的同学经常自责,越自责越自卑,越自卑越自责,总是在这个怪圈里徘徊。这些同学很难体验到同伴带来的快乐,他们有严重的孤独感,在心里很难融入到集体中,刻意保持着和其他同学的距离。

三、自卑心理产生的原因

自卑心理主要来源于心理上消极的自我暗示,直接原因来自于别人的嘲笑、讽刺。自卑心理一旦产生就会迅速泛化到全身,进而全盘否定自己。那么哪些原因促使自卑心理产生呢?

1. 自身因素

首先,自卑来自于自身的一些生理缺陷,这种缺陷主要是达不到自己的理想效果而并非真的是缺陷,比如身高、长相、体型、肤色甚至性别等不如意都可能造成自卑。其次,能力差也会引起自卑。例如,认为自己没有任何特长,各个方面表现都很普通,经过多次努力仍然达不到自己预期的效果就会更加自卑,甚至会自暴自弃,放任自己。再次,童年的一些负面经历也会引起自卑。心理科学的研究已证实,不少心理问题都可在早期生活中找到症结,自卑作为一种消极的心态也不例外。气质抑郁、性格内向者大都对事物的感受性强,对事物带来的消极后果有放大趋向,而且不容易将其消极情绪及时宣泄和排解,产生自卑的可能性也相应增大。

2. 家庭因素

家庭因素首先体现在经济上。同学们之间家庭背景差异较大,一些出身于普通工人、农民家庭的大学生,在与出身于大城市的同学做比较之后,自感在社会地位、经济状况等方面比别人矮了一头。近几年，由于这方面引起自卑的大学生人数有增加的趋势。其次，单亲家庭子女绝大部分都存在自卑心理。生活在单亲家庭环境中长期缺少父爱或母爱的大学生，以及儿童时受到过虐待、有过家庭暴力经历的大学生，他们害怕同学们知道自己没有爸爸或者妈妈，由此也会产生心理压抑、自卑心理等不良心理反应。再次，父母教育方式不当也会导致大学生自卑。现在虽然在提倡素质教育，但是成绩在教育中还是起到主导作用的。一些父母盼子成龙心切，经常在班级里为自己的孩子树立一些榜样，这无可厚非，但是过分的、不适当的攀比容易致使子女产生厌恶、逆反或自卑心理。

3. 学校因素

环境变迁会引起自卑心理。在家里，很多同学都受到爷爷、奶奶、父母亲的宠爱，家庭地位非常高。而在新的班集体中，同学们旗鼓相当，昔日那种众星捧月的优越感荡然无存，有的甚至在激烈的竞争中落后，这种强烈的反差会在心理上导致一种失落感，从而产生自卑情绪。学校、专业的不理想也会使部分同学产生自卑。有些同学未能实现上名牌大学、热门专业的愿望，在被其他院校录取后，会产生强烈的失落感，甚至对自己和生活都感到灰心，并由此产生失望感。就业压力也会产生自卑。高校扩招以后，大学毕业生数量急剧增加，毕业生与社会之间的关系由供不应求转为供需平衡直至供大于求，大学生就业基本趋于市场化，很多大学生毕业后找不到理想的工作甚至找不到工作，就业压力骤增，使同学们对自身价值持悲观态度，怀疑自己的能力，自我颓废。

四、自卑心理的治疗对策

1. 认知疗法

自卑的产生很重要的原因就是对人、对己、对事存在着不合理的认知。自卑者往往有着很强的自尊心。当大学生在学习生活中，由于方法不当或缺乏处世能力而陷入困境时，其自尊心会受到损害，优越感也会丧失，于是他会从一个自尊、自信者走向另一个极端，变成一个完全失去自信的人。因此，消除自卑首先要树立正确的观念，培养正确的认知能力，以合理、现实的方式来看待生活、看待人生，学会客观、公正地评价自己和他人，保持平衡、稳定的心理状态。当然，这不是一朝一夕就能达到的，需要教育工作者和受教育者坚持不懈的努力。

2. 催眠疗法

用催眠疗法治疗由于童年的一些创伤而导致自卑的效果显著。心理咨询老师把来访者引导进入催眠状态中，在催眠状态下再现情景，可以找出其自卑的原因；通过与被催眠者对话，最终消除自卑心理；或者在催眠状态下改变来访者的错误认知，使其树立正确、客观、合理的认知，一般效果都非常好。在催眠状态下进行形象塑造效果也非常理想。用催眠疗法治疗自卑心理能取得较好的效果，所需时间也短，但是并不是所有的来访者都可以进入到催眠状态，而且催眠疗法对咨询师的要求也比较高。

3. 团体辅导训练法

团体心理辅导对自卑心理的消除起到了较好的作用。心理咨询老师可以把自卑问题比较相似的同学聚集在一起进行团体辅导。在辅导过程中，同学们通过自我剖析、自我暴露和开展活动等方式建立了比较稳固的关系。他们发现原来有这种想法的和这种问题的人不止我一个，从而在心理上会达成共识，彼此之间也会更加信任。在辅导过程中，同学们学会了处理人际关系，自卑心理在一定程度上就会减弱。

4. 自我矫治法

首先要学会正确归因，提高自己的挫折承受能力。遇到失败和挫折后要能够正确分析主客观原因，失败、挫折是由于某些客观原因和不可改变因素造成的，但有很多时候可能是由于自己设定的期望值过高造成的。其次，适当地调整期望值也很重要。根据实际情况制定可实施的一系列目标，经过努力实现小目标，再经过持续的努力实现更高的目标，循序渐进，每一次的成功都会带来喜悦和信心，这样不断地实现目标，不断地增强自信，自卑心理就能得到逐步的克服。再次，学会悦纳自我，关注自己一点一滴的进步，尽量减少受别人的负面评价造成的干扰。在缺少表扬和激励的情况下，学会无条件的、积极的自我关注，进行自我激励，自行构建自己良好的形象。

5. 药物治疗

虽然自卑心理通常表现为部分大学生的一种心理亚健康状况，但是个别情况下也可能导致严重后果。对自卑心理已经十分严重并已引发严重心理疾病的学生，应及时求助心理门诊医生，在进行心理疏导的同时，辅助进行药物治疗，最大限度地减少引发精神病等严重后果的可能性。

35. 尘世中相遇，相约好走一程

"尘世中相遇，不问是劫是缘，相约好走一程。"年轻的时候，期盼一场惊天动地的相遇，这就是心动。即使短暂，却也相信只要拥有过就会幸福和满足。那个人是谁，其实并不重要，重要的是曾经与另一个灵魂的相融和欢聚。

——题记

案例分享

她失恋了，始终不能理解："恋爱两年，怎么说分就分了？"

思忖她的失恋，我翻看我大学时代的日记本，蓦然读到扉页上的一句短诗："尘世中相遇，不问是劫是缘，相约好走一程。"当时写下这句诗，想必是遇到了什么人，或者并非有其人存在，只是年少时悸动的心在期许和等待什么，或者只是寂寞和孤独时无望的祈求和愿景。

仓央嘉措有一首诗："那一日，我闭目在经殿的香雾中，蓦然听见你诵经的真言；那一月，我摇动所有的经筒，不为超度，只为触摸你的指尖；那一年，磕长头匍匐在山路，不为觐见，只为贴着你的温暖；那一世，转山转水转佛塔，不为修来世，只为途中与你相见。"

在仓央嘉措看来，世间所有的一切都比不上真挚的爱情。于是，在布达拉宫冷清的日子里，这位被誉为"世间最美的情郎"用自己曼妙的笔与玲珑的心将世间的爱情描绘得凄美动人。所谓的缘分，不过是在合适的地点，遇到了一个合适的人，当合适的人还没有出现的时候，或者此生永远也不会出现的时候，就让我们和仓央嘉措一样，从那一刻、那一天、那一年、那一世开始，相信爱情，守望爱情，珍惜爱情。只要相遇，只要相约好走一程，只要曾经拥有。

由此想到英国作家劳伦斯妻子的回忆录——《不是我，是风》。年轻的劳伦斯遇到了已婚女人弗里达，他们不顾世俗、力排众议结合在一起。书中真实地把一个"天才作家"的作品和他的生活放在一起，打开劳伦斯夫妇在灵魂与世界逃亡中的神秘历程。与年龄比自己大而且已婚的弗里达结合，可以说是劳伦斯具体生命哲学的现实体现。他说，一个不接受传统与固定文化的人，置身于世界本身就是冒险，男人与女人的相遇与结合更是冒险。弗里达也说："我和劳伦斯在当时似乎已超越了人类幸福的尺度。""我找到了我需要的一切，我仿佛觉得自己可以像小溪里的鳟鱼、阳光下的雏菊一样蓬勃兴旺。他慷慨地奉献他自己：'我是你的，把我的一切统统拿去吧。'而我，也毫不犹豫地索取和奉献。"然而，幸福的时光并不长久。

年轻的时候，大概真的是因为风的存在。以为是风吹开了心扉，以为是风拂过了身躯，以为是风带来春天，带来明媚的阳光，带来心上人的温暖和快乐；同样，以为是风，又给我们冬日的凄冷和离别萧索的痛击。其实不然，不是风的缘故。

年轻的时候，期盼一场惊天动地的相遇，这就是心动。即使短暂，却也相信只要拥有过就会幸福和满足。那个人是谁，其实并不重要，重要的是曾经与另一个灵魂的相融和欢聚。

可是，玲珑年少的心如何能够明哲到预知未来，那些给予过我们快乐的人，也会在后来某个猝不及防的时刻，给予我们最深的伤害和疼痛。

如果遭遇背叛，遭遇离别，又有几人能轻松承受那劫难？不希望永久，就意味着随时随地都要面对离别。离开我们爱的人，离开爱我们的人；离开爱情，同时离开青春，离开岁月。

其实，在纷纷扰扰的凡尘中，我们常常会因为各种各样的事情而感到烦恼和忧愁。年轻人总喜欢将自己打扮得带点蓝色的忧郁，以为蓝色的忧郁会给人蒙上一层凄美，用心去体会这种难以名状的美，似乎变成了人生一大乐趣。但看到"不是幡动，不是风动，是心动"这几个字时，忽然发现那凄美的心情其实也可以变得更为明媚。

我们生活在这个世上，每天都会遇到很多烦琐的事，有的人应对自如，没有因被世事阻塞而感到痛苦不堪；有的人却怨声载道，哭诉世事带来的烦躁与不安。其实世事皆由心生，若无心，你则不会感受到什么了。心不动，天下万物皆静止，心一动，则无物皆动。

感谢相遇，不问结局是喜是悲，相约好走一程！

思政课堂

流水年华，我们总是害怕时光会带走相遇。其实，光阴带走的只是虚幻的拥有，沉淀下来的才是真情守候。滚滚红尘，学会随缘聚散；世事沧桑，学会妥善安放。留下来的，一起，倾心珍惜；错过了的，要相信下一站会柳暗花明。

相关知识链接

一、相爱

相爱本身就是一件很难的事情。人们之所以那样渴望能得到属于自己的爱情，是因为爱情本身就是一件很难遇见的事情。你能够遇见一见钟情的人是一件幸运的事情。如果你所喜欢的那个人正好也像你一样喜欢着你，这更是一种幸运。

二、爱而不得

虽然自己一门心思狂热地爱着，但在对方看来却是一点感觉也没有。面对你的示好，对方会觉得苦恼，面对你的靠近，对方会拼命地想要远离。虽说有句话是只要坚持就能够成功，但爱情是没有任何规律以及道理可言的。也就是说，一个人是否喜欢你，可能从一开始就是决定好的。

你以为自己的深情、自己的等待，总有一天会获得他的爱情。但事实上，这种可能性是很小的，也是未知的。努力了那么长的时间，却依然不能够得偿所愿，这是因为从一开始，你的爱就付给了错误的人。你以为的深爱，以为对对方好的那些瞬间，对于对方来说，更多的是一种困扰；而你也在其中越陷越深，难以自拔。其实，对于不爱自己的人，放手也是另一种爱，是一种成全自己、成全对方的爱。爱上了，并不意味着就一定要得到。单方面的爱更不能称为爱情，只能是自己的一厢情愿罢了。

三、相爱，并不意味着能够相守

年少的爱情就是想着如何才能够和自己喜欢的人永远在一起。那时的我们，过于天真，认为只要两个人深深地相爱着，不管前面会遇到怎样的难题，生活上有再多的挫折，都不会分开。当但当困难接踵而至时，才发现曾经以为永远不变的情谊，也会在某一天说放下就放下。越是深爱着的两个人，反而越不能在一起。有人感慨世道不公，为什么一定要捉弄有情人，也会去指责世界，为什么相爱却不能相守。现实却摆在面前：如今的自己没有能力给予对方更好的生活。这个时候我们会反思，两个人从一开始在一起会不会就是错误的。他离开我，或许会有更好的生活。现实生活中没有假如，时间都在推着彼此向前，谁都无法回头。对于曾经的爱情，更多的也只是遗憾，遗憾没有在最好的时间相遇，没有在那个时候给对方最好的生活，没有很好地在一起。这个世界本身就有相爱却不能相守的爱情，但只要爱过就不需后悔。

四、放手，对于彼此都是最好的安排

在刚开始放手、决定结束这一切的时候，会很苦恼，心里也难以接受这一事实。已习惯对方存在的生活，我们不敢想象对方不在自己生命中的时刻，更不敢接受这样的状况。但我们依然需要去坚强地面对，去坚定地选择，给予对方最后的爱。其实，人生就像是一段很长很长的旅途。在行进的过程中，我们会遇到分岔路，而选择权就在自己的手上。对于爱情，也是我们自己所做的决定，而做过的决定就需要去接受。不能够继续坚守下去，不能够再相爱下去，此时放手对彼此都是最好的安排。做出的决定就要去履行，不要再去后悔和试图挽回。

　　人生的旅途虽然会有分岔路，但始终都是向前走的，不会给我们后退的机会。告别过去的我们会渐渐放下曾经的爱。只有放下不甘心与难过，才能去调整自己的状态，去面对已发生的现实，去接受没有对方的世界。渐渐地，你会从这种伤痛中走出来，重新开始自己的生活。你会遇见很多的人，会重新开始一段感情，会爱上另一个人，你会找到自己的归属，找到属于自己的未来，去拥有属于自己的家庭。或许，在之后的某一天，你依然会怀念曾经所发生的一切，会去想念那时的美好，但它已经成为了美好的回忆，会怀念但不会感到不甘。但我仍然希望，相爱的人都能够牵着手，一起走到最后。

36. 不知生，焉知死，活着就是希望

　　不知生，焉知死？不惧死，何不好好活？成长是一个必经的过程，美好的生活只是一个结果。如果我从没在过程中坚持过什么，是不会有收获的。我现在就好像是还没有成为三毛的二毛，我不该一直执着于是否能成就三毛那样的辉煌，我应该做的是坚持着二毛的坚持。

——题记

案例分享

　　女孩的信其实是她自制的一张卡片，A4纸般大小。一张淡蓝色的硬面彩纸上，黑色的碳素笔密密麻麻地写满了她的心声。她的来信与她送我的一本书，让我既感动又难过。

　　书我已拜读并收归书架，而那张卡片却在我的床头悄悄地躺了两个月。之所以放在床头，是还想再看第二遍第三遍的。但是，每每拿起，我总是选择放下，只因为她的来信使我不忍卒读。

　　应该说她是一个富有才气的小女生。她写的日志、诗稿等文章，我的其他学生和朋友都很欣赏，争相转载然后向我讨要她的联系方式。而我坚守的工作原则并不允许我向任何人透露她的个人信息，除非她同意。

　　朋友们喜欢她的文章，用她们的话说："尽管你是老师，她是你的学生。但是，我们认为她的东西有嚼头，不像你的，像白开水一样，只是说话而已。"这多少对我是一种打击，但也是一种鞭策。

　　我羡慕她的才情。同时，我也因为有她这样的学生而感到欣慰。然而，我却心痛于她深陷在泥沼(她的某些我不能接受的想法)之中，不能自拔。

　　记得她说过的那些话："总想死，死亡就是解脱，蝴蝶来过这世界，我真的想死。"记得她喜欢唱的那首歌："黑从天空往下沉/城市打开最沉默的灯/忙碌的那扇旋转门/恋人进出的离分/心装下爱的灵魂/梦却追着流浪的脚跟/有多少的不闻不问/是最痛心的拷问/回忆把我装扮成了一个泪人/像沉没在海底的灵魂/相思的念头孤单的身份/曾经两个人也叫我们/拥抱寂寞哭化成了一个泪人/用泪水填平我的伤痕/拿最毒的针绣记忆花纹/不让自己遗忘爱过就别恨……黑从天空往下沉……"

　　看她写的东西，我常常会泪盈于睫。而关注她，已渐渐成为我的习惯，也许是因为我知道她的某些不为人知的、不如人意的境况和遭遇，也许是因为她对我的信任和尊敬。

　　因为她，我找出了自己大学期间的几本日志。原来，年少时的我也曾有过她暗夜中手足并爬的悲凉；象牙塔里，我也曾像她一样困惑迷茫、不知所措，我也曾像她那样总是莫名地习惯诉苦陈哀。然而，我很少想到死。想到我俩的诸多相似之处，唯有一点我是幸运的，就是我有一个幸福的大家庭。我的爸妈和四个姐姐都很疼爱我。而她，自小失去母亲，父亲再娶，她跟随爷爷奶奶长大。用她的话来讲："妈妈，这该是一个多么温暖的词，我却不知道我的妈妈是谁，她在哪里。"

　　想到她关于死亡的诸多说法，我会心痛。而我，最不愿意听到和看到的就是年轻的她关于死亡的总种说辞和想象。不知生，焉知死？不惧死，何不好好活？

　　我宁愿相信，她的心底未必有那么大的痛苦和无奈；我宁愿相信，她不过在用文字消耗她青春萌动期那些多余的激情和能量。

　　我始终记得有位作家曾说："雨中的日子总是湿的，不知道是雨还是自己总是弄湿这流光。等待阳光吧，除了等待之外，怎么发愁都是无用的。"

　　于是，我们之间有了多次长聊。她曾发来一条短信："我好像突然明白了，成长是一个必经的过程，美好的生活只是一个结果。如果我从没在过程中坚持过什么，是不会有收获的。我现在就好像是还没有成为三毛的二毛，我不该一直执着于是否能成就三毛那样的辉煌，我应该做的是坚持着二毛的坚持。"

　　是的，孩子。我们都曾经是尚未成为三毛的"二毛"。获取帮助，你就会活下去，你会被疗愈，即使你现在不相信，只要知道它是真的就好了。在失去某些人之后感到痛苦是正常的，这证明我们活着，但是我们并没有停止生活，我们必须变得更坚强，同时保持我们内心对于未来美好生活的期许。

　　只要具备爱的力量，我们就会强大起来。爱，使我们不能轻易放弃！史铁生说："死是一件无需着急的事，怎样耽搁都不会错过的事情。为什么不活下去试一试呢？"史铁生的人生观值得敬佩。

　　我不相信人有前生和来世，但我相信，冥冥中应该有一种力量在陪伴我们。而且，我相信：那就是爱的力量！这爱，有亲子之爱、兄妹之爱、友朋之爱、陌生人之爱！我的孩子，爱有很多种，愿你拥有的越多越好。

　　生命不过如此，欢乐有时生死一瞬！我很庆幸，曾经的疑虑变成如今的坚定！"我唯一锲而不舍，愿意以自己的生命去努力的，只不过是保守我个人的心怀意念，在我有生之日，做一个真诚的人，不放弃对生活的热爱和执着，在有限的时空里，过无限广大的日子。"

　　好孩子，若你看到这些文字，请你相信：老师希望你快乐！并希望你向前向上追索的那份激情永在！而且，无论何时何地，你要知道，有一双眼睛始终关注你的成长！

　　好孩子，愿你被治愈，愿你重新找到属于你的爱和幸福！

◯ 思政课堂

　　科学家霍金曾说："活着就是希望"。全身瘫痪的霍金是如何艰难地用两根手指敲击出这样温暖的句子？在可怕的疾病降临时，正是希望将霍金拉出痛苦的深渊，有了希望，我们就能战胜那似乎不可战胜的黑暗。

　　希望是一种支撑我们的正能量。我一直不忘"望梅止渴"的故事，正是魏军中的士兵一直怀揣着希望，想象着梅子的甜美，才终于走出无水的绝境。还有杰克伦敦《热爱生命》的主人公，如果他在茂密的森林里与狼的对抗中放弃了生的希望，他又怎么能够创造奇迹最终生还呢？

　　希望，能让我们抵抗负能量的侵袭。史铁生在正值青春的年纪突然失去了双腿，只能终身与轮椅为伴。在如此大的噩运面前，史铁生也曾怨怼老天，沮丧、消沉或者戾气十足。然而，希望终于令史铁生找到了对抗负能量的方法。史铁生曾说："世间的路已不能用脚去走时，只能用笔去淌。"笔，就是史铁生最大的希望。转动笔尖，他就像他的偶像刘易斯一样，在文学的世界里跑得更快、跳得更高。

相关知识链接

一、活着，就是最大的希望

　　相信很多人都读过《活着》，虽然这本小说以悲剧结尾，但它却给很多人以触动，给很多人以启发。主人公有着悲惨的命运，更重要的是，即使经历了近乎所有的人间不幸，即使命运开了一个又一个的玩笑，主人公依然活着。很多时候，活着就是最大的希望，明天就依然有很多新的可能。即使生活暗淡无光，命运离奇坎坷，活着即是生命最大的尊严。我们如今生活在一个没有战乱、没有饥荒的年代，科学技术在发展，医疗水平在进步，生活质量在提高，尽管仍然有不少难题困扰着我们，但没有什么事情是让我们必须放弃希望的。

　　生命是最宝贵的财富。生命近乎是一个人的全部，所以，拥有生命，尚在呼吸，尚有意识，尚可活动，我们的人生就是有希望的，我们也就有理由在混沌的时光里坚持下去，等待生活的转机。

二、凡是无法打倒你的，终会使你变得更强

　　人生中，总会遇到一些困难以各种形式在各种时间出现在我们的生活里，令我们困扰和为难，让我们感到挫折和失落。实际上，大多数人面临困难时都是茫然无助的，因为人性本就如此，面对未知和艰难的时候，第一时间难免会有逃避和畏惧的想法。但总有一些坚强的人，即使在最困难的环境里，依然怀揣着希望在坚持，并寻找着一切可能的机会来摆脱困境。坚强的人之所以坚强，并不是因为他们毫不畏惧，而是他们能够很快摆脱畏惧和逃避的情绪，重新振作起来，继续向前出发。对于坚强的人来说，只要活着，就没有到达最坏的境地。凡是无法打倒你的，终会使你变得更强，这看似鸡汤又狗血的话，其实是无数能人志士的真实写照。例如《钢铁是怎样炼成的》书中的主人公保尔、伟大的音乐家贝多芬，他们即使几经磨难，人生里艰难不断，依然能够顽强地生活，追寻人生的意义，

创作伟大的作品。对于真正坚强的人来说，人生的艰难可以化作他们前进路上的养分，只要没有毁灭他们，就都能够使他们的性格更加坚毅，人生更加精彩。生命并无高低贵贱，我们可能无法拥有他人的天赋，但我们可以学习他人的毅力，不管生活再怎么艰难，只要活着，就有希望。

三、生命就是财富，就是希望

每个人来到这个世界的时候，除了自己的生命，都一无所有，所以我们最宝贵的财富就是我们的生命，我们最大的希望也来自于我们对生命的拥有。生命就像树木的根一样，是人的根本。其他我们在生命旅途里获得的东西，例如财富、地位、名声甚至知识、经验、意义等，都只是依附于生命的附加价值。所以我们只要一息尚存，就不应该放弃继续走下去的希望，只要还拥有健康的生命，未来就不会是一片黑暗。因为我们最根本的财富和希望还在，即使一无所有，也还是可以再去追寻、去获得，去重新实现自我存在的价值。

四、活着，就是最大的希望

我们本来就是赤条条来到这个世界的，最终也要归于尘土，化作养分，我们没什么可放弃的。正因为如此，我们需要珍惜自己的生命，不能因为人生艰难，就轻言放弃。当然，人不是机器，有时候面临的处境真的不是血肉之躯可以承受的。但人生里那些极端的情况毕竟少之又少，在尚有一丝力气，尚有一点留恋的时候，选择放弃，就是幼稚而懦弱的表现。活着，就是最大的希望，不要把自己为了生存而努力拼搏的行为看作是无用的挣扎，也不要因为别人的看法、外界的压力就随波逐流地放弃努力。我们既然拥有着最重要的财富、最大的希望、最万能的钥匙，就要笑着活下去，努力走下去。艰难险阻，不管是天降的还是人为的，如果无法把我们摧毁，最终都会化作我们人生的养分。

不要放弃希望，因为生命本身就是希望。活着就是希望，愿希望的正能量支撑我们前行。

37. 爱的终极，给你一个拥抱

心理学的研究早已证明，拥抱和触摸有利于心理健康。那些经常被拥抱的人的心理要比缺乏拥抱的人健康得多。人类之间最好的身体接触方式就是拥抱，因为它很简单又明确地表达着人与人之间最真的关爱。拥抱也会帮助人消除沮丧、疲劳，增强勇气，注入活力，尤其是那种互相投入的拥抱。这是肢体语言的魅力，在众多肢体语言中，拥抱最为温暖。

——题记

案例分享

6月，毕业班学生大多已离校，按照预约，她要在离校前找我做最后一次咨询。

在《那就是爱》的音乐声中，我静静地等待兰的到来，如同等待一个多年的老朋友。当她半羞半怯地进来，我们会心一笑。与她之间，总有一种不言而喻的明白和透彻。

三年来，兰改变了很多。外貌上，她从军训后的黑皮肤姑娘出落为肤色白皙的美女。头发柔顺地垂在她的脸颊两侧。精神上，她一次比一次坚定自己的理想和未来。

这一次与以往不同。从兰的表情我看不出任何难过或者其他不良情绪。好像她只是来看一看，来坐一坐，道个别，没有别的需求。大约有半分钟的时间，我们彼此悄声不说话，只是微笑，是那种非常坦荡和高兴的笑容。

真的是最后一次咨询了吗？兰的心里有何感想？我对她又有怎样的期许？

三年来，每当兰失意困惑不安的时候，总是来找我。有时候，我给她一些貌似合理的建议；有时候，她幽幽地说，我静静地听。而她，一般不会耽误我太多的时间，叙述完她的心情，讲一讲她的困惑，说一说她的苦恼，和我交流一些对人生、对周围环境的看法，然后就是感谢我的陪伴，最后一定还会祝福我。

从兰的眼神，我能明白一个意志坚定的女子并不允许她做事情有任何拖泥带水的犹疑。

兰来自外省，如果考研失败的话，她就要回到家乡听从父母的安排。

而在兰的内心，藏着一个大大的秘密和希望：一定要继续上学，努力考研，和心爱的人在同一个城市，她要和他并肩作战，一起播种一起收获。

兰心中的那个男孩子目前在别的省份的大学求学。她一直不肯停歇地努力着，是想给他们的感情一份执着和坚定，也是给自己一份不变的坚守。

在我心里，兰一直是一个非常优秀的女孩。我相信，只要她一如既往地努力，幸福一定在不久的远方等着她。

　　看见她起身要离开，我也站起来。她微笑而害羞地提议："老师，我可不可以抱抱你？"我的心也告诉我，从此可能就很少有机会见面了。我们都站起身，彼此微笑着慢慢靠近。我们师生二人是那样自然地拥抱，我轻拍着她的背部和肩膀，她搂着我的腰，一直不停地轻声说道："谢谢老师!"

　　这是幸福的一刻，这拥抱也给了我无比的信任和继续前进的力量!

◎ 思政课堂

　　拥抱是一个相互交流的动作，我们给予拥抱的同时，也能获得他人的拥抱。在拥抱中，我们意识到给予和接纳有着相等的价值。心理学家曾经说过："我们每天需要 4 个拥抱来生存，8 个拥抱来维持健康，12 个拥抱来成长。"

◎ 相关知识链接

　　你喜欢和你的亲人拥抱吗？和喜欢的人拥抱会有幸福的感觉。拥抱有缓解压力的效果。一次拥抱就能把一天受到的压力减少到三分之一。

一、自由拥抱

　　你是否听过"自由拥抱"(Free Hugs)的故事。自由拥抱是指在街头与陌生人拥抱，产生美好的东西(爱、和平、温暖等)的活动。2001 年，一个叫贾森·亨特的人拿着一个印有"Free Hugs"字样的牌子在街上走来走去，据说这就是自由拥抱的起源。亨特拿着牌子，拥抱着每一个支持他的陌生人，向许多人传递爱的信息。亨特想用自由拥抱来告诉人们：每个拥抱都能让我们意识到重要的东西。人要有同情心，互相支持是很重要的，不管我们是谁，最重要的是人与人之间互相谦让，互相帮助。

二、拥抱产生幸福荷尔蒙

　　幸福荷尔蒙是一种治疗物质，可以让人的身心感到幸福，通过轻微的皮肤接触就能获得它。

　　(1) 和爱人拥抱的好处。和爱人拥抱会刺激人体的脑内 B-内啡肽活动，从而产生多巴胺这种幸福荷尔蒙。拥抱产生的多巴胺是一种快感物质，也就是说，作为爱和被爱的一种肢体表达，拥抱会加深爱情。

　　(2) 和异性以外的人拥抱也有效果。幼儿不安时被妈妈抱在怀里会觉得很舒服。拥抱和被拥抱其实可以解除恐惧和紧张。即使没有可以拥抱的异性，和家人、朋友、支持你的人保持友好关系，也有利于身心健康。

(3) 即使不是与人拥抱，也能解除压力。例如，有些孩子随身携带喜欢的毯子和布偶，抱着睡觉就会平静下来。即使不能拥抱人类，拥抱爱猫和爱犬(动物、靠垫、抱枕)也能得到相同的效果。

三、长时间分泌荷尔蒙

拥抱不仅对减少压力有效果，还有助于促进大脑释放出多巴胺这种快感物质，使相互思念的心情更加强烈。通过拥抱，脑内能产生与多巴胺系列相同的荷尔蒙——"催产素"。催产素能促进产生愉快的情绪和舒缓睡眠的 5-羟色胺的分泌，从而发挥缓解压力的效果。与多巴胺这类短期持续型荷尔蒙不同，催产素增加了与重要的人在一起时的安心感，是爱情长久的帮手。

四、拥抱的作用

(1) 可以减少压力。

美国大学的研究表明，与重要的人拥抱能减轻压力，和所爱的人拥抱 30 秒能将压力减少到三分之一。

(2) 拥抱可以抗衰老。

美国加利福尼亚大学伯克利分校的一个研究小组发现，用催产素治疗年老的老鼠能促进其肌肉愈合。当催产素注入身体时，会立即影响身体，使这只老鼠的肌肉变得年轻。拥抱带来的催产素的效果也能由此预见。

(3) 拥抱对感冒也有效。

美国的医生们曾做过这样的研究：让感染了感冒病毒的受试者分别度过 2 周，记录了家庭内有无吵架等情况以及病人被拥抱的次数。最后，研究证明，被重要的人拥抱较多的受试者不容易患感冒，即使患了感冒，症状也只是轻度。拥抱有治愈的效果，不仅能解除压力，还能提高自身的免疫力。

38. 青春仓促，爱情却徐徐可期

没有痴缠，没有过早的沉迷，没有惊天动地和轰轰烈烈的狂喜，一切都是顺理成章、水到渠成，徐徐图之而已。

——题记

案例分享

在大学校园里，常常有学生前来咨询我："大学生该不该谈恋爱？""校园爱情值不值得全心付出？"

想起张爱玲小说《花凋》中的经典对白："你问我爱你值不值得，其实你应该知道，爱就是不问值得不值得。"

随着时代的发展和人们观念的改变，大学生谈恋爱的问题其实早有比较一致的、合理的看法，那就是大学生谈恋爱是正常的社会现象，它符合大学生的生理发展，也符合大学生作为社会人的特征。

首先，大学生恋爱符合大学生生理发展的特点。大学生年龄主要分布在 18～22 岁之间，其生理已趋成熟，性意识已经完全形成，易对异性产生好感、产生爱慕之情，渴望"爱"与"被爱"。

其次，大学生恋爱符合大学生的情感发展和需要。大学新生中绝大多数是初次较长时间离开父母、家庭，离开习惯的生活圈子，在经历了大学初期的激动与兴奋后，他们会逐渐地发现周围不再有父母的呵护，不再有好友的关心，有的只是陌生的环境和陌生的人。于是，大学生的情感世界出现了"饥荒"，孤独、空虚之感随之产生。这时，爱情对于这些渴望情感寄托的大学生来说，是难以拒绝的。

第三，符合大学生社会化的需求。人的一生实际上就是一个社会化的过程。人是社会的基本构成单位，同时也是社会的主体，而婚姻与家庭则是社会化的基本方式。大多数大学生谈恋爱的目的是建立婚姻与家庭。家庭是社会中最小的、也是最普通的社会化场所。人们通过婚姻与家庭达到社会化的目的。

大学阶段是一个自我形成以及强烈要求社会化的时期。大学生除了通过学习书本知识来进行有意或无意的社会化，还可以通过自己的行为与周围的人或物发生关系，达到社会化的效果。因此，大学生谈恋爱符合他们的社会化需求。

不管是从生理因素还是从社会因素来看，大学生谈恋爱都是很正常的，那种把大学生谈恋爱现象视为"洪水猛兽"的态度是不可取的，同时也是违背人性的。从现今的趋势来看，很多人也都认识到这一点，对大学生谈恋爱已经能以一种平和、正常的心态来对待。然而，仅仅这样还是不够的。因为大学生的内心状态还不完全成熟，心智不稳定，社会阅历少，对爱情的看法也比较单纯，很容易出现心理上的巨大变动，处理不好就会影响大学生活，甚至影响他们的一生，造成无可弥补的后果。

因此，在理解大学生谈恋爱的同时，还必须进行引导，使其向有利于生活、学习、身心健康的方向发展。

旭和玲相识于新生老乡见面会上，彼此一见钟情，恰如白朗宁写给伊丽莎白·白朗宁的情诗："他望了她一眼，她对他回眸一笑，生命突然苏醒。"

在旭的眼中，玲寡言少语、文静害羞，却像一湖澄澈清净的水，深深地吸引着他；在玲的眼中，旭的语言表达流畅、个性张扬，是全场的焦点，他集万千宠爱于一身，光芒四射，她想若是自己站在他身边，她不过是他身上的一粒灰尘，微不足道甚至不会被人发现。只是她一下子就喜欢上了他，而且深深地喜欢着。

生命中的爱让玲和旭变得精神焕发，新的希望也就油然而生，仿佛有千百件事等着他们一同去完成。他们很少联络对方，却忙碌于班级活动、社团体验、考证等事情。只是偶尔，他们会从老乡的嘴里听到一些关于对方的小道消息。这些消息已经足够让他们幸福。

大学毕业前夕，老乡们又聚在一起。旭变得更加成熟和稳重，他当着所有老乡的面，说他喜欢在座的一个女孩，他爱她的方式就是不打扰她，现在即将毕业，他想告诉她，自己等了她三年，希望女孩能明白他的心。

美丽的爱情此刻开了花。玲像一个优雅的公主缓缓地站起来，甜蜜又羞涩的笑意绽放在她光洁的脸庞，她向他迎上去，一双大手紧紧地握住一双小手，老乡会上响起了经久不息的掌声和呼喊声。

相识、相知、相爱，让浪漫的爱坚贞不渝、地老天荒，这是很多人对爱情的幻想。研究证明，激情和浪漫的爱会随着时间冷却，而共同的理想、共同的兴趣、共同的价值观以及生活习惯等因素对维持彼此感情的重要性会与日俱增。

张爱玲还说："于千万人中遇见你想遇见的人，于千万年之中，时间的荒野里，没有早一步，也没有晚一步，刚巧赶上了……"在最美丽的时刻遇到自己相爱的人，在自己有能力、有精力并且有勇气承担责任的时候遇见自己相爱的人，然后携手一生，这是多么美丽和完美的爱情，这才应该是我们所追求的！

旭和玲的故事让我感动。没有痴缠，没有过早的沉迷，没有惊天动地和轰轰烈烈的狂喜，一切都是顺理成章、水到渠成。

思政课堂

苏东坡评晁错："夫欲善其事，必先知其当然，至不惧，而徐徐图之。"意思是，你想做好一件事，应当先规划好做事情的顺序，坚定做事的心态。事情真的发生或必须开始的时候，不要怕，不急躁，按计划一步一步地行动。

⬤ 相关知识链接

一、延迟满足

延迟满足是指一种甘愿为更有价值的长远结果而放弃即时满足的抉择取向，以及在等待中展示的自我控制能力。它的发展是个体完成各种任务、协调人际关系、成功适应自然的必要条件。

二、延迟满足实验分析

20世纪60年代，美国斯坦福大学心理学教授沃尔特·米歇尔设计了一个著名的"延迟满足"实验。这个实验是在斯坦福大学校园的一个幼儿园里开始的。研究人员找来数十名儿童，让他们每个人单独待在一个只有一张桌子和一把椅子的小房间里，桌子上的托盘里有这些儿童爱吃的东西，如棉花糖、曲奇饼、饼干棒等。研究人员告诉儿童们可以选择马上吃掉棉花糖，或者等研究人员回来后再吃。如果选择之后再吃，还可以得到一颗棉花糖作为奖励。他们还可以按响桌子上的铃，研究人员听到铃声会马上返回。对这些孩子们来说，实验的过程颇为难熬。有的孩子为了不去看那诱惑人的棉花糖而捂住眼睛或是背转身体，还有一些孩子开始做一些小动作，如踢桌子、拉自己的辫子，有的甚至用手去打棉花糖。结果，大多数孩子坚持不到3分钟就放弃了。"一些孩子甚至没有按铃就直接把糖吃掉了，另一些孩子则盯着桌上的棉花糖，半分钟后按了铃。"大约1/3的孩子成功延迟了自己对棉花糖的欲望，他们等到研究人员回来兑现了奖励，等待的过程差不多有15分钟。

这个实验的最初目的是研究为什么有的人可以"延迟满足"而有的人却只能投降。然而，米歇尔在偶然与参加过上述实验的3个女儿谈到她们幼儿园伙伴们的近况时，他发现这些少年的学习成绩与他们小时候"延迟满足"的能力存在某种联系。从1981年开始，米歇尔逐一联系已是高中生的653名参加者，给他们的父母、老师发去调查问卷，针对这些孩子的学习成绩、处理问题的能力以及与同学的关系等方面进行提问。

米歇尔在分析问卷结果时发现，当年马上按铃的孩子无论在家里还是在学校都更容易出现行为上的问题，成绩分数也较低。他们通常难以面对压力，且做事情时注意力不集中，很难维持与他人的友谊。而那些可以等上15分钟再吃糖的孩子在学习成绩上比那些马上吃糖的孩子的平均分高出210分。

三、自我控制力

米歇尔的实验证明了自我控制能力对获得成功的重要性。自我控制能力是个体在没有外界监督的情况下，适当地控制、调节自己的行为，抑制冲动、抵制诱惑、延迟满足、坚持不懈地保证目标实现的一种综合能力，是意志力的表现。它是自我意识的重要成分，是一个人走向成功的重要心理素质。在生活中，一些人常在周末或晚上放弃休闲活动，专心工作，这其实就是延迟满足的表现。为了保障退休后的生活，现在就将部分收入储蓄起来或者用于再投资，这也是延迟满足的表现。为了有健康的身体，不抽烟、不酗酒、不暴食，这也需要延迟满足的能力。

几十年来，心理学家一直认为智商高低是一个人能否成功的决定因素。米歇尔则认为智商能否起作用的关键在于自我控制能力，就算是最聪明的孩子也要完成家庭作业。"我们通过棉花糖实验测试的实际上是自我控制能力。"米歇尔说，"这项实验迫使孩子们去寻找对自己有利的解决问题的方法。"

四、转移注意力

对于"延迟满足"实验，有的心理学家认为孩子是否愿意等待取决于他们对棉花糖的渴望程度。但是，实验证明了所有孩子都急切想得到第二颗棉花糖。那么，究竟是什么决定了自我控制能力呢？通过对孩子们行为的反复观察，米歇尔得出结论，秘诀就在于"转移注意力"。肯等待的孩子不会一直盯着棉花糖，他们会捂住眼睛、玩捉迷藏或是唱歌，他们对棉花糖的渴望不是消失而是暂时被忘记了。

在米歇尔看来，这个棉花糖实验对参加者的未来有很强的预测性。"如果有的孩子因为可以控制自己而得到更多的棉花糖，那么他就可以去学习而不是看电视。"米歇尔说，"将来他也会积攒更多的钱来养老。他得到的不仅仅是棉花糖。"

五、延迟满足的作用和目标

延迟满足就是我们平常所说的"忍耐"，即为了追求更大的目标，获得更大的享受，可以克制自己的欲望，放弃眼前的诱惑。"延迟满足"不是单纯地让孩子学会等待，也不是一味地压制他们的欲望，更不是让孩子"只经历风雨而不见彩虹"，说到底，它是一种克服当前的困难情境而力求获得长远利益的能力。

延迟满足是幼儿自我控制的表现之一，反映的是一个孩子在面临种种诱惑时，能否为更有价值的长远结果而控制自己的即时冲动，放弃即时满足的抉择取向，以及在等待期中展示的自我控制能力。延迟满足不仅是幼儿自我控制的核心成分和最重要的技能，也是儿童社会化和情绪调节的重要成分，更是伴随人终生的一种基本的、积极的人格因素，是儿童由幼稚走向成熟、由依赖走向独立的重要标志。

延迟满足能力强的儿童未来更容易发展出较强的社会竞争力、较高的工作和学习效率；具有较强的自信心，能更好地应对生活中的挫折、压力和困难；在追求自己的目标时，更能抵制住即刻满足的诱惑，而实现长远的、更有价值的目标。

如果延迟满足能力发展不足，那么儿童在未来发展上则可能缺乏上述品质，容易出现一些不良的行为习惯，如边做作业边看电视、上课时东张西望、放学后贪玩不回家、睡懒觉不起床等；性格上容易急躁、缺乏耐心，出现心理问题的人也相对较多；进入青春期后，在社交中容易羞怯、退缩、固执，做事优柔寡断，遇到挫折容易心烦意乱，遇到压力就退缩不前或不知所措。

　　人有各种不同的目标，有些目标比较遥远。要完成遥远的目标，需要刻苦辛勤地工作，当完成目标时，所得的回报也很大。但要完成目标，便要付出代价，譬如放弃即时的享乐，以及约束自己的行为。有时为了达到目标，需要先完成一些比较单调的工作，例如，为了成为一位律师，就得先强记法律。人在从事这些单调的工作时容易疲倦，甚至面对着沉闷的工作会感到厌恶。这时候，一些可以令人获得即时快感的活动便成了一种很大的诱惑。在沉闷的工作中找一点消遣也是无可厚非的事。可是，如果缺乏意志力，每遇上外界的诱惑便放下学习或工作，追求即时享乐，便很难完成自己的目标。

39. 先定心，后做事

　　人心必须先定，然后事才能定。事定下来，才会生根发芽，茁壮成长。一个人一旦彻底定心了，这事业就彻底定下来了。

——题记

案例分享

　　"老师，我想参加明年的专升本。可是，考不上怎么办？"

　　"真的好迷茫，老师，到底该不该参加专升本的考试呢？"

　　"老师，我已经准备参加明年的专升本考试了，我该制定一个怎样的学习计划呢？"

　　"老师，我已经报了辅导班，明年三月份才开课。听说专升本很难，我一方面感觉时间很多，另一方面又很着急。我不是一个很踏实的人，在学习上总是静不下心，总是开小差。怎么办呢？"

　　"我可以在教室坐一下午，可是学到的东西却很少。脑子里好像根本学不进知识！"

　　学生有那么多关于学习的疑惑，我首先是替他们高兴，起码他们开始有想法了；其次，我要告诉他们，正确的学习态度应是"先收心，再定性！"最后，我要提醒他们，要根据专业课程制定合理的学习计划，选择适合自己的学习方法。

　　学生有理想、有追求，似乎也有目标、有方向，但是他们缺乏定力，缺乏韧性，缺乏坚守的信念，所以他们难以突破自我束缚！

　　《大学》有曰："知止而后有定；定而后能静；静而后能安；安而后能虑；虑而后能得。"这段话的意思是：知道应该达到的目标或境界，才能够使自己志向坚定；志向坚定，才能够镇静不躁；镇静不躁，才能够心安理得；心安理得，才能够思虑周祥；思虑周祥，才能够有所收获。

　　"大学之道，在明明德，在亲民，在止于至善。"这句话向我们介绍了学习行为的真谛、应有的动机和基本的态度，明白了这些，就应该从此"知止"。坚守学习的原则才能"定"。想要提高定力，应做到以下几点：① 将自己的心"定"下来；② 将要学习的内容"定"下来；③ 将未来的学习计划"定"下来。这样就会减少胡思乱想，因为一个人一旦知道他真正想要的东西，他的心就会不再迷茫，心一旦能够定下来，整个人的状态就不会很浮躁，身心清净方能活在当下。一心一意地安于思考，深思熟虑必有所得。

　　"物有本末，事有终始。知所先后，则近道矣。"有些同学还没有进入学习状态，没有付出一点辛苦，就开始缴械投降，把"我不行""我不踏实""我心不静""我看不进去书""我脑子不够用"等挂在嘴边，这种学习态度是错误的。

这一个个"不能"已经像一座座高山层层叠叠，重重地堆压在他们的胸口，他们的心也就像被羁押的囚犯一样没有了自由，何谈再努力呢？

做任何事都会有一定的困难，定了心的人把困难踩在脚底作为往上爬的垫脚石，没有定心的人把困难横亘在眼前作为前进路上的绊脚石。海伦·凯勒起初不接受自己的身体缺陷，所以脾气火暴。当她的老师安妮·沙利文女士来到她身边，她的心便像一池静静的湖水，安定下来，然后开始努力，最后成为一代影响美国乃至全世界的聋哑女作家和女教育家。司马迁在狱中遭宫刑，如果没有强大的坚忍之心和毅力，如何愤而作《史记》？

从犹豫到坚定，我们不知道要经历多少斗争的过程，很多时光也就在这犹豫的斗争中溜走了，消逝了。待到发现时光的无情，悔之又晚矣。不如趁早出发，或跋涉或远航，一天一个脚印地前进。只要出发，就离目的地不远了。

古今中外，多少成功人士在未达成功之时所受之苦非常人能比，但因为他们能定心思考，所以最终卓有成就。希望所有大学生在追求事业或学业的路途上都能向这些楷模学习，先定心后做事，脚踏实地走好每一天的每一步！

思政课堂

习近平总书记强调，坚定理想信念，坚守共产党人精神追求，始终是共产党人安身立命的根本。对马克思主义的信仰，对社会主义和共产主义的信念，是共产党人的政治灵魂，是共产党人经受住任何考验的精神支柱。形象地说，理想信念就是共产党人精神上的"钙"，没有理想信念，理想信念不坚定，精神上就会"缺钙"，就会得"软骨病"。现实生活中，一些党员、干部出现这样那样的问题，说到底是信仰迷茫、精神迷失。大学生亦如此。

相关知识链接

真正的高手往往先处理心情，再处理事情；先分析心态，再分析事态。

1. 沉默

有时候，你被人误解，却又不想争辩，所以选择沉默。本来就不需要所有人了解你，因此你也没必要对全世界解释。做真实的自己就好。

2. 平静

在你跌入人生谷底的时候，你身边所有的人都告诉你：要坚强，而且要快乐。坚强是绝对需要的，但是保持快乐，这恐怕太难。但你可以做到平静。平静地看待这件事情，平静地处理该处理的事情就行。

3. 弯腰

当和别人发生意见分歧时，甚至产生言语冲突时，可以做一些转移注意力的事情，比如回家擦地板。拎一块抹布，弯下腰，双膝着地，把地板的每个角落来回擦拭干净，这个动作可以让你体会谦卑。劳动身体的同时，也能使自己的心绪平和下来。

4. 不要想"如果当初"

人生是一条有无限多路口的长路，人永远在不停地做选择。选择读什么专业，读不读研究生，做什么工作，结婚或不结婚……不同的选择造就出完全不一样的人生。

每一个选择没有真正的好与坏，只要把人生看成是自己独一无二的创作，就不用频频回首。

40. 你只负责精彩，老天自有安排

在人生这条路上，每个人都会遭遇困难、挫折、痛苦、打击甚至绝望，而在险恶中去乞求别人的庇护、寄希望于别人的帮助是渺茫的，是靠不住的！只有勇敢地去面对，坦然地去接受，才能在痛苦的历练中得以重生，从而变得坚强、独立。

——题记

案例分享

"你只负责精彩，老天自有安排。"无论什么时候都不能放弃自己，都要有自己的精气神。真正的幸福，是自己给的。

看到这段话的时候，我的心里豁然一亮。那个困扰我好久的案例总算可以有一个比较满意的结果和答案了。

勇是一名大三的学生。这个假期，他没有回家，而是选择在另一所高校学习专升本的课程。但是，除了要面对枯燥的学习，勇还要面对其他同学、朋友的不理解，甚至他的父母也猜疑他不回家的原因是有什么难言之隐，并多次催促他回家。

勇在前来咨询的时候，流露出无限的感伤和无奈。他说："我感觉好累，好辛苦。这时候，我多么希望能得到亲人朋友的一句问候、一个安慰呀，哪怕是一个鼓励的眼神，也足够温暖我孤单的行程了。可是，什么都没有！"

这样的孩子是令人心疼的。他们有目标、有理想，但是缺乏强大的心理支撑，缺乏足够的社会支持。说白了，他们缺爱，而爱是他们前行的最大力量。

这时候，我总想为他们做点什么；这时候，我希望做他们的同盟和伙伴；这时候，我想轻轻地告诉他们："你只负责精彩，老天自有安排！"

然后，我还给他背诵了一首我特别喜欢的泰戈尔的小诗："让我不要祈祷在险恶中得到庇护/但祈祷能无畏地面对它们/让我不祈求我的痛苦会停止/但求我的心能征服它/让我在生命的战场上不盼望同盟/而使用我自己的力量/让我不在忧虑的恐怖中渴望被救/但希望用坚忍来获得我的自由/允准我/我虽是一个弱者/只在我成功中感觉到你的仁慈/但让我在失败中找到你的手紧握。"

是的，人生之路是崎岖而坎坷的，在这条路上，每个人都会遭遇困难、挫折、痛苦、打击甚至绝望，而在险恶中去乞求别人的庇护、寄希望于别人的帮助也是渺茫的，是靠不住的！只有勇敢地面对，坦然地接受，才会在痛苦的历练中得以重生，从而变得坚强、独立。况且，用自己的力量征服痛苦的过程本就是一种快乐。当你走过泥潭，回首那段苦难岁月的时候，你会有种胜利者的喜悦和骄傲。

成功是令人向往的，但通向成功的道路绝非简单、平坦和喜乐，更多的时候充满孤单、无助和痛苦。

有一天，当你已经学会不再在意别人的诋毁、嘲笑和辱骂的时候，当你可以忍受孤身一人的寂寥并且不再感到无限可悲的时候，你就长大了，你也就明白了：成长的过程中，必定会有对这个世界有所失望的时候。不过，没关系，你接受并习惯就好，没什么大不了的。

记住，孩子，独自行走并不可怕，我们都是孤单地来，孤单地去。成功的道路上，你需要的是坚持你的目标，坚守你的理想，并持之以恒地努力奋斗。

记住，孩子，你只负责精彩，老天自有安排！

◯ 思政课堂

习近平总书记在与北大师生亲切座谈中指出，"当代青年是同新时代共同前进的一代""广大青年生逢其时，也重任在肩""广大青年要培养奋斗精神，做到理想坚定，信念执着，不怕困难，勇于开拓，顽强拼搏，永不气馁"。

习总书记深刻指明了广大青年应在奋斗中释放青春激情，追逐青春理想，成为担当民族复兴大任的时代新人。

◯ 相关知识链接

青春是用来奋斗的，奋斗的青春最美丽。我一直这么激励自己，也同样这么激励学生。因为一个人只要富有理想、饱含激情、愿意奋斗，用奋斗定义青春，青春就能永远定格！青春因搏击而美丽，青春因挫折而飞扬，青春因奋斗而精彩！

一、奋斗是幸福之源

"幸福都是奋斗出来的，奋斗本身就是一种幸福。"广大青年只有将青春之我融于奋斗之中，才能做出"昨夜西风凋碧树。独上高楼，望尽天涯路"的价值选择，明确人生目标与方向，扣好"人生的第一粒扣子"，开启幸福人生之旅。1835年，17岁的马克思在他的高中毕业作文《青年在选择职业时的考虑》中这样写道："如果我们选择了最能为人类而工作的职业，那么，重担就不能把我们压倒，因为这是为大家做出的牺牲；那时我们所享受的就不是可怜的、有限的、自私的乐趣，我们的幸福属于千百万人，我们的事业将悄然无声地存在下去，但是它会永远发挥作用，而面对我们的骨灰，高尚的人们将洒下热泪。"马克思的一生是胸怀崇高共产主义理想并矢志不渝为世界无产阶级革命事业奋斗的一生，他从青年时期就树立了崇高的理想信念并为之奋斗终身，因而无愧于时代，无愧于伟人的称号。新时代广大青年肩负中华民族伟大复兴的历史重任，就要树立共产主义崇高理想，以科学的理论信仰武装自己，补足自己思想上的"钙"，跟随思想家马克思的脚步，续写奋斗青春的辉煌篇章。

二、奋斗是成长之梯

没有经历过奋斗的青春是没有意义的。广大青年只有将"青春之我，奋斗之我"融入人生成长之路，才能自觉肩负"衣带渐宽终不悔，为伊消得人憔悴"的使命担当，坚定理想信念"释放青春激情，追逐青春理想"，实现人生进阶。"15 岁来到黄土地时，我迷惘、彷徨；22 岁离开黄土地时，我已经有着坚定的人生目标，充满自信。作为一名人民公仆，陕北高原是我的根，因为这里培养出了我不变的信念；要为人民做实事！"习近平总书记的青春是奋斗中不断成长的青春，从插队时期一边放羊一边背字典，到知青时期带领梁家河村民修建沼气池，到担任正定县委书记期间骑着自行车下乡了解情况，习总书记扎根农村基层，始终同当地群众保持血肉联系，坚持理论学习与实践学习相结合，挥洒青春汗水于中华黄土地上。新时代广大青年"要有所作为，就必须投身人民的伟大奋斗"，自觉到基层去，到人民群众中去，到祖国最需要的地方去，"以青春之我、奋斗之我，为民族复兴铺路架桥，为祖国建设添砖加瓦"。

三、奋斗是成功之基

"成功的花，人们只惊羡她现时的明艳！然而当初她的芽儿，浸透了奋斗的泪泉，洒遍了牺牲的血雨。"广大青年只有"立鸿鹄志，做奋斗者"，才能最终收获"众里寻他千百度，蓦然回首，那人却在灯火阑珊处"的喜悦，书写人生辉煌。1949 年中国共产党带领中华民族儿女经历艰苦卓绝的 14 年抗日战争，摆脱了帝国主义列强的压迫，中国人民从此站起来了。1978 年时任国家领导人的邓小平同志主持召开了第十一届三中全会，确立了改革开放的国家政策，中国开始拥抱世界，逐步走上小康之路。2017 年党中央召开第十九次全国代表大会，习近平总书记在会议上提出"不忘初心，牢记使命，高举中国特色社会主义伟大旗帜，全面建成小康社会，夺取新时代中国特色社会主义伟大胜利，为实现中华民族伟大复兴的中国梦不懈奋斗"，宣告我国步入社会主义新时代，中国向富强之路坚定前行。回顾新中国近百年来的发展历程，无疑是一部可歌可泣的奋斗史，展望当今的世界，中国可谓是正值青年，"书生意气，挥斥方遒"。新时代广大青年要自觉全过程参与"两个一百年"奋斗目标，勇于担负起时代赋予的重任，将个人的青春奋斗梦融入中华民族伟大复兴的国家梦。

"广大青年既是追梦者，也是圆梦人。追梦需要激情和理想，圆梦需要奋斗和奉献。"正如习总书记所说，"为实现中华民族伟大复兴的中国梦而奋斗，是我们人生难得的际遇。

每个青年都应该珍惜这个伟大时代，做新时代的奋斗者"。

四、青春需要耐心、恒心和勇气

　　青春需要我们去奋斗、去搏击，只有搏击过，你才能体会到青春的真正价值、青春的美。虽然青春有辛酸、也有劳累，有困难、更有退缩，但我们要同困难作斗争、同苦难搏击、同自己拼意志，去战胜它们，使我们的青春散发出诱人的光彩。在困难面前，我们不要害怕，不要气馁，要对困难勇敢地说不！挫折是我们成长的动力，前进是我们坚定的步伐。青春的年华在一次次拼搏后才有了意义、有了价值、有了成功。拼搏是我们的支点，奋斗是我们的力量，青春的路需要我们不断地拼搏、奋斗，去收获属于我们的精彩。

附录1　心理剧本

原谅过去，从现在开始

学生：您好，这里是心理咨询室吗？

老师：是的，我是心理咨询师王老师。

学生：王老师好，我正想找您。

老师：来来来，请坐！

(学生坐下后闷声不语，唉声叹气)

老师：你怎么了，孩子？

学生：老师，去年新生入学教育的时候，我听过您的心理辅导课。如今，我心里很乱，想找您帮帮我。

老师：谢谢你对老师的信任，希望我可以帮到你。

学生：唉！

老师：你怎么了？我看你唉声叹气，的确有些不高兴呢。

学生：哎，我被人给甩了，我失恋了！

老师：哦，失恋是成长中比较痛苦的事情。老师替你感到难过。失恋多久了？

学生：大概两三个月了。

老师：那么，在这两三个月，你自己可曾尝试着做些什么？

学生：我努力地想挽回这段感情，可是，白费力气，徒劳无功，所以心里特别难受。我陷在自己的世界里，怎么也走不出来。

老师：嗯，感到难过悲伤是失恋后的正常反应。如果失恋了没有难过悲伤，恋爱大概也就缺少些什么味道了。

学生：可是，到手的葡萄丢了，这份遗憾，这份失落，您不是我，您能理解我心里的痛苦吗？

老师：老师虽然不是你，但也接待过很多前来求助的失恋者，我知道，失恋的滋味并不好受。

学生：真的吗？老师，您理解我的痛苦？

老师：是的，我理解。心理学告诉我们，18~25岁的年轻人渴望异性的关注、接纳和喜欢。如果不被自己喜欢的人喜欢，心里自然是难过的。

学生：可是，我们彼此都喜欢过对方，只是最近她告诉我，我们不合适。她要离开我了。

老师：那你下一步打算怎么做？

学生：我想等待，等到海枯石烂，等到她回心转意再次向我走来。

老师：等待？这一天也许永远不会到来。到最后，你可能眼睁睁地看着她和另一个人在一起。你又该如何呢?

学生:那我就用自杀来表示我的忠诚和痴心。

老师:傻孩子,如果这样,你不但失去了你的恋人,同时还失去了你自己,你的父母也会失去他们最亲爱的儿子,因为失恋,你将蒙受多少倍的损失啊!

学生:哎,想到父母,我就觉得我的所作所为太对不起他们了。可是,我心里实在咽不下这口气。她竟然敢抛弃我,我想报复她,我要给她点苦头吃,我得不到的别人也别想得到!

老师:报复她?给她点苦头吃?这样的话只能使她离你更远,而你本来是想与她更接近更亲近的。(同学们,你们说是不是?)

学生:您说我该怎么办?我真的很爱她。

老师:真的很爱她?

学生:是的。

老师:那你当然希望你所爱的人幸福?

学生:那是自然。

老师:如果她认为离开你就是一种幸福呢?

学生:不会的!她曾经不止一次跟我说她喜欢我,只有跟我在一起的时候她才感觉到幸福!

老师:那是曾经,是过去,也许现在她不这样认为了。

学生:这就是说,她一直在骗我?

老师:不,她一直对你很忠诚。当她爱你的时候,她选择和你在一起,现在不爱你了,她就离去了。世界上再没有比这更大的忠诚。如果她不再爱你,却还假装对你很有情谊,甚至承诺将来还要跟你结婚、生子,那才是真正的欺骗呢!

学生:可我为她投入的感情,不是白白浪费了吗?谁来补偿我?

老师:孩子,你的感情没有浪费,也根本不存在补偿的问题。因为,在你付出感情的同时,她也对你付出了感情。在你给她快乐的时候,她也曾给了你快乐。你应该学会感谢她。

学生:感谢她?为什么?

老师:是的,感谢她。心理学告诉我们,恋爱的第一课是学会感谢。我记得席慕蓉写过一首小诗,叫《无怨的青春》,大概意思是:在年轻的时候,如果你爱上一个人,请你们始终温柔相待,若不得不分离,也要好好地说声再见,也要在心里存着一份感谢。感谢她给予你美好的记忆,感谢她曾经陪伴你成长。这样的青春,才会了无遗憾。

学生:可是,她现在不爱我了,我却还苦苦地爱着她,这多不公平啊!

老师:嗯,的确不公平。我是说,你对你所爱的那个人不公平。你想想,爱她是你的权利,但爱不爱你则是她的权利,你在自己行使权利的时候却要剥夺别人行使权利的权利。这,是何等的不公平!

学生:可您看得明明白白,现在,痛苦人的是我而不是她,是我在为她痛苦。

老师:是,你是在痛苦,她可能过得很好。我们可不可以理解为,你是你在为你自己痛苦?明明为自己,却还打着为别人的旗号呢。

学生:依您的说法,这一切倒成了我的错?

老师：也许，你的确犯了错。你想想，如果你能给她带来幸福，她是不会从你的生活中离开的。要知道，没有人愿意逃避幸福。

学生：可她连一个机会都不给我了，您说可恶不可恶？

老师：当然可恶。好在，你现在摆脱了这个"可恶"的人。你应该感到高兴啊！

学生：高兴？怎么可能？不管怎么说，我是被人给抛弃了，这总是叫人感到伤心，感到难堪的。

老师：可我认为，你不但该感到高兴，你还该感到庆幸呢！要知道，被抛弃的并不是不好的呀！

学生：被抛弃的并不是不好的？这是什么意思？

老师：老师有过这样的经历。有一天，我路过一家商店，看到一套华丽的衣服，可谓爱不释手，当营业员问我要不要的时候。你猜我怎么说？

学生：您怎么说？

老师：我说，做工不细，质地太差，不要！其实，是我口袋里没有那个钱。年轻人，也许你就是那件被遗弃的华服呢？

学生：唉，老师，您可真会安慰人，可惜，您还是不能把我从失恋的痛苦中引导出来。

老师：是啊，老师也很遗憾没有这个能力把你从痛苦中引导出来。但你知道心理咨询的实质是什么吗？

学生：什么？

老师：助人自助。老师只能起协助和帮助你的作用，能不能从痛苦中走出来，要看你自己。西方有句名言是，上帝也只解救肯自救的人。我可以向你推荐一种方法和一位具有超能力的朋友。

学生：什么方法？哪个朋友？

老师：方法，其实你刚才提到过。

学生：什么？

老师：报复她！

学生：报复她？您竟然真的让我去犯罪？

老师：不，老师怎么可能让你去犯罪！你听说过俞敏洪吗？

学生：俞敏洪？他不是新东方的创始人吗？

老师：是啊，那你知道他在大学的时候，也曾被他的女朋友无情地抛弃了吗？

学生：他？他也被抛弃过？

老师：是啊，大学初期的俞敏洪，用他自己的话来讲，他是又黑又丑又穷，学习成绩在班里排倒数第五名。所以，他被自己喜欢的人无情地抛弃了。那你知道失恋后的他是怎么做的吗？

学生：他怎么做？

老师：失恋后的他把自己全身心投入到学习中，在操场、教室、路灯下，从此多了一个爱读书的大学生。图书馆成为他最爱去的场所。后来他讲，如果把大学比作一个人的话，图书馆就是这个人的心脏。大学期间，他读了八百多本书，还背会了三本英语辞典呢。

学生：哇，那么厉害！

老师：是啊，后来他多次讲过，报复抛弃你的人最有效的方法就是，努力做一个出色的人，一个优秀的人，这样才能让抛弃你的人有一天因为失去你而感到遗憾。

学生：老师，我懂了！我知道自己该怎么做了。谢谢您！

老师：我很高兴你知道自己该怎么做了。记住，孩子，还有一位具有超能力的朋友会陪伴你成长！

学生：朋友？谁？

老师：时间，时间是最伟大的导师。我见过无数被失恋折磨得死去活来的人，是时间帮助他们抚平了心灵的创伤，是时间为他们重新选择了爱人。年轻时候的失去并不可怕，失去其实也是一种获得，失去了本来就不属于你的部分，这样你才能腾出位置来接纳真正属于你的宝物！知道吗？俞敏洪后来娶到了他们学校德语系的系花，还是一位北京姑娘呢！

学生：哇，真好，老师！我知道自己该怎么做了。谢谢你。

老师：孩子，不要光感谢老师，你还要感谢自己，是你给了自己一次思考和成长的机会；你更要感谢那个抛弃你的人，你要祝福她。

学生：祝福她？这又是为什么？

老师：因为是她教给了你这份忠诚，是她给了你寻找幸福的新的机会！原谅他人，等于善待自己；原谅他人，能够成就自己。

学生：原谅他人，等于善待自己；原谅他人，能够成就自己。

老师：对，原谅他人，也要原谅自己，原谅自己过去的种种不堪。原谅过去，从现在开始！要记住，恋爱只是大学生活的一小部分，你们的主要任务是珍惜学校为你们创设的各种资源，珍惜你们大好的青春年华，努力充实自己，完善自己，争取做一个出色的大学生。

学生：老师，我会的，我以后一定把重心放在学习上，好好锻炼身体，认真做人，努力做一个优秀的大学生。

老师：好，让我们一起"原谅过去，从现在开始"！

附录2　心理测量表

SCL-90 精神卫生自评量表——为自己的心理"把把脉"

1. 概述

SCL-90 精神卫生自评量表(SCL-90 量表)的使用范围颇广，主要适用于成年的神经症、适应障碍及其他轻性精神障碍患者，不适合于躁狂症和精神分裂症。

2. 要求

(1) 独立的、不受任何人影响的自我评定。

(2) 每次评定一般在 20 分钟内完成。

3. 因子

SCL-90 量表共包括 10 个因子、90 项，可分为 10 大类，每一因子反映受检者一方面的情况。下面是各因子名称及所包含的项目。

(1) 躯体化：1、4、12、27、40、42、48、49、52、53、56、58 共十二项。

(2) 强迫症状：3、9、10、28、38、45、46、51、55、65 共十项。

(3) 人际关系敏感：6、21、34、36、37、41、61、69、73 共九项。

(4) 抑郁：5、14、15、20、22、26、29、30、31、32、54、71、79 共十三项。

(5) 焦虑：2、17、23、33、39、57、72、78、80、86 共十项。

(6) 敌对：11、24、63、67、74、81 共六项。

(7) 恐怖：13、25、47、50、70、75、82 共七项。

(8) 偏执：8、18、43、68、76、83 共六项。

(9) 精神病性：7、16、35、62、77、84、85、87、88、90 共十项。

(10) 其他：19、44、59、60、64、66、89 共七项，主要反映睡眠及饮食情况。

4. 计分

SCL-90 量表一般采取 1～5 分的 5 级评分标准。从 1 分代表无症状到 5 分代表症状严重，依次递进。总分即为 90 个项目的得分总和。总分 160 分为临床界限，超过 160 分说明测试人可能存在着某种心理障碍。并且，任一因子得分超过 2 分为阳性，说明可能存在着该因子所代表的心理障碍。每一种心理问题的阳性因子个数大于 2，则说明在该种心理问题上存在问题。

SCL-90 量表还有一种 0～4 级的评分标准。如采用这种标准，则总分超过 70 分，因子分超过 1 分被视为阳性。

5. 测试题

(1) 头痛

(2) 神经过敏，心中不踏实

(3) 头脑中有不必要的想法或字句盘旋

(4) 头晕和昏倒

(5) 对异性的兴趣减退

(6) 对旁人责备求全

(7) 感到别人能控制您的思想

(8) 责怪别人制造麻烦

(9) 忘性大

(10) 担心自己的衣饰整齐及仪态的端正

(11) 容易烦恼和激动

(12) 胸痛

(13) 害怕空旷的场所或街道

(14) 感到自己的精力下降，活动减慢

(15) 想结束自己的生命

(16) 听到旁人听不到的声音

(17) 发抖

(18) 感到大多数人都不可信任

(19) 胃口不好

(20) 容易哭泣

(21) 同异性相处时感到害羞不自在

(22) 感到受骗中了圈套或有人想抓住你

(23) 无缘无故地突然感到害怕

(24) 自己不能控制地发脾气

(25) 怕单独出门

(26) 经常责怪自己

(27) 腰痛

(28) 感到难以完成任务

(29) 感到孤独

(30) 感到苦闷

(31) 过分担忧

(32) 对事物不感兴趣

(33) 感到害怕

(34) 我的感情容易受到伤害

(35) 旁人能知道您的私下想法

(36) 感到别人不理解您不同情您

(37) 感到人们对您不友好，不喜欢您

(38) 做事必须做得很慢以保证做得正确

(39) 心跳得很厉害

(40) 恶心或胃部不舒服

(41) 感到比不上他人

(42) 肌肉酸痛

(43) 感到有人在监视您谈论您

(44) 难以入睡

(45) 做事必须反复检查

(46) 难以作出决定

(47) 怕乘电车、公共汽车、地铁或火车

(48) 呼吸有困难

(49) 一阵阵发冷或发热

(50) 因为感到害怕而避开某些东西、场合或活动

(51) 脑子变空了

(52) 身体发麻或刺痛

(53) 喉咙有梗塞感

(54) 感到没有前途、没有希望

(55) 不能集中注意力

(56) 感到身体的某一部分软弱无力

(57) 感到紧张或容易紧张

(58) 感到手或脚发重

(59) 想到死亡的事

(60) 吃得太多

(61) 当别人看着您谈论您时感到不自在

(62) 有一些不属于您自己的想法

(63) 有想打人或伤害他人的冲动

(64) 醒得太早

(65) 必须反复洗手点数或触摸某些东西

(66) 睡得不稳不深

(67) 有想摔坏或破坏东西的冲动

(68) 有一些别人没有的想法或念头

(69) 感到对别人神经过敏

(70) 在商店、电影院等人多的地方感到不自在

(71) 感到任何事情都很困难

(72) 一阵阵恐惧或惊恐

(73) 感到在公共场合吃东西很不舒服

(74) 经常与人争论

(75) 单独一人时神经很紧张

(76) 别人对您的成绩没有作出恰当评价

(77) 即使和别人在一起也感到孤单

(78) 感到坐立不安心神不定

(79) 感到自己没有什么价值

(80)　感到熟悉东西变成陌生不像是真的

(81)　大叫或摔东西

(82)　害怕会在公共场合昏倒

(83)　感到别人想占您的便宜

(84)　为一些有关"性"的想法而很苦恼

(85)　认为应该为自己的过错而受到惩罚

(86)　感到要赶快把事情做完

(87)　感到自己的身体有严重问题

(88)　从未感到和其他人很亲近

(89)　感到自己有罪

(90)　感到自己的脑子有毛病

大学生人格健康测查问卷(UPI)——为自己的心理健康"打打分"

1. 指导语

UPI(University Personality Inventory)是"大学生人格健康问卷"的简称，是为早期发现、早期治疗有心理问题的学生而编制的大学生心理健康检查表。1966 年，由日本大学心理咨询专家和精神科医生集体编制而成。1993 年，由樊富珉等主持召开全国 UPI 应用课题研究，对 UPI 的相关条目、筛选标准、实施过程等进行了较为系统的修订。目前，UPI 已经成为高校心理咨询与大学生心理健康教育工作的有效辅助工具。UPI 主要以大学新生为对象，作为精神卫生状况实态调查而使用，它是用以了解学生中神经症、精神分裂症以及其他各种学生的烦恼、迷惘、不满、冲突等状况的简易问卷。UPI 问卷可操作性强、判断率高、简便快捷，是目前高校学生心理调查最为先进的调查方式。

2. 测试目的

该测试主要以大学新生为对象，入学时作为精神卫生状况实态调查而使用，用以了解学生中神经症、心身症、精神分裂症以及其他各种学生的烦恼、迷惘、不满、冲突等状况。

3. 问卷构成

大学生人格健康问卷由以下三部分构成：

第一部分是学生的基本情况，包括学生的姓名、性别、年龄、住址、联系方法、家庭情况、兴趣爱好、入学动机等。这部分内容作为问卷分析时供参考之用。

第二部分是大学生人格健康问卷本身，由 60 个项目构成，这 60 个项目基本概括了大学生的各种烦恼。其中 4 个项目是测伪尺度(lie scale)，其题号是 5、20、35、50，另外 56 个是反映学生的苦恼、焦虑、矛盾等症状的项目。56 个项目中 16 个属于与身体有关的症状，即 1、2、3、4、16、17、18、19、31、32、33、34、46、47、48、49，其他 40 个属于精神状态的项目。

第三部分是附加题，主要是了解被测者对自身身心健康状态的总评价以及是否受过心理咨询的治疗，有什么咨询要求。

从问卷可以看出，四个测伪题属于健康尺度，而其余56个题是症状项目，即不健康尺度。如果不健康尺度上有许多是划了圈的，而健康的尺度也大多划了圈，说明学生没有真实地、认真地填写，所以这份问卷结果的可信度值得怀疑。一般说来，不健康项目划圈多，健康项目打叉，说明心理健康存在问题；健康项目划圈多，说明心理健康状况比较好。

4. 计分

大学生人格健康问卷测试完成后，需要计算的只有一个指标，即总分。大学生人格健康问卷采用是非问答，从两种选择中择一。当项目和自己的情况相符时选"是"，不符合时选"否"。填写大学生人格健康问卷所需时间一般是十分钟，快者五分钟，慢者十五分钟可以完成。该问卷既可用于个别调查，也可用于团体测量，事前无需作特殊准备，对测量场所亦无特殊要求。大学生人格健康问卷总分最高为56分，最低为0分。

5. 筛选原则

大学生人格健康问卷的筛选标准视研究需要和使用者的具体情况而定，国内高校普遍采用的筛选标准如下所示：

满足下列条件之一者应归为第一类：

(1) 大学生人格问卷总分在25分(包括25分)以上者；

(2) 第25题做肯定选择者；

(3) 辅助题中同时至少有两题做肯定选择者；

(4) 明确提出咨询要求者(由于此条选择人数较多，有时不用)。

满足下列条件之一者应归为第二类：

(1) 大学生人格问卷总分在20分至25分(包括20分，不包括25分)之间者；

(2) 第8、16、26题中有一题做肯定选择者；

(3) 辅助题中只有一题作肯定选择者。

第三类：总分在19分以下。

6. 分数解释

在请来咨询的第一类学生中，通过进一步的诊断被认为确有心理健康问题的学生称为A类学生，该类学生需要进行持续的心理咨询。没有严重心理健康问题的学生称为B类学生，该类学生可作为咨询机构今后关注的对象。没有任何心理健康问题的学生称为C类学生。A类是可能有较明显心理问题的学生，B类是可能存在一般心理问题如人际关系不协调、新环境不适应等的学生。这类学生有种种烦恼，但仍能够维持正常学习和生活。对他们提供帮助的同时请他们有问题时随时咨询。其余为C类，对他们通过面谈可以起到预防的作用。他们的症状暂时不明显或已经解决，以后出现症状时应知道咨询机构可以提供帮助。

把握A、B、C分类也可以从比率上入手。目前各种调查表明，大学生中心理障碍发生率在20%左右，其中心理症状比较严重者约占1%～2%。一般在大学生人格健康问卷调查中，A类学生约占总体被测的1%～2%。

A类是可能有较明显心理问题的学生，应尽快约请进行咨询；

B类是没有严重心理问题的学生，应注意维护心理卫生；

C 类是基本上没有什么心理问题的学生。

7. 测试题

(1) 食欲不振

(2) 恶心、胃口难受、肚子痛

(3) 容易拉肚子或便秘

(4) 关注心悸和脉搏

(5) 身体健康状况良好

(6) 牢骚和不满多

(7) 父母期望过高

(8) 自己的过去和家庭是不幸的

(9) 过于担心将来的事情

(10) 不想见人

(11) 觉得自己不是自己

(12) 缺乏热情和积极性

(13) 悲观

(14) 思想不集中

(15) 情绪起伏过大

(16) 常常失眠

(17) 头痛

(18) 脖子、肩膀酸痛

(19) 胸痛憋闷

(20) 总是朝气蓬勃

(21) 气量小

(22) 爱操心

(23) 焦躁不安

(24) 容易动怒

(25) 想轻生

(26) 对任何事都没有兴趣

(27) 记忆力减退

(28) 缺乏耐力

(29) 缺乏决断能力

(30) 过于依赖别人

(31) 为脸红而苦恼

(32) 口吃声音发颤

(33) 身体忽冷忽热

(34) 注意排尿和性器官

(35) 心情开朗

(36) 莫名其妙的不安

(37) 一个人独处时感到不安

(38) 缺乏自信心

(39) 办事畏首畏尾

(40) 容易被人误解

(41) 不相信别人

(42) 过于猜疑

(43) 厌恶交往

(44) 感到自卑

(45) 杞人忧天

(46) 身体倦乏

(47) 一着急就出冷汗

(48) 站起来就头晕

(49) 曾有失去意识、抽筋

(50) 人缘好受欢迎

(51) 过于拘泥

(52) 对任何事情不反复确认就不放心

(53) 对脏很在乎

(54) 摆脱不了毫无意义的想法

(55) 觉得自己有怪气味

(56) 别人在自己背后说坏话

(57) 总注意周围的人

(58) 在乎别人视线

(59) 觉得别人轻视自己

(60) 情绪易被破坏

(61) 你认为人际关系很重要

(62) 至今为止，你感到在自身健康方面有问题吗

(63) 曾经觉得心理健康方面有问题吗

(64) 至今为止，你曾经接受过心理健康的咨询和治疗吗

(65) 如果你有健康或心理健康方面想要咨询的问题，请写在下面

测 测 你 的 "情 商"

"情商"相对于智商而言，指情感智力的高低。丹尼尔·戈尔曼认为，情感智力包括了解自我、管理自我、自我激励、识别他人的情绪、处理人际关系等 5 个主要方面。你知道自己的情商(EQ)有多高吗？请对下列题目做出是或否的回答。

(1) 你认为大多数人必须更加努力而不要轻易放弃。

(2) 当学习碰到困难时，你认为这是对未来的警告。

(3) 在你最好的朋友开始说话之前，你就能分辨出他(她)处于何种情绪状态。

(4) 当你的情况不妙时，你认为你到了该改变的时候了。

(5) 当你和朋友或同学发生争吵后，你能在他人面前掩饰住你的沮丧。

(6) 尽管你知道自己是正确的，你也能转换这一话题，而不愿引来一场争论。

(7) 当你担忧某件事时，你在夜里几个小时难以入睡。

(8) 你经常想知道别人是怎样看待你的。

(9) 你对自己几乎能使每一个人高兴起来而感到自豪。

(10) 你厌烦讨价还价，尽管你知道讨价还价能使你少花很多钱。

(11) 你十分相信直率地说话，而且认为这样能使一切事情变得很容易。

(12) 与你最好的朋友告诉你一些好消息相比，你更容易受一部浪漫影片的感染。

(13) 你在学习中作出一个决定后，会担心它是否正确。

(14) 你认为你的家人或朋友对你寄予厚望。

(15) 你似乎是这样一个人：对于周末去做什么总是能够提出有趣的设想。

(16) 假如你有一根魔棒的话，你将挥动它来改变你的外貌和个性。

(17) 你会把任何事都告诉你的好朋友，即使是个人隐私。

(18) 你不会担心环境的改变。

(19) 你认为一点小小的压力不会伤害任何人。

(20) 不管你学习(工作)多么尽心尽力，你的领导似乎总是在催促着你。

选是得 1 分，否不得分，合计总分。

16 分以上：在控制你的情感方面，你是自信、出色的。当处于强烈情感边缘时，你不会被击垮。即使你在愤怒时，也能进行有效的自我控制，保持彬彬有礼的君子风度，与他人相处融洽。

7～15 分：你能意识到他人的情感，但有时却忽略它们，不明白这对你的幸福是多么重要。你对下一步升学和就业等诸如此类的事情的关心支配着你的生活。然而，无论实现多少物质目标，你仍然感到不满足。

6 分以下：你过分注重自己，对别人关心不够。你喜欢打破常规，并且不会担心通过疏远别人来得到自己想得到的东西。你可能在短期内就会取得一定成果，但人们不久就将开始抱怨你。

测测你的自信心

以下列出了许多反映普遍的情感、态度和行为的陈述，请你仔细阅读每一个陈述，考虑一下它是否适用。你同意每一个陈述的程度为：A. 非常同意；B. 基本同意；C. 基本不同意；D. 极不同意。

(1) 我是个会交际的人。

*(2) 我近几天来有好几次我对自己非常失望。

*(3) 使我烦恼的是我的模样不能更好看点。

(4) 维持一个令人满意的爱情关系对我没有困难。

(5) 此刻我比几周来更为快乐。

(6) 我对自己的身体外貌感到满意。

*(7) 有时我不去参加球类及非正式的体育活动，因为我认为自己对此不擅长。

*(8) 当众讲话会使我不舒服。

*(9) 我愿意认识更多的人，可我又不愿意外出同他们见面。

(10) 体育运动是我的擅长之一。

(11) 学业表现是显示我的能力、让别人认识我的成绩的一个方面。

(12) 我比一般人长得好看。

*(13) 在公共场合演节目和讲话，我想都不敢想。

(14) 想到大多数体育活动时，我便充满热情和渴望，而不是疑惧和焦虑。

*(15) 即使身处那些我过去曾应付得很好的场合，我仍然常常对自己没有把握。

(16) 我常怀疑自己是否有这份天资，能成功地实现我的职业和专业目标。

(17) 我比与我年龄、性别相同的大多数人更擅长体育。

*(18) 我缺少使我成功的一些重要能力。

(19) 当我当众讲话时，我常常有把握做到清楚、有效地表达自己的看法。

(20) 我真庆幸自己长得漂亮。

*(21) 我已经意识到，同我竞争的大多数人相比，我并不是个好学生。

*(22) 最近几天，我对自己不满意的地方更多。

*(23) 对体育活动不擅长是我的一个很大的缺点。

(24) 对我来说，结识一个新朋友是我所盼望的愉快感受。

*(25) 许多时候，我感到自己不像身边许多人那样有本事。

(26) 在晚会或其他社交聚会上，我几乎从未感到过不舒服。

(27) 比起大多数人来，我更少怀疑自己的能力。

*(28) 我在建立爱情关系上，比大多数人困难更多。

*(29) 今天我比平常对自己的能力更无把握。

*(30) 令我烦恼的是，我在智力上比不上其他人。

(31) 当事情变得糟糕时，我通常相信自己能妥善地处理它们。

*(32) 我比大多数人更为担心自己在公共场合讲话的能力。

(33) 我比我认识的多数人更自信。

*(34) 当我考虑继续约会时，我感到紧张或没有把握。

*(35) 大多数人可能会认为我的外表没有吸引力。

(36) 当我学一门新课时，我通常可以肯定自己在结束时成绩处于班上前 1/4 内。

(37) 我像大多数人一样有能力当众讲话。

*(38) 当我参加社交聚会时，感到很笨拙和不自在。

(39) 通常我的爱情生活似乎比大多数人好。

*(40) 有时我因为不想当众发言而回避上课或做其他事情。

(41) 当我必须通过重要的考试或其他专业任务时，我知道自己能行。

(42) 我似乎比大多数人更擅长结识新朋友。

(43) 我今天比平时更为自信。

*(44) 我时时避开那些我有可能会与之产生爱情关系的人，因为我在他们身边会感到太紧张。

*(45) 我希望我能改变自己的容貌。

(46) 我比大多数人更少担心在公共场合讲话。

(47) 现在我感到比平时更乐观和积极。

(48) 对我来说，吸引一个渴慕得到的男朋友或女朋友从来不成问题。

*(49) 假如我更自信一点，我的生活就会好一些。

(50) 我追求那些智力上富有挑战性的活动，因为我知道我能比大多数人做得更好。

(51) 我能毫无困难地得到许多约会。

*(52) 我在人群中不能像大多数人那样感到舒服。

*(53) 今天我比平时对自己更无把握。

*(54) 要是我长得更好看一点，我会在约会上更成功。

该问卷由季益富、于欣先生 1990 年编制，用来评定自我评价的一个方面——自信。本量表涉及 6 个方面：学业表现、体育运动、外表、爱情关系、社会相互作用及同人们交谈。

评分标准：A. 非常同意：4 分；

　　　　　B. 基本同意：3 分；

　　　　　C. 基本不同意：2 分；

　　　　　D. 极不同意：1 分。

带*为反向记分，即：A：1 分；B：2 分；C：3 分；D：4 分。

总分范围 54～216，分值越高表示自信程度越高。

测测你的逆商——意志品质测试

下面有 20 道题，题后有五种答案：

A 代表很同意，或经常如此；B 代表有时是，比较同意或比较常有；C 代表可否之间或时有时无；D 代表很少是，不大同意或较少如此；E 代表不是，不同意或不是如此；根据你的情况选择其中一个答案。

(1) 我很喜爱长跑、远途旅行、爬山等体育运动，但并不是因为我的身体条件适合这些项目，而是因为它们能使我更有毅力。

(2) 我给自己定的计划常常因为客观原因不能如期完成。

(3) 如没有特殊原因，我能每天按时起床，不睡懒觉。

(4) 计划应具有一定的灵活性，如果完成计划有困难，随时可以改变或撤销它。

(5) 在学习和娱乐发生冲突的时候，哪怕这种娱乐很有吸引力，我也会马上决定去学习。

(6) 学习或工作遇到困难的时候，最好的办法是立即向师长、同志、同学求援。

(7) 在练长跑中遇到生理反应、觉得跑不动时，我常常咬紧牙关，坚持到底。

(8) 我常因读一本引人入胜的小说而不能按时睡觉。

(9) 我在做一件应该做的事之前，常能想到做与不做的好坏结果，而有目的地去做。

(10) 如果对一件事不感兴趣，那么不管它是什么事，我的积极性都不高。

(11) 当我同时面临一件该做的事和一件不该做却吸引着我的事时，我常常经过激烈斗争，使前者占上风。

(12) 有时我躺在床上，下决心要干一件重要事情(例如突击学一下外语)，但到第二天，这种劲头又消失了。

(13) 我能长时间做一件重要但枯燥无味的事情。

(14) 生活中遇到发展情况时，我常常优柔寡断，举棋不定。

(15) 做一件事之前，我首先想到是它的重要性，其次才想它是否使我感兴趣。

(16) 我遇到困难情况时，常常希望别人帮我拿主意。

(17) 我决定做一件事时，常常说干就干，决不拖延或让它落空。

(18) 在和别人争吵时，虽然明知不对，我却忍不住说一些过分话，甚至骂他几句。

(19) 我希望做一个坚强的有毅力的人，因为我深信"有志者事竟成"。

(20) 我相信机遇，好多事实证明，机遇的作用有时大大超过人的努力。

记分方法：单序号题 ABCDE 分别记 5、4、3、2、1 分；双序号题 ABCDE 分别记 1、2、3、4、5 分。计算所得分数。

81～100 分：意志很坚强；

61～80 分：意志较坚强；

41～60 分：意志一般；

21～40 分：意志较薄弱；

0～20 分：意志很薄弱。

参 考 文 献

[1] 陶国富, 王祥兴. 大学生交往心理. 上海: 华东理工大学出版社, 2003.

[2] (美)卡耐基. 人性的优点. 北京: 北京理工大学出版社, 2005.

[3] 忻雨. 爱情坐标. 上海: 上海科学普及出版社, 2003.

[4] 林蕙瑛. 成熟的爱与性. 北京: 中国友谊出版公司, 2004.

[5] (美)帕蒂·霍威尔, 拉尔夫·琼斯. 世界级的婚姻. 罗小卫, 黎荆译. 重庆: 重庆出版社, 2003.

[6] 郑洪利. 大学生心理素质训练教程. 上海: 上海交通大学出版社, 2005.

[7] 段鑫星, 赵玲. 大学生心理健康教育. 北京: 科学出版社, 2003.

[8] 郑洪利. 大学生心理素质训练教程. 上海交通大学出版社, 2005.

[9] (美)麦格劳. 重塑自我. 卢苇译. 北京: 中国发展出版社, 2002.

[10] 高薄超, 高桐宣. 刺猬法则. 武汉: 湖北人民出版社, 2004.

[11] 高希庚, 孙颖. 大学生心理健康的理论与实践. 天津: 天津大学出版社, 1999.

[12] 吉红, 王志峰. 大学生心理健康与调适. 北京: 中央编译出版社, 2006.

[13] 贾晓明, 陶恒. 大学生心理健康: 走向和谐与适应. 北京: 北京理工大学出版社, 2007.

[14] 李维青. 心理健康与自我调适. 乌鲁木齐: 新疆人民出版社, 2001.

[15] 柳建营, 刘晓明. 青年心理健康教程, 北京: 北京工业大学出版社, 2002.

[16] 罗伯特·凯根. 发展的自我. 韦子木译. 杭州: 浙江教育出版社, 1999.

[17] 马建青. 大学生心理卫生. 杭州: 浙江大学出版社, 2003.

[18] 乔纳森·布朗. 自我. 陈浩莺等译. 北京: 人民邮电出版社, 2004.

[19] 冉超凤, 黄天贵. 高职业大学生心理健康与成长. 北京: 科学出版社, 2005.

[20] 陶国富, 王祥兴. 大学生网络心理. 上海: 立信会计出版社, 2004.

[21] 陶国富, 王祥兴. 大学生社会心理学. 上海: 华东理工大学出版社, 2005.

[22] 田淑梅, 黄靖强, 巴兴强. 大学生生活健康心理学. 哈尔滨: 东北林业大学出版社, 2011.

[23] 肖永春, 齐亚丽. 成功心理素质训练. 上海: 复旦大学出版社, 2005.

[24] 谢炳清, 任自强, 秦秀清. 大学生心理健康教程. 武汉: 华中科技大学出版社, 2004.

[25] 曾仕强, 刘君政. 人际关系与沟通. 北京: 清华大学出版社, 2016.

[26] 詹启生. 成功心理学. 天津: 天津大学出版社, 2005.

[27] 张大均. 大学生心理健康教育, 北京: 科学出版社, 2017.

[28] 张大均. 教师心理素质与专业性发展. 北京: 人民教育出版社, 2005.

[29] 张小小. 职场生存智慧. 呼和浩特: 内蒙古文化出版社, 2004.

[30] 章明明, 冯清梅, 韩励. 大学生心理发展与教育. 广州: 暨南大学出版社, 2004.

[31] 赵宁. 办公室哲学. 北京: 地震出版社, 2005.

[32]　赵文明. 职场智慧 168. 北京：机械工业出版社，2006.

[33]　郑雪，严标宾，邱林. 幸福心理学. 广州：暨南大学出版社，2004.

[34]　周家华，王金凤. 大学生心理健康. 北京：清华大学出版，2004.

[35]　朱建军，邓基泽. 大学生心理健康. 北京：中国农业大学出版社，2004.

[36]　黄希庭. 心理学导论. 北京：人民教育出版社，1991.

[37]　蔡秀玲，杨智馨. 情绪管理. 合肥：安徽人民出版社，2001.

[38]　孟昭兰. 情绪心理学. 北京：北京大学出版社，2005.

[39]　谭兆麟. 情绪影响力. 深圳：海天出版社，2005.

[40]　李进宏. 当代大学生心理解读. 武汉：武汉理工大学出版社，2003.

[41]　贺淑曼. 大学生心理优化辅导. 北京：高等教育出版社，2005.

[42]　张鹤. 和焦虑保持距离. 北京：经济管理出版社，2004.

[43]　M.艾森克. 心理学：一条整合的途径. 阎巩固译. 上海：华东师范大学出版社，2000.

[44]　周鸿. 创新教育学. 成都：四川大学出版社，2001.

[45]　冯正直. 大学心理素质教育. 重庆：西南师范大学出版社，2004.

[46]　谢炳清，伍自强，秦秀清. 大学生心理健康教程. 武汉：华中科技大学出版社，2004.

[47]　龙建成. 大学生心理健康向导. 西安：西安电子科技大学出版社，2004.

[48]　张大均，郭成. 教学心理学纲要. 北京：人民教育出版社，2006.

[49]　韩洪涛. 大学生心理学概论. 武汉：华中师范大学出版社，2004.

[50]　(美)卡特·H.布利斯. 超级创造力训练：100%开发你的创新潜能. 王笑东译. 北京：民主与建设出版社，2003.

[51]　陈衷，佳帆. 大学生时期要做的 50 件事. 哈尔滨：哈尔滨出版社，2005.

[52]　叶奕乾，孔克勤. 个性心理学. 上海：华东师范大学出版社，1991.

[53]　黄希庭. 心理学. 上海：上海教育出版社，1992.

[54]　林崇德. 发展心理学. 北京：人民教育出版社，1997.

[55]　郑希付. 现代西方人格心理学史. 开封：河南大学出版社，1991.

[56]　陈仲庚. 人格心理学. 沈阳：辽宁出版社，1986.

[57]　(美)伯格. 人格心理学. 陈会昌等译. 北京：中国轻工业出版社，2000.